주해 손자병법

註解 孫子兵法

손무 지음
민경길 옮김
김종운 · 윤일영 감수

서 문

현재 전해진 ≪손자병법≫ 본문은 일견 간결하나 내용은 난해하고 체계 역시 난잡하다. 그 원인은 손자(기원전 545년~470년) 사후(死後) 후대로 전해지는 과정에서 생긴 원문의 변질 때문임이 분명하다. 또한 현재 전해진 어떤 판본(板本)의 원문도 손자 자신이 직접 기록한 것이 아니며 각 판본마다 자구(字句)에 차이가 있는데, 그 원인을 생각해 보면 손자 시대는 지필묵(紙筆墨)의 발명 이전으로 손자의 말은 죽편(竹片)에 칼로 새겨져서 전해졌고, 이런 방식으로 후대로 전해지는 과정에서 죽편이 일부 유실되기도 하고 편철(編綴) 순서도 바뀌었을 것이며, 또 지필묵 발명 후에도 전해진 원문이 워낙 난해하기 때문에 전해진 원문의 필사(筆寫) 과정에서 필사자 자신의 문맥 이해(理解)에 따라 적절한 자구로 전해진 원문을 수정했을 가능성이 있다.

종래 ≪손자병법≫ 원문 중에 가장 오래된 것은 지필묵 등장 이후 삼국 시대의 조조(曹操)(서기 155년~220년)가 저술한 ≪손자약해(孫子略解)≫에 기록된 원문이었고, 후일의 판본들은 모두 조조가 기록해 놓은 이 원문을 다시 교정 또는 보충한 것으로 보인다. 한편 서기 1972년 중국 산동성 임기현(臨沂縣) 은작산(銀雀山) 한대(漢代) 분묘에서는 죽간(竹簡)에 필묵으로 기록된 손자병법이 발굴되었는데 그 내용과 체계는 조조의 ≪손자약해≫에 기록된 원문과 대체로 일치하나 일부 차이가 있다. 이 죽간은 기원전 179년~118년[전한(前漢) 문제(文

帝)~무제(武帝) 초기]에 작성된 것으로 보이며 이 원문이 이제는 손자병법의 가장 오래된 원문이 되어서 최근 이를 근거로 후대 원문들의 수정과 재해석 작업이 이루어지고 있다. 그러나 후대 원문들은 죽간과 차이가 있기는 해도 당시 전해진 원문을 각기 당시 문법에 따라 합리적인 문장으로 복원해 보려는 시도의 결과였고, 또한 은작산 한묘 죽간의 내용도 이미 최초 원문에 비해 많이 변질된 것임이 틀림없다.

한편 원문만 변해 온 것이 아니라 원문에 대한 해석도 다양하게 발전해 왔는데, 주석가들 간 다양한 견해차이가 있지만 이제는 이들을 모두 ≪손자병법≫의 일부로 보아야 하며 동일한 원문에 대해 상반되는 해석이 존재할 경우에도 이들을 모두 ≪손자병법≫의 일부로 보는 것이 타당하다. 아무리 한문 독해력이 뛰어나다 해도 원문만 가지고는 원문의 본래 의미가 무엇이었는지 온전하게 이해하기 어려울 뿐 아니라 여러 주석가들의 다양한 해석이 모두가 나름대로의 가치가 있기 때문이다. 따라서 이 책에서는 조조 이하 주석가들의 견해를 가급적 모두 소개하면서 비교했고, 이 과정에서 가장 합리적으로 보이고 또한 전체 문맥과 일체를 이룰 수 있는 해석을 찾아내 이를 기초로 원문 일부를 교정했고, 아울러 원문의 의미가 드러날 수 있게 의역에 치중했다. 본서에서 인용된 주석가들에 대해서는 책 후미에 간단하게 약력을 소개했다. 한편「三. 모공(謀攻)」편과「四. 군형(軍形)」편 및「七. 군쟁(軍爭)」편부터「十二. 화공(火攻)」편까지는 각 편의 제목과는 무관한 것으로 의심되는 내용들이 뒤섞여 있으므로 이를 구분해 내서 본문에 대한 이해를 돕기 위해 필요한 곳에 임의로 소제목과 일련번호를 부여했다.

본서의 원문 및 각 주석가들의 주(注)는 양병안(楊丙安)의 ≪십일가주손자교리(十一家注孫子校理)≫(북경 중화서국: 서기 1999년)를 저본(底本)으로 했고, 그 외에는 주로 서기 1990년 중국사회과학원에서 발간한 ≪손자병법대전≫(홍원식 역, 일중사: 서기 2000년)에서 인용한 것들을 다시 인용했다. ≪십일가주손자(十一家注孫子)≫는 송대(宋代)에 길천보(吉天保)가 삼국시대 위(魏)의 조조(曹操)를 비롯해 이후 양(梁)의 맹씨(孟氏), 당(唐)의 이전(李筌), 두목(杜牧), 진호(陣皥), 가림(賈林), 송(宋)의 매요신(梅堯臣), 왕석(王晳), 하연석(何延錫), 장예(張預) 등 손자병법의 역대 주석가 10명의 주석을 모아 편찬한 ≪십가손자회주(十家孫子會注)≫ 15권에 당(唐) 두우(杜佑)의 ≪통전(通典)≫ 중 손자병법 주해(註解) 부분을 추가해 놓은 것이며, 청(淸) 인종(仁宗) 당시의 학자 손성연(孫星衍)은 이를 복간(復刊)해서 ≪평진관총서(平津館叢書)≫에 수록했다.

필자는 동양 병가(兵家)의 경전(經典)인 이 ≪손자병법≫을 사관생도 때부터 수차 읽어보려 했지만 내용이 워낙 난해하고 체계가 없어 매번 좌절감만 안고 중단했다. 그러나 육사 교수직에서 퇴직 후 최근 10년에 걸쳐 대만(臺灣) 삼군대학(三軍大學) 발행의 ≪중국전쟁사(中國戰爭史)≫ 전 18권을 번역하는 과정에서 이 책에 수시로 인용된 ≪손자병법≫ 구절을 보고 그 정확한 의미를 확인해보기 위해 국내외 주해서(註解書)들을 두루 읽어보았지만 ≪손자병법≫에 대한 읽을 만한 주해서가 국내에는 육사 전사학과(戰史學科) 김광수 교수의 주해서인 ≪손자병법≫과 홍원식 선생이 번역한 중국사회과학원 간행의 ≪손자병법대전≫ 외는 출판된 적이 없고, 또 이 두 책은 내용이 방대해서 일반인들이 읽기에는 어려운 책들임을 알고 이 주해서의 집필에 착수했다. 본서 집필에는 필자가 ≪중국전쟁사≫ 번역에 앞서 번역 출간한 한스 델브뤼크(Hans Delbrück)의 ≪병법사(兵法史, *Geschichte der Kriegskunst*)≫(서기 2009년, 한국학술정보) 전 4권이 많은 도움이 되었다. 간략한 주해서지만 본서가 ≪손자병법≫의 학습과 이해에 길잡이가 되기를 바란다.

2018년 2월

민경길

목 차

각 편 제목에 첨부한 문구들은 원문에는 없는 것으로 필자가 각 편의 핵심적 내용을 정리한 것이다.

제1편

시계(始計)

始 計

➻ 본 편에서는 전쟁의 승패를 좌우할 5가지 요소와 피아간 이들을 비교해서 승산(勝算)을 미리 알아보는 7가지 항목을 설명하고 있다.

전쟁은 국가의 대사(大事)로서 수많은 인명(人命)과 국가 존망이 좌우되는 일이므로 심사숙고하지 않을 수 없다. 그러므로 다음의 오사(五事)를 전쟁의 승패를 좌우할 상규(常規)로 삼고, 또 다음의 칠계(七計)로 피아(彼我)를 비교해 어느 측에 승산(勝算)이 있는지를 무엇보다 먼저 탐색해 보아야 한다.

兵者 國之大事 死生之地 存亡之道 不可不察也 故經之以五 校之以計 而索其情
병자 국지대사 사생지지 존망지도 불가불찰야 고경지이오 교지이계 이색기정

1) 「兵」이라는 글자는 갑골문자로는 사람이 두 손으로 작은 도끼를 들고 있는 형상이며 각종 「무기」를 형상화한 것이지만, 그 외에 무기를 사용하는 「군인」, 「군대」 또는 무기를 사용해 싸우는 「전쟁」의 의미로 사용된다.

2) 왕석(王晳)은 「경(經)」을 「상(常)」, 즉 「전쟁 승패를 좌우할 상규(常規)」로 해석했다. 이때 「경지(經之)」는 「전쟁의 승패를 좌우할 상규(常規)로 삼고」라는 의미이다.

3) 「五」는 다음에 말하는 「도(道), 천(天), 지(地), 장(將), 법(法)」을 말하며, 조조(曹操)는 이를 「오사(五事)」라 했다.

4) 「計」는 다음에 말하는 「주숙유능(主孰有道), 장숙유능(將孰有能), 천시숙득(天地孰得), 법령숙행(法令孰行), 병중숙강(兵衆孰强), 사졸숙련(士卒孰練), 상벌숙명(賞罰孰明)」을 말하며 조조(曹操)는 이를 「칠계(七計)」라고 했다.

오사(五事)는 도(道), 천(天), 지(地), 장(將), 법(法)을 말한다.

一曰道 二曰天 三曰地 四曰將 五曰法
일왈도 이왈천 삼왈지 사왈장 오왈법

1) 이 구절은 "천시보다 중요한 것이 지리이고, 지리보다 중요한 것이 인화이다 [天時不如地利 地利不如人和]."라는 ≪맹자(孟子)≫, 공손추하(公孫丑下) 편의 유명한 구절과 맥을 같이한다. 손자(BC 545년~BC 470년?)보다 후대인인 맹자(BC 372년~BC 289년?)는 "내성(內城) 둘레가 3리이고 외곽(外廓) 둘레가 7리인 적의 작은 성(城)을 포위 공격하고도 이기지 못하는 때가 있다. 천시가 유리했으므로 포위 공격했을 것이 분명한데 이기지 못할 때가 있다. 따라서 천시보다 더 중요한 것이 지리이다 [三里之城 七里之郭 環而攻之而不勝 夫環而攻之 必有得天時者矣 然而不勝者 是天時不如地利也]."라고 했고, 이어서 "지켜야 할 성(城)이 낮은 곳에 위치한 것도 아니고 참호가 얕은 것도 아니고 무기가 무딘 것도 아니고 군량도 부족하지 않은데 수비병이 성(城)을 버리고 도주할 때가 있다. 따라서 지리보다 더 중요한 것이 인화이다 [城非不高也 池非不深也 兵革非不堅利也 米粟非不多也 委而去之 是地利不如人和也]."라고 했다. 앞 구절은 포위공격에 실패했을 때를 말한 것이다. 포위공격은 병력이 적보다 월등히 많을 때 쓰는 작전방식이며

이렇게 대병력을 동원한다는 것은 천시, 즉 기후가 원정에 유리했으므로 가능했을 것인데 그럼에도 이기지 못한 것은 험준한 고지 위 성(城)을 공격하는 등 지세가 불리했기 때문이며 따라서 천시보다 지리가 중요하다는 뜻이다. 뒤 구절은 유리한 지세에 위치한 견고한 성(城)을 충분한 병력과 식량을 보유하고 지키던 병력이 도주한 경우를 말하며, 이는 인화를 이루지 못했기 때문이며 따라서 지세보다 인화가 더 중요하다는 뜻이다. 다만 맹자는 인화, 지리, 천시 3자만 언급하고 또 우선순위를 말했지만, 손자는 이에 장수와 법령을 더해 5자를 말하고, 또 인화 다음에 천시와 지리를 말했지만, 5자 간 우선순위를 언급하지는 않았다.

「도(道)」는 백성이 군주와 인화(人和)를 이루어 두려움 없이 생사를 함께하게 만든다.

道者 令民於上同意者也 可與之死 可與之生 民不畏危
도자 영민어상동의자야 가여지사 가여지생 민불외위

1) 이 부분은 ≪맹자≫, 공손추하 편에서 언급한 「인화(人和)」와 같은 말이다.

2) 이전(李筌)은 「도(道)」는 「하늘과 백성의 뜻을 따르는 것(應天順人)」이라고 했다. 옛날에는 포악한 군주나 우매한 군주를 「무도(無道)하다.」고 했다.

3) 이곳에서 「上」은 「군주」를 말한다. 뒤의 칠계(七計)에서 도(道)가 있는지 평가할 대상을 「主」, 즉 「군주」라고 했기 때문이다. 그러나 이는 모든 장수가 명심해야 할 내용이기도 하다. 뒤의 「三. 모공(謀攻)」 편에서는 “상하가 한마음이 된 측이 이긴다 [上下同欲者勝].”고 했고, 이때의 「上」은 「군주」에 국한된 말이 아니다.

4) 맹씨(孟氏)는 「民不畏危」가 「人不疑」로 된 본(本)도 있고, 이는 "백성들이 시종 딴 마음을 품지 않는다."는 뜻이라 했다. 은작산죽간본에는 「民不畏危」가 「民不詭」로 되어 있는데 "백성이 배반하지 않는다."는 뜻으로 「人不疑」와 같은 의미이다.

5) 「민(民)」은 백성 또는 병사를 말한다. 고대국가의 병역(兵役) 제도는 동서양을 막론하고 모두 국민개병(國民皆兵) 제도였고, 전쟁에 동원되는 병력은 대부분 민병(民兵)이었다.

「천(天)」은 추위와 더위 등 천시(天時)를 말한다.

天者 陰陽寒暑 時制也
천자 음양한서 시제야

1) 이 부분은 ≪맹자≫, 공손추하 편에서 언급한 「천시(天時)」와 같은 말이다.

2) 「음양(陰陽)」은 천지(天地), 남녀(男女), 주야(晝夜), 남북(南北), 생사(生死), 한서(寒暑) 등 사물의 대립되는 양면을 말한다. 따라서 문맥상 「음양(陰陽)」을 「한서(寒暑)」의 단순한 접두어로 보고 「음양한서(陰陽寒暑)」를 「추위와 더위 등」을 말한 것으로 봄이 타당하다.

3) 「시제(時制)」에 대해 청말(淸末) 유월(兪樾)의 ≪유루잡찬(兪樓雜纂)≫에서는 「制」는 발음이 유사한 「節」이 변한 것으로 「시절(時節)」, 즉 「계절」을 의미한다고 했다. 다만 전쟁의 승패를 좌우할 수 있는 요소로 「계절」을 언급한 것은 「더위와 추위」뿐만 아니라 「눈, 비, 바람, 가뭄」 때문임이 분명하므로 「시제」를 더 포괄적 의미의 「기후」, 즉 「천시(天時)」로 고쳐 읽는 것이 타당하다.

4) ≪사마법(司馬法)≫에서는 “겨울과 여름에 병력을 일으키지 않는 것은 백성을 아끼기 때문이다 [冬夏不興師所以兼愛吾民也].”라고 했다. 그러나 「겨울과 여름」, 즉 「추위, 더위, 눈, 비, 바람, 가뭄」 등은 전쟁의 승패를 좌우하는 상규(常規)로서는 상대적이다. 추위에 익숙한 북방(北方) 기마민족은 가을 겨울을 용병의 시기로 보았고, 중원(中原) 민족은 여름 겨울을 용병을 피할 시기로 보았다. 이 때문에 고대부터 북방 민족은 가을 겨울에 중원이나 남방을 침범했고, 당대(唐代) 이후 중원이나 남방에서는 가을이 오면 북방민족의 침입을 막기 위한 방어배치에 나섰고 이를 「방추(防秋)」라고 했다.

「지(地)」는 전장(戰場)까지의 거리와 전장의 험지(險地) 여부, 면적, 사지(死地) 여부 등 「지리(地利)」를 말한다.

地者 遠近 險易 廣狹 死生也
지자 원근 험이 광협 사생야

1) 이 부분은 ≪맹자≫, 공손추하 편에서 언급한 「지리(地利)」와 같은 말로 이곳에서는 전쟁의 승패를 좌우할 요소를 말하고 있으므로 「원근(遠近), 험이(險易), 광협(廣狹), 사생(死生)」 자체가 아니라 이와 관련된 「지리(地利)」, 즉 「지리적 이점」을 말한 것이다.

2) 「원근(遠近)」은 전장까지 거리 또는 전장의 위치, 「험이(險易)」는 전장의 험지(險地) 여부, 「광협(廣狹)」은 전장의 폭 내지 면적, 「사생(死生)」은 전장의 사지(死地) 여부를 말한다. 뒤의 「十一. 구지(九地)」 편에서는 각 지역을 그 특성상 다시 9가지로 분류한 후, 각 지역별로 그 지리(地利)를 활용할 수 있는 작전형태를 설명하고 있다.

「장(將)」, 즉 장수는 지(智), 신(信), 인(仁), 용(勇), 엄(嚴)을 겸비해야 한다.

將者 智信仁勇嚴也
장자 지신인용엄야

1) 이 부분은 손자와 동시대 인물인 공자(기원전 551~479년)가 「인(仁), 의(義), 예(禮), 지(智)」 4자를 인간이 갖추어야 할 사덕(四德)이라 한 것과 맥을 같이하는 말이다. 손자는 공자의 사덕에서 「의, 예」 대신 「신, 용, 엄」을 포함시켜 이를 장수가 구비해야 할 자질로 보고 「지, 신」을 「인」보다 먼저 말했다. 후일 한(漢)의 동중서(董仲舒)는 공자의 사덕에 「신」을 더해 이를 오상(五常), 즉 인간에게 필요한 5가지 상규(常規)라 했다.

2) 조조는 손자가 말한 장수의 자질 다섯 가지를 장수의 오덕(五德)이라고 하면서, 장수는 이를 두루 갖추어야 한다 했고, 가림(賈林)도 장수는 이를 두루 갖추어야 한다고 강조했다.

3) 여타 요소에 대한 주석가들의 설명은 대동소이하지만, 「신(信)」에 대해서는 이를 「상벌의 공정성」으로 보는 견해와 「명령의 이행」으로 보는 견해로 나뉜다. 매요신(梅堯臣)은 지(智)가 있으면 적을 이길 계책을 세울 수 있고, "신(信)이 있으면 상벌이 공정하게 시행되고(信能賞罰).", 인(仁)이 있으면 부하들이 따르고, 용(勇)이 있으면 과감하게 작전을 지휘할 수 있고, 엄(嚴)이 있으면 권위를 세울 수 있다 했고, 왕석(王晳)은 지(智)가 있으면 적정을 정확히 파악하고, 적에게 미혹되지 않고, 계책을 세우고, 임기응변 할 수 있고, "신(信)이 있으면 명령이 이행되고(信者 号令一也).", 인(仁)이 있으면 부하들의 인심을 얻을 수 있고, 용(勇)이 있으면 두려움 없이 작전을 지휘할 수 있고, 엄(嚴)

이 있으면 군기를 유지할 수 있다 했다. 「신(信)」의 의미에 대해서는 왕석의 해석이 타당할 것으로 생각된다.

4) 한편 가림(賈林)은 장수가 지(智)만 있으면 교활해지고, "신(信)만 있으면 융통성 없이 우매해지고(固守信則愚).", 인(仁)만 있으면 부하들이 유약해지고, 용(勇)만 있으면 포악해지고, 엄(嚴)만 있으면 잔인해진다면서 오덕(五德)을 두루 갖추어야 함을 강조했다.

「법(法)」은 부대편성과 신호 체계, 군사도로 유지관리 체계, 군수보급 체계 등에 관한 군사 법령을 말한다.

法者 曲制 官道 主用也
법자 곡제 관도 주용야

1) 이곳의 「법(法)」을 뒤의 칠계(七計)에서는 「법령(法令)」으로 표현했다.

2) 주석가들은 통상 위 내용을 「곡제(曲制)」, 「관(官)」, 「도(道)」 및 「주용(主用)」으로 4분해서 설명하는데 「관」을 「계급 체계」, 「도」를 「군량수송로」, 「주용」을 「군수보급 체계」로 보는 것은 대동소이하나, 「곡제」에 대해서는 해석을 달리한다. 조조는 이를 「부대편성, 기치, 금고에 관한 제도(部曲旗幟金鼓之制)」라고 했고 이전(李筌)은 이를 「곡」과 「제」로 다시 나누어 전자는 「부대 편성(部曲)」, 후자는 「통제(節度)」를 각각 말한다고 했다. 이때 「계급체계」는 「부대편성」의 일부로 볼 수 있으므로 「관도(官道)」는 이를 「관」과 「도」를 나눌 것이 아니라 전체를 「군사도로의 유지관리 체계」로 보는 것이 합리적이다. 고대 군대에서는 기치와 금고가 명령 하달을 위한 신호 체계였다.

위의 오사(五事)가 전쟁의 승패를 좌우하는 요소임을 장수라면 모두 들어보았을 것이다. 양측의 오사(五事)가 각기 어떠한지를 아는 장수는 승리할 것이고 모르는 장수는 승리하지 못할 것이다. 따라서 다음에 말할 칠계(七計)를 통해 양측의 오사(五事)를 비교해 보면 어느 측에 승산(勝算)이 있는지 미리 알 수 있다.

凡此五者 將莫不聞 知之者勝 不知之者不勝 故校之以計 而索其情
범차오자 장막불문 지지자승 부지지자부승 고교지이계 이색기정

1) 「지지(知之)」에 대해 조조는 「그 무궁한 변화를 알면(知其變極)」이라 했고, 장예 역시 「그 무궁한 변화의 이치를 깊이 알면(深曉變極之理)」이라고 했다. 오사(五事) 자체가 시간의 흐름에 따라 변할 수 있다는 말이다. 그러나 이곳에서 「지지(知之)」는 뒤의 「三. 모공(謀攻)」에서 말하는 「지피지기(知彼知己)」와 같은 말로 보아야 한다.

적과 아군 중 어느 쪽 군주에게 도(道)가 있는가? 어느 쪽 장수가 유능한가? 어느 쪽에 천시와 지리가 유리한가? 어느 쪽 법령이 잘 집행되는가? 어느 쪽 병력이 강한가? 어느 쪽 사졸이 훈련되어 있는가? 어느 쪽 상벌이 엄명한가? 나는 이 칠계(七計)를 통해 승부를 미리 알 수 있다.

曰 主孰有道 將孰有能 天地孰得 法令孰行 兵衆孰强 士卒孰練 賞罰孰明 吳以此知勝負矣
왈 주숙유도 장숙유능 천지숙득 법령숙행 병중숙강 사졸숙련 상벌숙명 오이차지승부의

1) 조조는 이 구절의 내용을 칠계(七計)라고 했다. 이곳에서 「계(計)」는 「계량」 또는 「비교」를 말한다.

2) 앞의 4개 계(計)는 양측의 오사(五事), 즉 「도(道), 천(天), 지(地), 장(將), 법(法)」에 대한 비교를 말하며, 제3계에서 「천(天)」과 「지(地)」를 함께 말했으므로 4개 계(計)가 된 것이다. 병력수와 사졸의 비교에 관한 제5계와 제6계는 제4계와 함께 오사의 「법(法)」에 대한 비교이고, 신상필벌에 제7계는 제2계와 함께 오사의 「장(將)」에 대한 비교이다.

나의 칠계(七計) 판단을 믿고 용병(用兵)을 한다면 반드시 승리할 것이므로 나는 오국(吳國)에 머물겠지만, 믿지 않고 용병(用兵)을 한다면 반드시 패할 것이므로 떠날 것이다.

將聽吾計 用之必勝 留之 將不聽吾計 用之必敗 去之
장청오계 용지필승 유지 장불청오계 용지필패 거지

1) 원문의 「장(將)」을 여타 주석가들은 「만약」의 의미로 보았지만 맹씨는 이를 「비장(裨將)」을 말하는 것으로 보았고, 이에 따르면 본 구절은 "비장들이 나의 계(計)를 듣고 따르면 반드시 이길 것이니 그를 계속 쓰고, 안 따르면 반드시 질 것이니 그를 해임하겠다."는 말이 된다. 자일스(Giles)는 맹씨의 해석을 따르고 있다. 그러나 이 구절에 이어 다음 구절에서도 자신이 오(吳)에 머물 수 있는 조건을 말하고 있는 것으로 볼 때, 「장(將)」을 「만약」의 의미로 보는 것이 타당하다.

2) 왕석(王晳)은 원문의 「용지(用之)」를 「용병」의 의미로 해석했다. 이를 「채택」 또는 「등용」으로 볼 수도 있겠지만, 그럴 경우 뒷부분 「用之必敗」의 의미가 모호해진다.

3) 원문의 「계(計)」를 「계책」으로 해석하는 경우도 있지만 이곳에서는 위에서 말한 「칠계」로 보는 것이 타당하다. 더 구체적으로 말하자면, 「칠계로 양측 오사를 비교한 결과로서 승산에 대한 판단」을 의미

한다. 또한 본 구절 전체의 의미는 현재 승산이 있다면 언제든 싸우면 이기겠지만, 현재 승산이 없다면 지금은 싸울 것이 아니라 오사(五事)를 더욱 충실히 경영해서 승산이 있을 때 싸워야 한다는 의미이다.

칠계로 양측의 오사를 비교해서 승산이 있고, 나의 이런 판단을 믿고 들어주면, 나는 세(勢)를 조성해 나머지 문제를 보좌할 것이다. 세(勢)란 가장 유리한 방향으로 임기응변함을 말한다.

計利 以聽 乃爲之勢 以佐其外 勢者 因利而制權也
계리 이청 내위지세 이좌기외 세자 인이이제권야

1) 「기외(其外)」는 문맥상 「계리(計理) 이외의 문제」를 말하며, 대부분 주석가들은 「상법(常法) 이외의 문제」를 말한다 했고, 따라서 「계리」를 「상법」이라고 본 것이다. 이때 「상법」에 대해 왕석(王晳)은 뒤의 「궤도(詭道)」 항에 대한 주(注)에서 「오사를 칠계로 비교해 승산이 있을 때 용병하는 것」이라고 했다. 이에 따르면 「계리」는 「오사를 칠계로 비교해 승산을 탐색하는 것」을 말하며, 「계리 외 문제를 보좌하겠다.」는 것은 승산 자체가 승리는 아니므로 병세(兵勢)를 조성해서 승리할 수 있게 보좌하겠다는 뜻이다.

2) 「제권(制權)」은 「임기응변」을 말한다.

용병(用兵)은 적을 속이는 일이다.

兵者 詭道也
병자 궤도야

1) 앞서 말한 임기응변의 가장 중요한 예로 속임수를 든 것이다. 조조(曹操)는 “용병에 고정된 형세가 없고 적을 속이는 것이 가장 중요하다 [兵無常形 以詭詐爲道].”고 했고, 이전(李筌)은 “용병 때는 적을 속이는 일을 꺼리지 않는다 [兵不厭詐].”라고 했다.

따라서 할 수 있는 일도 못하는 듯이 적에게 보이고, 쓸 수 있는 무기나 장비도 못 쓰는 듯이 적에게 보이고, 가까이 있어도 멀리 있는 듯이 적에게 보이고, 멀리 있어도 가까이 있는 듯이 적에게 보이고, 적에게 이익이 있는 듯이 보여 적을 유인하고, 적을 교란시켜 격파하고, 적의 군비가 충실할 때는 이에 대비하고, 적의 기세가 강하면 피하고, 적장이 성미가 급하고 화를 잘 내면 그를 자극해 판단력을 흐리게 만들고, 낮은 자세를 취해 적을 교만하게 만들어 방심케 하고, 적이 편안히 기다리고 있으면 지치게 만들고, 적의 군주와 신하 간 또는 적의 신하들 간 또는 적의 동맹국들 간 단합되어 있으면 이를 이간시키고, 적의 빈틈을 찾아 공격하고, 적이 예상 못한 곳을 공격해야 한다. 이는 용병에서 승리할 수 있는 방법으로 이런 방법을 쓸 때 우리 의도나 움직임이 사전 적에게 누설되면 안 된다.

故能而示之不能 用而示之不用 近而示之遠 遠而示之近 利而誘之 亂而取之 實
고능이시지불능 용이시지불용 근이시지원 원이시지근 이이유지 난이취지 실
而備之 强而避之
이비지 강이피지

怒而撓之 卑而驕之 佚而勞之 親而離之 攻其不備 出其不意 此兵家之勝 不可先
노이요지 비이교지 일이노지 친이리지 공기부비 출기불의 차병가지승 불가선
傳也
전야

1) 「능이시지불능(能而示之不能)」부터 「출기불의(出其不意)」까지 14개 문구 중에 의미가 분명한 경우도 있지만 다양한 해석이 가능한 경우도 있다.

2) 「난이취지(亂而取之)」에 대해 두목(杜牧), 매요신(梅堯臣), 왕석(王晳)은 "적이 혼란에 빠져 있으면 격파하라."는 뜻으로 보았지만, 이전(李筌), 가림(賈林), 장예(張預)는 "적을 교란시켜 격파하라."는 적극적인 뜻으로 보았고, 특히 장예(張預)는 "적이 혼란해진 이후 공격하라고 말하는 것은 잘못된 말이다 [言敵亂而後取者 非也]."라고 했다.

3) 「실이비지(實而備之)」에 대해 두목(杜牧)은 "항시 적에 대비해야 한다."는 뜻으로 보고 "접전이 벌어진 후에야 대비하면 안 된다 [不待交兵然後爲備也]."고 했지만, 조조(曹操), 이전(李筌), 진호(陳皞), 장예(張預)는 "적의 군비가 충실할 때는 대비하라."는 뜻으로 보았다.

4) 「노이요지(怒而撓之)」에 대해 왕석(王晳)은 "적이 신중할 때는 분노를 촉발시켜 교란시키라."는 뜻으로 보았지만, 이전(李筌), 두목(杜牧), 매요신(梅堯臣), 장예(張預), 맹씨(孟氏)는 "적장이 성미가 급하고 화를 잘 내면 그를 자극해 판단력을 잃게 하라."는 뜻으로 보았다.

5) 「비이교지(卑而驕之)」에 대해 모든 주석가들은 "낮은 자세를 취해 적을 교만하게 만들라."는 뜻으로 보았고, 이 구절에 부합되는 전례(戰例)로 이전(李筌)은 서진(西晉) 말기에 자립한 왕준(王浚)이 칭제(稱帝)하려 할 때 석륵(石勒)이 왕준에게 신복(臣服)하면서 왕준이 자신을 의심하지 않음을 알고 직접 계성(薊城)으로 가서 황제 존호(尊號)를 올리겠다고 한 다음 예물(禮物)로 위장한 수만 마리의 잡축(雜畜)을 몰고 계성으로 들어가 거리를 봉쇄해서 복병(伏兵)의 기습을 차단해 놓고 왕준을 사로잡은 사건을 들었고, 두목(杜牧)은 동호(東胡) 선우(單于)(국왕)가 천리마를 요구할 때나 알씨(閼氏)(왕비)를 구할 때 신하들의 반대를 무릅쓰고 모두 들어줌으로써 동호 선우를 교만하게 만든

흉노 선우 모돈(冒頓)이 이후 동호가 다시 1천리 영토 할양을 요구하자 전 병력을 몰고 나가 동호를 격멸한 일을 들었다.

6) 「일이노지(佚而勞之)」에 대해 매요신(梅堯臣)과 장예(張預)는 "편히 기다리면서 적이 나를 쫓아와 지치게 만들라."는 뜻으로 보았지만, 조조(曹操), 이전(李筌), 두목(杜牧), 왕석(王晳), 하연석(何延錫)은 "적이 편히 기다리고 있으면 이를 지치게 만들라."는 뜻으로 보았다. 이전과 두목은 이 구절에 부합되는 전례로 오(吳)가 초(楚)의 도읍을 함락시킨 전역을 들고 있다. 당시 오왕 합려(闔閭)는 오자서(伍子胥)의 계책대로 과거 진(晉)의 순앵(荀罃)이 초(楚)를 공격할 때 사용한 장기소모전 전략으로 6년간 병력을 나누어 내보내 초군이 나오면 들어오고 돌아가면 나가는 식으로 초군을 지치게 만들었다. 뒤의 「七. 군쟁(軍爭)」 편에서는 "가까이 있으면서 멀리서 오는 적을 기다리고, 편히 있으면서 적이 오느라 지치기를 기다리고, 배불리 먹고 있으면서 적이 굶주릴 때를 기다려야 한다. 이것이 힘을 관리하는 것이다 [以近待遠 以佚待勞 以飽待飢 此治力者也]."라고 했는데 이때 「이일대로(以佚待勞)」는 이곳의 「일이노지(佚而勞之)」와 다른 뜻이다. 뒤의 「六. 허실(虛實)」 편에서는 "먼저 전장에 나가 적을 기다리는 것이 「일(佚)」이고, 늦게 전장으로 나가 먼저 나와 있는 적과 싸우는 것이 「노(勞)」이다 [凡先處戰地而待敵者佚 後處戰地而趨戰者勞]."라고 했다.

7) 「친이이지(親而離之)」는 「적의 군주와 신하 간, 적의 신하들 상호 간 또는 적의 동맹국들 간 단합되어 있으면 이간시키라」는 뜻이 분명하며, 이에 대해서는 주석가들 간 이견이 없다. 그 방법으로 두우(杜佑)는 간첩이나 변사(辯士)의 이용을 들었다.

8) 원문 마지막의 「전(傳)」을 조조는 「누설」로 해석했고, 두목과 매요신, 왕석, 장예는 「언급」으로 해석했다. 이를 「누설」로 해석하면 원문 마지막 두 구절은 「이는 용병에서 승리할 수 있는 방법으로 이런

방법을 쓸 때 우리 의도나 움직임을 누설하면 안 된다.」는 의미가 되고, 이를 「언급」으로 해석하면 「이는 용병에서 승리할 수 있는 방법이지만 그 구체적인 방법은 상황에 따라 달라지는 것이므로 미리 말할 수는 없다.」는 의미가 된다.

싸우기 전 이길 것을 예상할 수 있는 것은 승산(勝算)이 높을 때이고, 이기지 못할 것을 예상할 수 있는 것은 승산이 낮을 때다. 승산이 높으면 이기고 승산이 낮으면 이기지 못하기 때문이다. 아예 승산이 없는 경우라면 어찌 싸울 수 있겠는가? 나는 싸우기 전 승산을 탐색해 보고 승부를 알 수 있다.

夫未戰而廟算勝者 得算多也 未戰而廟算不勝者 得算少也 多算勝 少算不勝 而況無算乎
吳以此觀之 勝負見矣

부미전이묘산승자 득산다야 미전이묘산부승자 득산소야 다산승 소산부승 이황무산호
오이차관지 승부견의

1) 고대국가에서는 전쟁을 하려면 사전 묘사(廟祠)로 나가 신령(神靈) 앞에 고하고 묘당(廟堂)에서 길흉(吉凶)에 관해 점을 쳐보는 것이 상례였고, 후일 전쟁에 앞서 승부를 예상해 보고 계책을 정하는 것을 묘산(廟算)이라 했다.

2) 손자는 뒤의 「四. 군형(軍形)」 편에서 "이기는 군대는 먼저 이겨 놓고 싸우고, 패하는 군대는 먼저 싸움부터 시작하고 이기려 한다 [勝兵先勝而後求戰 敗兵先戰而後救勝]."고 했다. 싸우기 전 앞서 말한 오사(五事)를 잘 경영하고 또 양측의 승산을 비교해 본 다음 승산이 높을 때 싸워야 이길 수 있다는 뜻이다.

제2편

작전(作戰)

作 戰

- 본 편에서는 원정(遠征) 작전은 천문학적 비용이 소요되므로 신속히 승리를 거둘 수 있도록 작전을 수행할 것과 비용절감을 위해 적지에서 인력과 물자를 노획해서 쓸 것을 강조했다.
- 본 편의 제목「작전」을 영어로는 대개「Waging War(전쟁 수행)」로 번역한다. 본 편 내용이 통상적 의미의「작전(Operation)」이 아니라「전쟁 수행」특히「원정(遠征) 작전」시의 막대한 비용 소모에 관한 것이기 때문이다.
- 본 편의 순서에 대해 이전(李筌)은 "승산(勝算)에 관한 판단이 끝난 연후에는 전쟁 물자를 준비해야 하므로 (전쟁 물자를 다룬) 이 작전(作戰) 편을 시계(始計) 편 다음에 둔 것이다 [先定計 然後修戰具 是以戰次計之篇也]."라고 했고, 장예(張預)는 "승산에 관한 판단이 끝난 연후에는 수레와 말을 갖추고 기계를 정비하고 양초(糧草)를 운송하고 비용을 마련해 작전을 준비해야 하므로 이 작전(作戰) 편을 시계(始計) 편 다음에 둔 것이다 [計算已定 然後完車馬 利器械 運糧草 約費用 以作戰備 故次計]."라고 했다.

원정(遠征) 작전에는 치거(馳車) 1천 대와 혁거(革車) 1천 대 및 갑병(甲兵) 10만의 비용과 1천 리 밖으로 양초(糧草)를 수송하는 비용 등 내외(內外) 비용, 빈객(賓客) 접대 비용, 아교와 칠(漆) 등 자재(資財) 조달 비용, 수레와 갑옷 보수유지 비용 등으로 하루 1천금씩 소요된다. 이런 비용이 있어야만 10만 군대를 동원해서 원정에 나설 수 있다.

凡用兵之法 馳車千駟 革車千乘 帶甲十萬 千里饋糧 則內外之費 賓客之用 膠漆之材 車甲之奉 日費千金 然后十萬之師舉矣
범용병지법 치거천사 혁거천승 대갑십만 천리궤량 즉내외지비 빈객지용 교칠지재 거갑지봉 일비천금 연후십만지사거의

1) 뒤의 「용간(用間)」 편에서는 "10만 병력을 일으켜 1천 리 밖으로 출정시키려면 백성과 관(官)이 하루에 1천금의 비용을 부담해야 하고, 국내외에 소동이 벌어지고, 70만 가(家)가 길 위에서 지쳐 쓰러지고 생업(生業)에 지장을 받게 된다 [凡興師十萬 出征千里 百姓之費 公家之奉 日費千金 內外騷動 怠於道路 不得操事者 七十萬家]."고 했고, 이에 대한 주(注)에서 조조(曹操)는 "옛날에는 8개 가(家)가 서로 이웃해 살면서 1개 가(家)에서 참전자를 내보내면 나머지 7개 가(家)에서 참전자의 가(家)를 봉양했으므로 10만 병력을 일으키면 70만 가(家)가 농지 경작을 하지 못했다고 한 것이다 [古者 八家爲鄰 一家從軍 七家奉之 言十万之師擧 不事耕稼者七十万家]."라고 했다. 정전법(井田法)을 말한 것이다. 정전법에서는 한 마을의 토지를 「井」자 모양으로 9등분한 후 한 구역을 공동경작해서 그 소출을 관(官)의 비용으로 쓰고 한 마을의 8개 가(家)가 나머지 8개 구역을 각 1개 구역씩 경작하면서 이를 생업으로 했지만 전쟁이 벌어지면 참전자의 가(家)를 나머지 7개 가(家)가 공동 부양하고 또한 군수물자 보급에도 동원되었으므로 농지 경작을 제대로 할 수 없었다는 말이다.

2) 「치거」와 「혁거」에 대해 이전(李筌)은 전자는 전차(戰車)이고 후자는 경거(輕車)라 했고, 조조는 전자는 경거(輕車)이고 후자는 중거(重車)라 했다. 「치거」 1량을 말 4마리가 끌고 가므로 단위를 「사(駟)」라 했다. 따라서 「천사(千駟)」는 「1천 량」을 말한다.

3) 「대갑(帶甲)」은 통상 「갑옷으로 무장한 병사」를 말하지만 이곳에

서는 문맥상 「갑옷」을 의미하는 것으로 보았다.

4) 「내외지비(內外之費)」는 밖으로 나간 원정군 자체를 위한 비용뿐 아니라 안에서도 동원된 병사의 가(家)에 대한 생활비 보조금 등이 소요되므로 이와 같이 말한 것이다.

5) 「빈객(賓客)」은 동맹국에서 작전 협조를 위해 파견한 사절 등을 말한다.

6) 「교칠(膠漆)」은 활, 갑옷 등 제작에 쓰이는 아교와 부식 방지를 위한 옷칠을 말한다.

7) 「봉(奉)」은 「봉(俸)」과 같이 쓰이던 글자로 녹봉(祿俸), 즉 급여를 말하며 「거갑지봉(車甲之奉)」은 전차병(戰車兵)과 갑병(甲兵)<보병>의 급료를 말한다.

원정(遠征) 작전은 신속한 승리가 중요하다. 오래 싸우면 무기는 무디어지고 병력은 예기(銳氣)가 꺾이고, 적의 성(城)을 공격할 때는 전력(戰力)이 크게 소진되므로 원정이 오래가면 국가의 재정이 궁핍해진다.

其用戰也貴勝 久則鈍兵挫銳 攻城則力屈 久暴師則國用不足
기용전야귀승 구즉둔병좌예 공성즉역굴 구폭사즉국용부족

1) 첫 단락에 「貴」가 탈락된 본이 있어 처음 두 단락을 「其用戰也 勝久則鈍兵挫銳」로 읽는 경우도 있지만, 본 편 마지막에 「兵貴勝 不貴久」라는 구절이 있음을 볼 때, 첫 단락의 온전한 원문은 「其用戰也貴勝」임이 분명하다.

2) 문맥상 「勝」은 「신속한 승리[速勝]」를 말하는 것이 분명하다. 청(淸) 주용(朱墉)은 ≪무경칠서회해(武經七書匯解)≫에서 "「貴勝」은 「貴

速」을 말한다(貴勝卽貴速).”고 했다. 본 편 끝의 「兵貴勝 不貴久」라는 구절에 대해서도 모든 주석가들이 「勝」은 「速勝」을 의미한다고 본다.

3) 「병(兵)」은 이곳에서는 무기를 말하며 자일스(Giles)와 그리피스(Griffith) 모두 이렇게 보았다. 따라서 「둔병(鈍兵)」은 무기가 무디어지고 파손된다는 뜻이다.

4) 「공성즉역굴(攻城則力屈)」은 견고한 성을 오래 공격해 전력을 소진함을 말한 것으로, 뒤의 「三. 모공(謀攻)」 편에서는 「상병벌모 기차벌교 기차벌병 기하공성(上兵伐謀 其次伐交 其次伐兵 其下攻城)」이라 해서 「공성(攻城)」 자체를 최하의 작전형태로 보았다.

5) 「폭사(暴師)」는 멀리 원정 나가 비바람 이슬 서리를 맞는 것을 말한다. ≪춘추곡량전(春秋穀梁傳)≫, 은공(隱公) 5년 조의 “폭사경년(暴師經年).”이라는 구절에 대해 동진(東晋) 범녕(范甯)의 주(注)에서는 “「폭」은 이슬을 맞는 것을 말한다(暴 露也).”고 했다. ≪한서(漢書)≫, 오행지(五行志)에도 “원정을 나가서 해를 넘겼다(暴師連年).”는 구절이 보이고, 남송(南宋) 섭적(葉適)의 ≪외론(外論)≫에도 “회수로 원정을 나가 오랫동안 공을 세우지 못했다(暴師淮水之上 久未有功).”는 구절이 보인다.

6) 「국용부족」을 다음 구절에서는 「탄화(殫貨)」라 했다. 국가 재정의 탕진을 말한다.

무기가 무디어지고 예기가 꺾이고 전투력이 소진되고 국가재정이 탕진되면 제후들이 이틈에 일어나고, 그때는 지자(智者)라도 어찌할 도리가 없다. 원정 작전은 서툴더라도 속히 끝내야 한다는 말은 있어도, 오래 끌더라도 빈틈없이 솜씨 있게 수행해야 한다는 말은 없다. 원정작전을 오래 끌고 나라에 유익했던 경우는 없다. 용병으로 인한 해(害)를 모르면 용병으로 인해 이(利)를 얻을 수 없다.

夫鈍兵挫銳 屈力殫貨 則諸侯乘其弊而起 雖有智者 不能善其后矣 故兵聞拙速
未睹巧之久也
부둔병좌예 굴력탄화 즉제후승기폐이기 수유지자 불능선기후의 고병문졸속
미도교지구야

夫兵久而國利者 未之有也 故不盡知用兵之害者 則不能盡知用兵之利也
부병구이국리자 미지유야 고부진지용병지해자 즉불능진지용병지이야

1) 「聞」과 「睹」는 같은 의미로 쓰였다. 둘 다 「듣거나 본다.」는 의미로 쓰였다.

2) 조조(曹操)는 「졸속(拙速)」에 대해서 「서툴더라도 신속히 승리하는 것(雖拙 有以速勝).」을 의미하는 것으로 해석했다.

3) 두목(杜牧)은 「용병으로 인한 해(害)」로 「인력과 재화의 소모(勞人費材)」를 들고, 「용병으로 인한 이(利)」로 「적 영토와 국민의 흡수와 영토 확장(呑敵拓境)」을 들었다.

용병에 능한 장수는 본국에서 병력을 두 번 징집하지 않고 양초(糧草)도 두 번 실어 나르지 않으며, 장비는 본국에서 조달하되 양초는 적지에서 노획해서 쓰기 때문에 양초가 부족해지는 일이 없다.

善用兵者 役不再籍 糧不三載 取用於國 因糧於敵 故軍食可足也
선용병자 역부재적 양부삼재 취용어국 인량어적 고군식가족야

1) 「역(役)」은 「병력」을 말한다. ≪국어(國語)≫, 오어(吳語) 편의 「吳國之役」이라는 구절에 대한 위소(韋昭)의 주(注)에서는 "역은 병력을 말한다(役 兵也)."고 했다.

2) 「적(籍)」은 「호적부(戶籍簿)」를 말한다는 해석과 「부(賦)」, 즉 「징

집」을 말한다는 해석이 있다. 한(漢)의 고조(高祖)~문제(文帝) 시대의 공신(功臣) 명단인 ≪한서(漢書)≫의 고혜고후문공신표(高惠高后文功臣表)에 기록된 「원공지후의 적(元功之侯籍)」이라는 구절에 대한 안사고(顔師古)의 주(注)에서는 "적(籍)은 명단을 말한다 [籍謂名錄也]."고 했다. 혹자는 이를 원문에 적용해서 「역부재적(役不再籍)」이라는 구절을 "병력을 호적부를 다시 조사해 거듭 징집하지 않는다."는 의미로 보기도 한다. 그러나 조조는 이 구절의 의미에 대해 "적(籍)은 징집을 말한다. 처음 백성을 징집하면 이 병력으로 승리하고 다시 본국 병력을 징발하지 않는다 [籍猶賦也 言初賦民 而便取勝 不復歸國發兵也]."라고 했다. 내용은 대동소이하지만 조조의 해석이 보다 정확한 것으로 보인다.

3) 「삼재(三載)」는 해석이 난해한 구절이다. 「재(載)」는 "실어 나른다."는 의미로 이론이 없지만 왜 하필 세 번이라 했는지에 대해 주석가들은 "출발할 때 함께 보내고, 부족하면 다시 실어 나르고, 돌아올 때 다시 보내 맞이하는 것 [往則隨 缺則繼 歸則迎]."을 말한다고 했지만 이렇게 보면 원문은 양초를 두 차례까지만 실어 나른다는 뜻이 된다. 그러나 조조(曹操)는 "처음에는 양초가 필요하지만 나중에는 적에게서 약탈해 쓰고 병력이 돌아올 때는 양초를 보내 맞이하지 않는다 [始用粮 后遂因食于敵 還兵入國 不復以糧迎之]."고 했는데 이 역시 「부삼재(不三載)」에 대한 흡족한 해석이 되지 못한다. 「부삼재(不三載)」는 같은 단어를 중복 사용하지 않는 수사법(修辭法)에 의한 것으로 「三」을 「再」와 같은 말로 보는 것이 타당할 것이다. ≪태평어람(太平御覽)≫에는 「부재재(不再載)」로 되어 있다.

4) 「취용우국(取用于國)」 중 「용(用)」은 「무기와 장비」를, 「국(國)」은 본국을 말한다. 조조는 이를 "무기와 장비는 본국에서 가져다 쓴다 [兵甲戰具 取用國中]."고 했다.

5) 「인(因)」은 「수(受)」와 통하는 글자로 결국 「약탈해서 쓴다.」는 뜻이다. 「양(糧)」은 「양초」, 즉 「사람의 식량과 짐승의 먹이」를 말한다. 이곳에 이어 뒤에서는 "지장(智將)은 적지에서 양초를 빼앗아 쓰기에 힘쓴다(智將務食于敵)."고 했고, 또 이곳에서는 양초만 적에게 노획해서 쓴다 했지만, 뒤에서는 노획한 적의 전차와 병력까지 사용함으로써 "적을 이기면서 우리 병력은 더욱 강해진다(勝敵而益强)."고 했다.

나라가 군대로 인해 빈궁해지는 것은 원정군 때문에 양초(糧草) 등을 멀리까지 수송할 때이다. 양초 등을 멀리까지 수송하면 백성은 빈궁해진다. 군대가 가는 곳에서는 물가가 오르고 물가가 오르면 원정군은 재물이 바닥나고 원정군의 재물이 바닥나면 본국에서는 백성들의 재물 징발을 다그친다.

國之貧于師者 遠師遠輸 遠師遠輸則百姓貧 近於師者貴賣 貴賣則財竭 財竭則急於丘役
국지빈우사자 원사원수 원사원수즉백성빈 근어사자귀매 귀매즉재갈 재갈즉급어구역

1) 「國之貧于師者 遠師遠輸 遠師遠輸則百姓貧」 부분은 ≪통전≫의 문구에 따른 것이다. 이 부분이 은작산죽간본에서는 「國之貧于師者---(중간 훼손)---遠師遠輸則百姓貧」로 되어 있는 것 이외에는 각 본 모두 「國之貧于師者遠輸 遠輸則百姓貧」로 되어 있다. 비록 해석이 달라질 소지는 없지만 은작산죽간본은 훼손된 부분이 있어 훼손 전에는 ≪통전≫의 문구와 같았을 것이다. 여타 본은 ≪통전≫의 문구를 축약한 것으로 보이지만 ≪통전≫의 문구가 오히려 정확한 의미 전달에 적절하므로 이곳에서는 ≪통전≫의 문구에 따랐다.

2) 「원수(遠輸)」는 물자 또는 물자 구입비용의 수송을 말한다.

3) 「近於師者貴賣」가 은작산죽간본에는 「近市師者貴賣」로 되어 있으나 내용이 불명확하다. 이 부분을 조조(曹操)는 "원정군이 타국 경내로 들어가면 원정군과 가까운 곳에서는 큰 이득을 내려고 모두 물건 값을 올린다(軍行已出界 近于師者貪財 皆貴賣)."고 했다.

4) 「貴賣則財竭」은 모든 본에 「貴賣則百姓財竭」로 되어 있지만, 이어지는 「財竭則急於丘役」은 "재물이 바닥나면 백성의 재물 징발을 다그친다."는 의미인데 백성의 재력이 바닥나면 백성의 재물 징발을 다그칠 수 없다. 이에 청말(淸末) 우창(于鬯)의 ≪향초속교서(香草續校書)≫는 「百姓」을 탈락시키고, 「貴賣則財竭 財竭則急於丘役」을 "현지 물가가 오르면 원정군의 재력이 바닥나고 원정군의 재력이 바닥나면 본국에서 백성의 재물 징발을 다그치게 된다."는 의미로 해석했다. 이런 해석이 가장 논리적이므로 이곳에서도 원문에서 「百姓」을 탈락시켰다. 그렇다면 본문의 앞의 2개 단락은 나라와 백성이 빈궁해지는 원인을 설명한 것이고, 「近於師者貴賣」 이하 3개 단락은 나라와 백성이 빈궁해지는 과정을 설명한 것이 된다.

5) 원문의 「구역(丘役)」과 관련, 두우(杜佑)는 "≪주례(周禮)≫에서 「장정(丈丁) 9인이 정(井)이고, 4개 정이 읍(邑)이며, 4개 읍이 구(丘)이다. 전쟁 때는 1구(丘)에서 융마 1필과 소 3두를 냈다.」 했고, 이것이 ≪좌전(左傳)≫, 소공(昭公) 4년 조에서 정자산(鄭子産)이 만들었다는 「구부(丘賦)」이다."라면서 「구역(丘役)」은 「구부(丘賦)」를 말한다고 했다.

전장에서 전투력이 소진되고 재물이 탕진되면 백성들 집에도 재물이 열에 일곱이 사라지고, 국가 재물 역시 수레는 부서지고 말은 지치고 갑옷, 투구, 화살, 활, 쇠뇌, 단창(短槍), 방패, 장창(長槍), 대형 방패 등은 열에 여섯은 사라진다.

力屈財殫中原 內虛于家 百姓之費 十去其七 公家之費 破車罷馬 甲胄矢弩 戟盾矛櫓 丘牛大車 十去其六
역굴재탄중원 내허우가 백성지비 십거기칠 공가지비 파거파마 갑주시노 극순모노 구우대거 십거기륙

1) 첫 단락의 「역굴재탄(力屈財殫)」이 단지 「역굴(力屈)」 또는 「굴력(屈力)」으로만 되어 있는 판본도 있지만 같은 뜻이고 앞에서 말한 「역굴탄화(屈力殫貨)」와 같은 뜻이다.

2) 「중원(中原)」 두 글자를 「화하(華夏) 지역」으로 보는 것은 손자가 이 글을 지을 때의 상황과 부합되지 않는다. 당시 손자가 복무하려던 오(吳)는 원래 중원 민족이 아닌 만이(蠻夷) 민족 지파로 오왕(吳王) 수몽(壽夢)<합려(闔閭)의 조부, 처음으로 오왕(吳王)을 칭했다.> 당시 동방 신흥 강소국가로 성장한 오(吳)가 10년 전부터 빈번히 중원을 침입하는 초(楚)<역시 만이(蠻夷) 민족의 지파>의 군대를 연이어 격파하고 초(楚)의 중요 성읍(城邑)들을 공격하자 중원 제후들은 초(楚)에 저항하기 위해 주(周) 간왕(簡王) 10년<오왕(吳王) 수몽(壽夢) 10년. 기원전 576년> 오(吳)를 중원연맹에 가입시켰을 뿐이다. 또한 손자가 이 글을 오왕 합려에게 올린 것은 오(吳)가 계부전(雞父戰)에서 초군(楚軍)을 격파 후<오왕 요(僚) 8년. 기원전 519년> 초(楚)의 국도 영도(郢都)를 공격하기<오왕 합려(闔閭) 9년. 기원전 506년> 전 13년 사이 일로 당시 중원은 아직 오(吳)의 전장이 아니었다. 조조와 장예는 「중원」을 「원야(原野)」로 해석했다. 이때 조조가 말한 「원야」는 「전장(戰場)」을 말한 것으로 보이고, 장예가 말한 「원야」는 본국 농촌을 말한다. 「중원」을 「전장」을 의미하는 것으로 보는 것이 가장 합리적인 해석이다.

3) 「백성지비(百姓之費)」나 「공가지비(公家之費)」에서 「비(費)」는 문맥상 「재물」을 의미하며, 「공가(公家)」는 「국가」를 말한다.

4) 「파(罷)」가 「피(疲)」로 된 본도 있고, 「궁(弓)」이 「노(弩)」로 된 본도 있고, 「모(矛)」가 「폐(蔽)」로 된 본도 있지만 내용은 대동소이하다.

5) 「구우(丘牛)」는 각 「구(丘)」에서 「구역(丘役)」으로 징발한 소를 말한다. 「구(丘)」와 「구역(丘役)」에 대해서는 앞서 설명했다.

6) 앞에서는 「十去其七」, 뒤에서는 「十去其六」으로 되어 있는데, 앞뒤가 서로 뒤바뀐 본도 있지만 큰 의미 차이는 없다. 같은 글자의 중복을 피하려는 수사법에 불과하다.

따라서 지장(智將)은 적의 식량을 빼앗아서 쓰려고 노력한다. 적에게서 빼앗은 식량 1종(鍾)은 본토에서 가지고 간 식량 20종(鍾)이나 같고 적에게서 빼앗은 말먹이 1석(石)은 본국에서 가지고 간 말먹이 20석(石)이나 같다.

故智將務食於敵 食敵一鍾 當吾二十鍾 萁秆一石 當吾二十石
고지장무식어적 식적일종 당오이십종 기간일석 당오이십석

1) 「무식어적(務食於敵)」은 앞서 말한 「인량어적(因糧於敵)」을 위해 힘쓴다는 말이다.

2) 「식적(食敵)」은 직역하면 "적의 식량을 먹는다."는 말이지만 이곳에서는 「적에게서 빼앗은 식량을 먹는다.」는 의미이다.

3) 「종(鍾)」이나 「석(石)」은 곡물 등의 부피 단위이다.

4) 「기간(萁秆)」은 「콩짚과 볏짚」, 즉 짐승 사료(飼料)를 말한다.

5) 적에게서 빼앗은 양초가 본국에서 가지고 나간 양초의 20배에 해당한다는 것은 전장에서 쓸 양초 일정량을 수송하는 비용이 그 20배쯤에 달한다는 말이다. 이와 관련 조조는 "운수 원칙은 20석의 비용을 써야 전장에 1석이 도달한다(運輸之法 費二十石得一石)."고 했다.

따라서 사졸들을 격노하게 만들어 적과 용맹하게 싸우게 만들고, 재물을 상으로 주어 적으로부터 재물을 약탈하게 만들어야 한다.

故殺敵者 怒也 取敵之利者 貨也
고살적자 노야 취적지리자 화야

1) 원문을 직역에 가깝게 해석하려면 "따라서 적과 용맹하게 싸우는 것은 격노 때문이며, 적으로부터 재물을 약탈하는 것은 재물을 얻을 수 있기 때문이다."라고 해야겠지만 이렇게 해석하면 앞의 문구와 의미가 연결되지 않으므로, 명령형의 문장으로 의역(意譯)했다.

2) 이 구절에 대해 조조는 "격노해야 적과 싸우며, 재물이 없으면 사졸이 모이지 않고, 상이 없으면 사졸이 싸우러 가지 않는다(威怒以致敵敵 軍無財 士不來 軍無賞 士不往)." 했다.

3) 명(明) 유인(劉寅)의 ≪무경칠서직해(武經七書直解)≫에는 뒷부분의 「利」와 「貨」의 위치가 바뀌어 「取敵之貨者 利也」로 되어 있다. 이는 "병사들이 적의 재물을 약탈하는 것은 이익을 얻을 수 있기 때문이다."는 의미로 앞뒤와 문맥이 더 잘 통한다.

따라서 전차전(戰車戰)에서 적 전차 10량 이상을 얻으면 그 전차를 직접 얻은 자에게 상을 주고, 전차의 정기(旌旗)를 우리 것으로 바꾸어 달게 한 후 우리의 전차와 혼합해 진(陣)을 편성해서 전투에 참여시키고, 얻은 적 전차에 타고 있던 사졸들 역시 우리 사졸과 혼합 운용해야 한다. 이렇게 하는 것을 일러 이길수록 우리 전력이 강해진다고 한다.

故車戰 得車十乘已上 賞其先得者 而更其旌旗 車雜而乘之 卒共而養之 是謂勝敵而益强
고차전 득거십승이상 상기선득자 이갱기정기 차잡이승지 졸선이양지 시위승적이익강

1) 원문 앞의 「故」 자가 없는 본도 있지만, 본 구절의 앞부분이 앞의 「取敵之利者 貨也」라는 구절과 연결된 것이므로 「故」 자를 두는 것이 타당하다.

2) 「已上」은 「以上」과 같이 쓰이는 문구이다.

3) 본 구절의 앞부분은 적 전차 10량을 얻을 수 있는 것은 사졸 개인이 아니라 일정 규모 이상 지휘관일 수밖에 없는데 이때 그 지휘관에 앞서 적 전차를 직접 얻은 사졸에게 반드시 포상을 실시해 사졸들의 전투의지를 북돋우라는 말이며 앞의 「取敵之利者 貨也」라는 구절과 연결된 말이다. 이에 대한 주(注)에서 조조는 "적 전차 10량 이상을 얻은 자에게 상(賞)을 주라고 말하지 않고 적 전차를 (직접) 얻은 자에게 상(賞)을 주라고 말한 것은 왜인가? 적 전차를 얻은 사졸에게는 반드시 포상이 있을 것임을 알려주기 위한 것이다 [不言車戰得車十乘已上者賞之 而言賞得者何 言欲開示賞其所得車之卒也]."라고 한 데 이어 "전차 진법(陣法)에서는 전차 5량이 대(隊)가 되어 복야(僕射) 1인이 지휘하고, 전차 10량이 관(官)이 되어 졸장(卒長) 1인이 지휘하므로 전차 10량을 모두 얻으면 적 장리(將吏) 2명을 우리가 쓸 수 있게 된다. 따라서 적 전차를 직접 얻은 자를 반드시 포상할 것을 강조함으로써 장수들에게 하급 사졸에게까지 은혜를 베풀게 하려는 것이다 [陣車之法 五車爲隊 僕射一人 十車爲官 卒長一人 車滿十乘 將吏二人 因而用之 故別言賜之 欲使將恩下及也]."라고 했다.

4) 「車雜而乘之」라는 구절에 대해 조조는 "얻은 적 전차들만으로 따로 전차 진(陣)을 편성하지 말라는 말이다 [言不獨任也]."라고 했다.

5) 「卒共而養之」라는 구절은 은작산죽간본의 문구를 채택한 것이다. "얻은 적 사졸들도 우리 사졸들과 혼합 편성해서 운용하라."는 의미로 앞뒤로 문맥이 잘 통한다. 여타 본에는 「卒善而養之」로 되어 있다. "얻은 적 사졸들을 잘 대우하면서 우리 사졸들로 양성하라."는 의미로 은작산죽간본의 문구에 비해 의미 전달이 미흡하다.

여하간 원정 작전은 신속한 승리가 중요하며 오래 끌면 안 된다. 이런 용병 원칙을 잘 아는 장수라야 백성의 생명과 국가 안위를 지킬 수 있다.

故兵貴勝 不貴久 故知兵之將 民之司命 國家安危之主也
고병귀승 부귀구 고지병지장 민지사명 국가안위지주야

1) 본 편의 결론에 해당하는 이 마지막 구절에서 「勝」을 모든 주석가들이 「신속한 승리(速勝)」를 의미한 것으로 본다. 맹씨(孟氏)는 「신속히 용병을 끝내고 빨리 돌아오는 것(速戰疾還)」의 의미로 보았고, 매요신은 "속히 용병을 끝내야 비용을 줄일 수 있고 백성을 쉬게 할 수 있다(速則省財用 息民力)."고 했고, 조조는 "오래 끄는 것은 이롭지 못하다. 용병은 불길과 같아서 빨리 끄지 않으면 자신이 불에 타버린다(久則不利 兵猶火也 不戢將自焚也)."는 유명한 주(注)를 남겼다.

2) ≪태평어람≫에는 「將」이 「術」로 되어 있다. "용병술을 알아야만 백성의 생명과 국가 안위를 지킬 수 있다."는 의미이다.

3) 당대(唐代)의 저술인 ≪통전≫과 ≪태평어람≫에는 「民」이 「人」으로 되어 있는 것에 대해 중국사회과학원의 ≪손자병법대전≫에서는 당대(唐代)에 태종 이세민(李世民)의 「民」에 대한 피휘(避諱)로 보았다. ≪통전≫과 ≪태평어람≫에는 다른 곳도 마찬가지이다.

4) 조조는 "장수가 유능해야 국가는 안전하다(將賢則國安也)."했다.

5) 이곳에서 손자가 속전속결(速戰速決)을 주장하는 것은 원정 작전의 경우를 말한 것일 뿐이며 방어 전쟁의 경우에는 전쟁을 오래 끄는 「지구전 전략 또는 소모전 전략(strategy of attrition)」이 더 유리할 때가 있다. 그 유명한 예가 제2차 포에니 전쟁(Punic War)이다. 로마 공화정 시대에 한니발(Hannibal)이 이끄는 카르타고군의 침공을 막던 로

마군이 트레비아(Trebia) 전투와 트리시메노(Trasimeno) 호수 전투에서 참패당한 후 로마군 총사령관에 임명된 파비우스(Quintus Fabius Maximus)는 고립된 병력으로 내지 깊이 침입한 카르타고군과 싸우려면 전쟁을 오래 끄는 것이 유리할 것으로 보면서 한니발과 결전을 회피했고, 당시 로마인들은 꾸물대며 전투를 회피하는 파비우스를 굼벵이란 뜻으로 「파비우스 쿤크타토르(Fabius Cunctator)」라고 불렀고 후일 그의 전략을 「쿤크타토르 전략」, 즉 「굼벵이 전략」이라고 부른다. 그러나 한니발에 의해 이탈리아 전역이 약탈당하자 로마인들은 파비우스의 전략을 이해하지 못하고 결전을 촉구했고, 원로원은 파비우스의 임기가 끝나자 바로 에밀리우스(Lucius Aemilius)와 바로(Terentius Varro) 2인을 공동 총사령관에 임명했지만, 2인은 기원전 216년 칸네(Cannae)에서 한니발의 카르타고군과 결전을 벌이려다 섬멸적인 패배를 당했다. 당시 상황으로는 파비우스의 지구전 전략이 오히려 앞의 「I. 시계(始計)」 편에서 손자가 말한 "적이 강하면 피하라(强而避之)."는 원칙에 부합한다. 한편, 삼국 시대 말 유비(劉備) 사후에 제갈량이 연속 북벌(北伐)에 나갈 때 위(魏)의 사마의(司馬懿)도 제갈량과 결전을 회피하면서 제갈량이 식량이 떨어져서 스스로 돌아갈 때를 기다렸다. 이 역시 지구전 전략이었다. 임진왜란 당시 이순신 장군 역시 조정의 계속된 압박에도 불구 결정적 기회가 오지 않으면 왜군과 접전을 회피하다 파직되기까지 했고, 원균이 조정의 요구대로 왜군과 싸우다 대패한 이후 재등용되었다. 이순신 장군 역시 지구전 전략을 적절히 구사한 것이다. 이순신 장군은 이같이 적보다 병력이 열세일 때 전투를 회피하는 지구전 전략을 구사했었지만 명량(鳴梁) 해전같이 부득이한 경우에는 불과 13척의 함선으로 지세(地勢)를 이용해 왜군 함선 30여 척을 격파하고 130척 이상 적 함대의 진격을 지연시켰다.

제3편

모공(謀攻)

謀 攻

- 본 편은 최상의 모공(謀攻), 병력수에 따른 용병 원칙, 작전을 현장에서 지휘하는 장수와 군주 간의 관계, 전투의 승패를 좌우하는 요소를 설명하고 있다. 특히 최상의 모공으로 「부전이굴인지병(不戰而屈人之兵)」을 강조하고 있고, 전투의 승패를 좌우하는 요소로는 「지피지기(知彼知己)」를 강조하고 있다.
- 장예(張預)는 각 편의 순서에 대해 "승산(勝算)에 관한 판단을 거쳐 전쟁 물자 준비가 끝났으면 이제는 지(智)를 동원해서 공격 계책을 세우게 되므로 모공 편을 작전(作戰) 편 다음에 둔 것이다 [計議已定 戰具已集 然後可以智謀攻 故次作戰]."라고 했다. 그러나 청(淸) 등연라(鄧延羅)의 ≪손자집주(孫子集注)≫에서는 「모공」 편과 「작전」 편의 순서에 대해 의문을 품고 편별 순서를 바꾸어 「모공」을 제2편으로 하고 「작전」을 제3편으로 했다.
- 제목 중 「攻」의 의미 및 제2편과 제3편의 순서에 대해 이전(李筌)은 "병력이 서로 맞붙어 싸우는 것을 「전(戰)」이라 하고, 성(城)을 포위하는 것을 「공(攻)」이라 하며, 이 때문에 이 「모공」 편을 「작전」 편 다음에 둔 것이다 [合陳爲戰 圍城曰攻 以次篇次戰之下]."라고 했다. 그러나 손자는 「攻」을 「포위」, 즉 「圍」와 같은 말로 쓰지는 않았다. 본 편에는 「십즉위지 오즉공지(十則圍之 五則攻之)」라는 구절이 나오며 그 뒤 단락에 대한 주(注)에서 조조는 이런 때는 5배가 되는 병력의 "3/5은 정병(正兵)으로 운용하고, 2/5는 기병(奇兵)으로 운용한다(三術爲正 二述爲奇)."고 했고, 대부분 주석가도 이를 따르고 있다. 조조의 말은 「양면 또는 다면 공격」을 의미한다. 따라서 손자가 이곳에서 말한 「공(攻)」은 「양면 또는 다면 공격」을 말한 것이라고 볼 수 있다. 이런 공격을 때로는 「포위」의 한 형태로 보기도 하나 손자는 「圍」와 「攻」을 구분하므로 이전(李筌)과 같이 「공(攻)」과 「위

(圍)」를 같은 말로 볼 수 없다. 한편, 손자가 말하는 「圍」는 「전면 포위」를 말하며, 손자가 말하는 「戰」은 「작전(作戰)」 편의 경우와 같이 「전쟁」 또는 「전투」 자체를 말할 때도 있고, 이를 「攻」과 연이어 쓰면서 구분할 때는 이전(李筌)의 말과 같이 전 병력이 적과 한곳에서 맞붙어 싸우는 것을 말한다.

1. 최상의 모공(謀攻)

용병의 원칙은 적의 도성을 보전해 주면서 이기는 것이 최선이고 그 격파는 차선이며, 적의 병력을 보전해 주면서 이기는 것이 최선이고 그 격파는 차선이며, 적의 여(旅)를 보전해 주면서 이기는 것이 최선이고 그 격파는 차선이며, 적의 졸(卒)들을 보전해 주면서 이기는 것 최선이고 그 격파는 차선이며, 적의 오(倍)들을 보전해 주면서 이기는 것이 최선이고 그 격파는 차선이다.

凡用兵之法 全國爲上 破國次之 全軍爲上 破軍次之 全旅爲上 破旅次之 全卒爲上 破卒次之 全倍爲上 破倍次之

범용병지법 전국위상 파국차지 전군위상 파군차지 전려위상 파려차지 전졸위상 파졸차지 전오위상 파오차지

1) 이곳에서 「國」, 「軍」, 「旅」, 「卒」, 「伍」는 모두 적(敵) 측의 것을 말한다.

2) 「國」은 고대에는 각 제후국의 도성(都城)을 의미했고, 「軍」, 「旅」, 「卒」, 「伍」는 모두 ≪주례(周禮)≫에 보이는 춘추 시대의 부대 단위로 후일에도 그 명칭은 보전되지만 내용이나 지휘관의 명칭은 시대별로 약간씩 차이가 있다.

3) 「全」은 「보전」의 의미로, 계략을 쓰거나 포위해 적에게 물리적

피해를 주지 않고 항복을 받아내는 것을 말한다. 특히 「전국위상 파국차지(全國爲上 破國次之)」라는 구절의 의미에 대해 조조(曹操)는 "적의 도읍을 포위해 내외 연락을 두절시킨 후 적에게 도읍을 들어 항복케 만드는 것(拒其都邑 絶其內外 敵擧國來服)."이라고 했고, 하연석은 "방략과 기세로 적을 도성을 들어 항복하게 만드는 것(以方略氣勢 令敵人以國降)."이라고 했다.

따라서 백전백승(百戰百勝)은 최선이 아니며, 맞붙어 싸우지 않고 적의 병력을 굴복시키는 것이 최선이다.

是故百戰百勝 非善之善也 不戰而屈人之兵 善之善者也
시고백전백승 비선지선야 부전이굴인지병 선지선자야

1) 「부전이굴인지병(不戰而屈人之兵)」은 앞 구절의 「全」에 대한 부연설명이며, 이곳에서는 통상적인 해석대로 「兵」을 「병력」의 의미로 보고 「人之兵」을 「屈」의 목적어구(目的語句)로 보아 「不戰而屈人之兵」을 「맞붙어 싸우지 않고 적의 병력을 굴복시키는 것」이라는 의미로 보았다. 정확히 같은 뜻의 말로 "칼에 피를 묻혀가면서 맞붙어 싸우지 않고 이긴다."는 「병불혈인(兵不血刃)」이란 말이 있지만 전혀 무력을 동원하지 않는다는 말은 아니다. "맞붙어 싸우지 않고 적의 병력을 굴복시키는 것이 최선이다."라는 부전승(不戰勝) 사상은 뿌리 깊은 중국인의 사상이며 유교(儒敎)의 「인(仁)」 사상과 뿌리가 같다. 『좌전(左傳)』 선공(宣公) 12년(기원전 597년) 조(條)의 기록에 의하면, 초(楚) 장왕(莊王)이 진군(晉軍)을 격파 후 반당(潘黨)이 진군(晉軍) 시신을 거두어 경관(京觀)을 쌓을 것을 건의하면서 "신(臣)이 듣기에 적을 물리치면 반드시 자손들로 하여금 그것을 보게 하여 그 공을 잊지 않게 한다고

했습니다."라고 하자, 장왕(莊王)은 "그건 내가 모르는 일이오. 글자를 가지고 말한다면 멈출 「지(止)」 자와 무기 「과(戈)」 자가 합쳐 「무(武)」란 글자가 되었다 하오. [非爾所知也 夫文 止戈爲武]."라고 했다. 무력 사용의 목적은 전쟁을 그치게 하는 데 있다는 말이다. 물론 「무(武)」자에 대한 이 같은 해석은 근거 없는 말이다. 갑골문에 나오는 「武」자의 원형은 사람이 창을 들고 걸어가는 형태로 「무력」을 말한다. 그럼에도 후대의 많은 사람들은 무력 사용의 목적으로 초(楚) 장왕(莊王)의 이 말을 인용한다. 또한 ≪도덕경≫에도 "무기는 상서롭지 못한 기물로…… 부득이한 경우에만 쓴다(兵者 不祥之器…… 不得已而用之)."라는 말이 있다.

2) 감수자 김종운 의견: 「兵」을 「전략」으로 이해하고 「不戰而屈人」을 「兵」의 수식구(修飾句)로 보아 「不戰而屈人之兵」을 「싸우지 않고 적을 굴복시킬 수 있는 전략」이라는 의미로 볼 수도 있을 것이다.

최상의 전쟁은 적의 계책을 교란시키는 것이고, 그다음은 적의 동맹외교(同盟外交)를 이간시키는 것이고, 또 그다음은 적의 병력을 공략하는 것이다. 적의 성(城)을 공격하는 것은 최하의 전쟁이다.

故上兵伐謀 其次伐交 其次伐兵 其下攻城
고상병벌모 기차벌교 기차벌병 기하공성

1) 감수자 김종운 의견: 「상병(上兵)」의 「병(兵)」을 전략으로 이해하고 「상병(上兵)」을 「최상의 전략」으로 해석해 볼 수도 있다. 이때 「기차(其次)」는 「차상의 전략」, 「기하(其下)」는 「최하의 전략」이라는 의미가 될 것이다.

2) 원문에는 4가지 경우 모두 「伐」, 즉 「공격」이라는 용어를 사용했지만 그 대상의 성격에 따라 이해하기 쉽도록 달리 번역했다.

3) 「벌모(伐謀)」는 적의 전쟁계획을 사전 탐지해서 이를 교란시키는 것을 말한다. 이에 대해 조조(曹操)는 "적이 최초에 계책을 세웠을 때 이를 교란시키기가 쉽다(敵始有謀 伐之易也)."고 했고, 이전(李筌)은 "적이 최초에 계책을 세웠을 때 이를 교란시키라는 말이다(伐其始謀也)."라고 했다.

4) 「벌교(伐交)」는 현대용어로는 「외교전」을 말한다. 서양 용어로는 적의 동맹관계를 이간시키고, 우리의 동맹을 널리 확보하는 것을 「대전략(大戰略, Grand Strategy)」이라고 한다. 안사고(顔師古)는 ≪한서(漢書)≫, 식부궁전(息夫躬傳)에서 인용한 「其次伐交」라는 구절에 대한 주(注)에서 "적들이 외교로 서로 지원함을 알면 서로 이간시키는 것이다(知敵有外交相援 則間諜之)."라고 했다. 「其次伐交」에 대해 조조(曹操)는 "「交」는 적이 타국과 장차 동맹을 맺으려 하는 것을 말한다(交 將合也)."고 했고, 이전(李筌)은 "적이 처음 외국과 동맹을 맺었을 때 이간시켜야 한다(伐其始交也)."고 했고, 두목(杜牧)은 "적이 타국과 장차 동맹을 맺으려 할 때뿐 아니라, 이미 동맹을 체결한 경우에도 모두 이를 이간시켜야 한다(非止將合而已 合之者皆可伐也)."고 했다.

5) 「벌병(伐兵)」에 대해 이전(李筌)은 「적과 대치해 싸우는 것(臨敵對陳)」이라고 했다. 태공(太公)은 ≪육도(六韜)≫, 군세(軍勢) 편에서 "적과 무기를 겨누고 승리를 구하는 자는 좋은 장수가 못된다(爭勝於白刃之前者 非良將也)."고 했다.

6) 「其下攻城」에 대해 조조(曹操)는 "적국이 외국으로부터 이미 식량 원조를 받아 성(城)을 지키고 있을 때 그 성(城)을 공격하는 것이 최하의 작전이다(敵國已收其外糧城守 攻之爲下政也)."라고 했다. 「其下攻城」이 ≪통전≫에는 「下政攻城」으로 되어 있는데 이는 조조(曹操)의 주(注)에 따른 것으로 보이며, 앞의 감수자 의견도 이와 맥을 같이한다.

성(城)을 공격하는 것은 부득이할 경우에 한한다. 노(櫓), 분온(轒轀) 등 공성구 준비에 3개월이 걸리고, 토산(土山)을 쌓는데 또다시 3개월이 걸린다.

攻城之法 爲不得已 修櫓轒轀 **具器械 三月而后成 距**堙 **又三月而后已**
공성지법 위부득이 수노분온 구기계 삼월이후성 거인 우삼월이후이

1) 「위부득이(爲不得已)」는 "부득이할 때 행한다."는 의미로 앞에서 "성(城)을 공격하는 것은 최하의 전쟁이다."라고 한 것을 다시 강조한 구절로 보인다. 그러나 이 구절을 빼면 오히려 문장 자체의 뜻이 더 분명해진다. 은작산죽간본에는 이 네 글자가 보이지 않는다.

2) 「노(櫓)」는 병사가 직접 들고 가는 대형 방패를 말하며, 「분온(轒轀)」은 덮개가 있고 4개의 바퀴가 달려 있어 덮개 속에서 병사가 밀고 가는 수레를 말하며 성벽에 접근할 때 방패로 사용한다. 두목(杜牧)은 「노(櫓)」를 당대(唐代)에는 「팽배(彭排)」라고 했고, 「분온(轒轀)」은 "오가며 흙을 날라 성벽 앞 참호를 메울 때(往來運土 塡塹)." 쓰며 당대(唐代)에는 「목려(木驢)」라고 한다고 했다.

3) 「기계(器械)」는 비루, 운제(云梯) 등을 말한다. 비루는 성벽 앞 가까이에 성벽보다 높게 세운 누각으로 적의 화살이나 투석(投石) 등을 막을 수 있는 목판 또는 가죽 가림막이 있고 위에서 성내를 관측하거나 성내를 향해 활을 쏘기 위해 세운다. 운제는 성벽을 타고 오를 때 쓰는 사다리이다. 거인(距闉)은 인공 토산(土山)을 말하며 비루와 같은 목적으로 성벽 앞 가까이에 성벽보다 높게 쌓는다.

4) 장예(張預)는 「三月」에 대해 "대략 그 정도의 시간이 걸려야 완성된다(約經時成也)."고 했다.

장수가 분노 때문에 사졸들에게 공성구(攻城具)도 없이 개미떼같이 성벽을 기어오르게 해서 그 1/3을 죽게 만들고도 성(城)을 함락시키지 못하는 경우가 있다. 이는 공성(攻城)의 재앙이다.

將不勝其忿 而蟻附之 殺士三分之一 而城不拔者 此攻之災也
장부승기분 이의부지 살사삼분지일 이성불발자 차공지재야

1) 「則殺士卒三分之一」과 「此攻城之災也」 부분은 ≪통전≫의 문구에 따랐다. 여타 본에는 전자는 「殺士三分之一」로 되어 있고, 후자는 「此攻之災也」로 되어 있어서 의미가 다소 불명확하다.

2) 조조(曹操)는 이 구절의 의미에 대해 "장수가 분노 때문에 공성구가 준비되기 전 사졸들에게 성벽을 타고 오르게 하면 개미떼같이 성벽을 타고 오르지만 사졸들이 살상당할 수밖에 없다(將忿不待攻器成而使士卒緣城而上 如蟻之緣墻 必殺傷士卒也)."고 했다.

따라서 용병에 능한 장수는 적의 병력을 굴복시킬 때도 맞붙어 싸우지 않고 굴복시키고, 적의 성(城)을 함락시킬 때도 포위공격하지 않고 함락시키고, 적의 도성(都城)을 격파할 때도 오래 시간을 끌지 않으며, 반드시 피아(彼我) 인명(人命)과 물자를 보전하면서 천하에서 승리를 다투므로, 크게 무기를 쓰지 않고도 승리할 수가 있다. 이것이 바로 모공(謀攻)의 길이다.

故善用兵者 屈人之兵而非戰也 拔人之城而非攻也 毁人之國而非久也 必以全爭於天下 故兵不頓而利可全 此謀攻之法也
고선용병자 굴인지병이비전야 발인지성이비공야 훼인지국이비구야 필이전쟁어천하 고병부돈이이가전 차모공지법야

1) 「비전(非戰)」의 의미를 하연석(何延錫)은 "적의 계책을 무력화시키기도 하고, 적의 동맹외교(同盟外交)를 이간시켜 굴복시키기도 하고, 맞붙어 싸우는 지경까지 가지 않는다(或伐謀 或伐交 不至於戰)."고 했고, 장예(張預)는 "적의 계책을 무력화시키거나, 적의 동맹외교(同盟外交)를 이간시키거나, 적의 양도(糧道)를 끊거나, 적의 퇴로를 끊으면 맞붙어 싸우지 않고도 굴복시킬 수 있다(或破其計 或敗其交 或絶其糧 或斷其路 則可不戰而服之)."고 했다.

2) 「비공(非攻)」의 의미를 이전(李筌)은 "계책으로 굴복시킨다(以計取之)."고 했고, 여타 주석가들도 이와 유사하게 해석했다. 자일스(Giles)는 본편 제목 「모공(謀攻)」에 대한 주(注)에서 이전(李筌)이 "성(城)을 포위하는 것을 「공(攻)」이라 한다."고 말한 것을 보고 이곳에서도 「공(攻)」을 「포위(laying siege)」로 번역했지만, 이는 앞서 본 편의 제목 「모공(謀攻)」을 설명할 때 말했듯이 적절하지 못한 해석이다.

3) 「훼인(毁人)」이 은작산죽간본에는 「파인(破人)」으로 되어 있으나 의미는 같다.

4) 「이전(以全)」의 「전(全)」은 앞에서 말한 「全國」, 「全軍」, 「全旅」, 「全卒」의 경우와 같은 의미로 적을 상하지 않고 온전히 보전하는 것을 말하지만, 앞뒤 문맥상 아군의 인명과 재산의 보전까지 포함하는 말로 보는 것이 보다 적절하다.

5) 「병불돈(兵不頓)」의 「돈(頓)」은 앞서 「二. 작전(作戰)」 편에서 말한 「둔병(鈍兵)」의 「둔(鈍)」과 같이 쓰이던 글자로 조조(曹操)와 장예(張預)도 「병부돈(兵不頓)」을 "무기를 써서 피를 흘리지 않고(不頓兵血刃 또는 無頓兵血刃)."로 해석했다.

6) 「이가전(利可全)」의 「이(利)」를 장예(張預)는 「나라가 부유해지고 병력은 강해지는 이로움(國富兵强之利)」으로 해석했고, 자일스(Giles)

는 「승리(triumph)」로 해석했다. 앞뒤의 문맥상 「승리」로 해석하는 것이 적절할 것으로 보인다.

II. 병력수에 따른 용병 원칙

용병의 원칙은 병력이 적의 10배이면 적을 전면(全面)에서 포위하고, 5배이면 양면(兩面) 또는 다면(多面)에서 공격하고, 2배만 되어도 양면에서 공격하고, 적과 병력이 대등하면 맞붙어 싸울 수 있어야 하고, 적보다 병력이 적을 때도 자신을 지킬 수는 있어야 하고, 모든 면에서 적에 비해 열세이면 적을 피할 수 있어야 한다. 부족한 병력으로 무작정 완강하게 버티면 병력이 많은 적에게 패배한다.

用兵之法 十則圍之 五則攻之 倍則分之 敵則能戰之 少則能守之 不若則能避之
용병지법 십즉위지 오즉공지 배즉분지 적즉능전지 소즉능수지 불약즉능피지

小敵之堅 大敵之擒也
소적지견 대적지금야

1) 「用兵之法」과 「小敵之堅」이 어느 본에서나 앞에 「故」 자가 있지만 두 경우 모두 앞에서 말한 내용과 뒤의 내용이 궤를 달리하고 있어 「故」를 모두 탈락시켰다.

2) 「십즉위지(十則圍之)」에 대해 조조는 "피아 장수의 지용(智勇)이나 무기의 이둔(利鈍)이 균등하고(將智勇等 而兵利鈍均)." 병력이 10배일 때를 말한다고 했고, 대부분 주석가들도 이를 따르고 있다. 병력수 이외 여타 조건은 모두 동일하고 병력이 적의 10배일 때라는 말이다. 이곳에서 말한 「포위」는 전체 문맥상 「전면 포위」를 말한다.

3) 「오즉공지(五則攻之)」에 대해 조조는 이때는 적의 5배가 되는 병력 중 "3/5은 정병(正兵)으로 운용하고, 2/5는 기병(奇兵)으로 운용한다(三術爲正 二述爲奇)."고 했고, 대부분 주석가들도 이를 따르고 있다. 이는 「양면 또는 다면」 공격을 말하고, 이를 때로는 포위의 한 형태로 보기도 한다. 「위(圍)」와 「공(攻)」)의의 차이는 본 편 제목 「모공」을 설명할 때 말한 바 있다.

4) 「배즉분지 적즉능전지(倍則分之 敵則能戰之)」 부분에 대해 조조는 "병력이 적의 2배일 때는 1/2은 정병(正兵)으로 운용하고 1/2은 기병(奇兵)으로 운용하라는 말이다(一術爲正 一述爲奇)."라고 했고, 대부분 주석가들도 이를 따르고 있지만, 두목은 이는 틀린 말이라면서 "병력의 다과를 불문하고 병력을 항상 정(正)과 기(奇)로 나누어야 한다(非論多寡 每陳皆有寄正)."고 했고, 이런 두목의 말을 근거로 중국사회과학원의 ≪손자병법대전≫에서는 「분(分)」은 아군 병력을 나누라는 말이 아니며 오히려 적과 아군의 병력이 대등할 때 적의 병력을 분리시키도록 하라는 말로 보고 본 구절을 「배즉전지 적즉능분지(倍則戰之 敵則能分之)」로 고쳐 읽고 있다. 병력이 적의 2배에 달할 때는 적과 맞붙어 싸우고 병력이 적과 대등할 때는 적을 분리시켜 각개격파 하라는 말이다. 이런 견해는 원문의 뒷부분을 적을 분리시키라는 의미에서 「적즉능분지(敵則能分之)」라고 읽은 점에 한해서는 일리가 있다. 나폴레옹의 전법을 말할 때 흔히 「중앙돌파 및 각개격파」를 말한다. 나폴레옹은 피아간 병력이 대등할 때는 적의 중앙지점을 돌파 후 아군의 소수병력으로 적의 절반 병력을 견제만 하면서 아군의 나머지 다수 병력으로 적의 절반 병력을 공격함으로써 우세한 병력으로 적의 절반 병력을 격파할 수 있었고, 이후 다시 전 병력이 집결해서 적의 나머지 절반을 공격하면 이때도 역시 우세한 병력으로 적의 나머지 절반 병력을 격파할 수 있었다. 그러나 이런 나폴레옹의 전투는 비록 축차적이기는

해도 적과 맞붙어 싸우는 「전(戰)」에 해당하므로 원문에서 「적즉능전지(敵則能戰之)」라고 쓴 것은 오류가 없다. 다만 중국사회과학원은 이 부분에 대한 주석의 서두에서 여타 본에는 모두 원문이 「적즉능전분지(敵則能戰分之)」로 되어 있다고 했는데 물론 이는 「적즉능전지(敵則能戰之)」의 오기(誤記)이지만 필자의 생각에는 「적즉능전지(敵則能戰之)」를 「적즉능분전지(敵則能分戰之)」라고 고쳐 읽으면 매우 탁월한 원문이 될 것이다. 이렇게 하면 중국사회과학원의 ≪손자병법대전≫의 견해대로 적을 분리시켜 싸우라는 의미가 되고 이때 역시 적을 분리시키려면 조조의 말대로 병력을 「정(正)」과 「기(奇)」로 나누어야 한다. 반면에 중국사회과학원의 ≪손자병법대전≫에서 원문 앞부분의 「倍則分之」를 「倍則戰之」라고 고쳐 읽은 것은 전혀 타당하지 않다. 앞서 말했듯이 손자가 「戰」을 「攻」과 연이어 쓰면서 구분할 때는 「戰」은 이전(李筌)의 해석과 같이 적과 맞붙어 싸우는 경우를 말하고, 이곳에서도 「戰」을 「攻」과 연이어 쓰고 있으며, 또한 손자가 강조하는 전법은 「모공」으로 이는 적과 맞붙어서 싸우기보다는 적의 전투의지를 꺾어 맞붙어 싸우지 않고도 적을 이기기 위한 전법이다. 따라서 원문에서 「倍則分之」라 한 것은 조조의 해석대로 병력을 정(正)과 기(奇)로 나누어 「양면 공격」 또는 「양면 포위」를 하라는 것이며 그 목적은 앞의 「五則攻之」의 경우 같이 적의 전투의지를 꺾어 맞붙어 싸우지 않고 적을 이기기 위한 모공의 형태로 보아야 한다. 그렇다면 「위(圍)」, 즉 「전면포위」는 병력을 정(正)과 기(奇)를 나눌 필요조차 없이 병력이 절대 우세한 경우를 말하는 것이고, 「공(攻)」과 「분(分)」은 모두 정(正)과 기(奇)를 나눈 모공의 형태로 볼 수 있을 것이며, 또한 병력을 정(正)과 기(奇)로 나누는 것은 병력이 적의 10배에 달하지 못하는 모든 경우에 사용하는 전법으로 이해해야 할 것이다.

5) 「적능즉전지(敵則能戰之)」 부분에서 「敵」은 피아 병력이 대등한

경우를 말한다는 것은 의문의 여지가 없고, 「能」은 「~할 수 있어야 한다.」는 의미이다. 이 구절에 이어 다음 두 구절까지 계속 사용된 「則能」의 「能」에 대해 중국사회과학원의 ≪손자병법대전≫에서는 이는 「乃」 또는 「則」과 통용되는 글자로 「則能」이라 한 것은 「則」의 어기(語氣)를 강조한 것이라고 하지만, 「能」은 「耐」와도 통하는 글자로 앞서 말한 대로 「여전히~할 수 있어야 한다.」는 의미로 보아야 한다. 두목(杜牧)도 이 구절 다음의 「소즉능도지(少則能逃之)」 부분에 대한 주(注)에서 "「能」이라는 글자를 쓴 것은 분노와 수치심을 견딜 수 있어야 한다는 뜻이다(言能者 謂能忍忿受耻)."라고 했다. 「能」을 「耐」의 뜻으로 사용했다는 말이다. 「적능즉전지(敵則能戰之)」라는 구절에 대해 조조(曹操)는 "피아 병력이 같을 때 용병에 능한 장수라면 복병(伏兵)으로 기병(奇兵)을 설치해 이겨야 한다(己與敵人衆等 善者猶當設伏奇以勝之)."고 했고, 진호(陳皡)와 장예(張預)의 견해도 대동소이하다. 반면에 두목(杜牧)은 이런 해석을 부인하고 "병력수, 장수의 지용(智勇), 무기의 이둔(利鈍) 등이 일단 대등하면 싸울 수도 있다(凡己與敵人 兵衆多少 智勇利鈍一旦相敵 則可以戰)."는 의미로 보았고, 또한 "복병(伏兵)이란…… 적이 대비가 없을 때 공격하는 것으로 복병(伏兵)과 기병(奇兵)은 같은 것이 아니다(夫伏兵之說…… 擊敵不備 自名伏兵 非奇兵也)."라고 했다. 그러나 필자의 생각으로 이 부분에서 조조의 해석은 오류가 없다. 우선 복병(伏兵)과 기병(奇兵)은 같은 것이 아니라는 것은 근거가 없다. 복병은 기병의 한 형태이다. 또한 이곳에서 손자가 강조한 것은 피아 병력이 대등하면 비록 맞붙어 싸우지 않고도 이기기는 어렵지만 그래도 병력이 열세가 아닌 마당에 수세를 취하거나 적을 피할 수는 없으니 맞붙어 싸우되 병력을 정(正)과 기(奇)로 나누어 모공(謀攻)으로 적을 꺾을 수 있어야 한다는 것이며, 이는 손자의 일관된 주장과 배치되지 않기 때문이다. 본 편의 제목이 말하듯이 이 구절은 물론 다음에 연이어 나오는 구절도 모두 모공(謀攻)의 한 형태라는 관점에서 해석하는 것이 마땅하다. 이런 의미에서 나폴레옹이 구사했던 「중앙돌파 및 각개격파」 전법은 손자와 조조의 생각을 꿰뚫고 정확하게 이행한 전법이었다고 할 수 있다. 고대 로마의 시저(Caesar)도 늘 부분적 병력 우세를 구사하면서 갈리아(Gallia) 지역을 정벌했다.

6) 「少則能守之」 부분은 「守」가 「逃」로 되어 있는 본도 있다. 병력이 적을 경우 조조는 "높고 견고한 벽루를 지키는 적을 공격하지 말라(高壁堅壘 勿與戰)."고 했고, 가림은 "군형(軍形)을 숨겨 적이 알지 못하게 하라(逃匿兵形 不令敵知)."고 했고, 이전(李筌)은 "적이 나태해질 때를 기다려 기병(奇兵)을 내보내 가격하라(待其氣懈 而出奇擊之)."고 했고, 두목은 "적의 예봉을 피하면서 틈이 생기기를 기다려야 한다(避其峰 當侯隙)."고 했고, 가림은 "기병(奇兵)으로 복병을 설치해 놓고 기다리고 속임수로 적을 교란시키라(當設奇伏以待之 設詐以疑之)." 했다. 한편 우창(于鬯)은 원문을 「소즉능도지(少則能逃之)」로 보고 「逃」는 「撓」와 통용되는 글자로 "(병력이 적을 때는) 적을 이길 수는 없지만 교란시킬 수는 있다(蓋不能敗之 但能撓之耳)."고 했다.

7) 「불약즉능피지(不若則能避之)」 부분에 대해 조조는 "병력을 이끌고 피하라(引兵避之也)."는 의미로 보았다. 원문 중 「불약(不若)」에 대해 조조는 특별한 설명이 없지만, 대부분 주석가들은 이를 병력수뿐 아니라 외부 지원, 장수의 능력, 무기의 상태 등 모든 것이 적에게 미치지 못할 때를 말한다고 본다. 앞 구절의 「소즉(少則)」과 이곳의 「불약즉(不若則)」의 차이에 대해 자일스(Giles) 역시 「병력이 약간 작을 때(if slightly inferior in numbers)」와 「모든 면에서 적에 비해 불리할 때(if quite unequal in every way)」의 차이로 번역했다. 여러 주석가들의 견해와 대동소이하기는 하지만 「약간(slightly)」이라는 말은 정확하

지도 않고 불필요한 말로 보인다. 한편 진호는 앞의 「적능즉전지(敵則能戰之)」 부분에 대한 주(注)에서 "적과 병력수가 대등할 때는 먼저 기병(奇兵)을 운용해 적을 이길 수 있는 계책을 마련 후 싸워야 한다는 말이다. 이 때문에 뒤에서는 「불약즉능피지(不若則能避之)」라고 한 것이다 [料己與敵人衆寡相等 先爲奇兵可勝之計 則戰之 故下文云不若則能避之]."라고 했다. 「불약(不若)」의 의미를 「병력이 적으면서 적을 이길 수 있는 계책을 마련할 수도 없을 때」라는 의미로 본 것이며 여타 주석가들의 해석과 결국 같은 해석이다. 한편 이런 경우 두목은 한 걸음 더 나가 "속히 피해야 한다. 꾸물대면 안 된다(須速去之 不可遷延也)."라고 했고, 장예는 "적의 틈을 노리라(以伺其隙)."고 했다. 모두가 타당한 견해이며 이런 의미에서 「소즉능수지(少則能守之)」 부분 역시 모공의 한 과정이다.

8) 마지막의 「소적지견 대적지금야(小敵之堅 大敵之擒也)」라는 부분에 대해 조조는 "적은 병력으로는 큰 병력을 감당할 수 없다(少不能當大也)."라고 했다. 「소적(小敵)」과 「대적(大敵)」을 병력수 차이로 본 것이며, 여타 주석가들의 견해도 대동소이하다. 그러나 앞의 「소즉능수지(少則能守之)」와 「불약즉능피지(不若則能避之)」에 이어 이곳의 「소적지견(小敵之堅)」은 모두 일체를 이루는 말로서 문헌상으로는 모두 병력이 적은 경우에 대해 말하지만 가장 앞의 「소즉능수지(少則能守之)」는 말 그대로 병력이 적은 경우를 말하며, 그다음의 「불약즉능피지(不若則能避之)」와 이곳의 「소적지견(小敵之堅)」은 모두 병력도 적고 이길 수 있는 다른 계책도 없을 때를 말한다. 「소적지견」에서 「堅」은 적을 피하지도 않고 무작정 버틴다는 말이지만, 반드시 수비를 하면서 버티는 것만을 말하지는 않는다. 병력도 적고 적을 이길 계책도 없으면서 무작정 적을 공격하는 경우도 이에 포함된다고 보는 것이 옳

다. 또한 「소적」과 「대적」은 「과(寡)」와 「중(衆)」의 수사학적 표현이며 양측이 모두 「적(敵)」이 될 수는 없다. 「小敵之堅」은 「小敵之堅戰」의 축약이고, 「大敵之擒也」는 「爲大敵之所擒也」의 축약이다. 중국사회과학원의 ≪손자병법대전≫에서는 「小敵之堅」의 「之」는 「若」과 통하는 글자이고, 「大敵之擒也」의 「之」는 「則」과 통하는 글자로 보았는데, 그렇게 보는 것이 원문의 의미를 명확히 설명할 수는 있지만 두 단락 모두 수사학적인 축약 표현이므로 두 경우 모두 통상적인 소유격 조사 「之」로 보더라도 무방하다. 가장 앞의 「故」는 앞의 구절과 이하의 구절에 인과관계는 없으므로 무의미한 첨어로, 뒤의 「大敵之擒也」와 글자 수를 맞추려는 수사법적 첨어다.

Ⅲ. 작전을 현장에서 지휘하는 장수와 군주 간의 관계

국가와 장수의 관계는 수레와 바퀴덧방나무의 관계와 같다. 바퀴덧방나무가 견고하면 수레가 튼튼하듯이 장수가 빈틈이 없으면 국가는 강성해지고, 바퀴덧방나무가 허술하면 수레가 허약하듯이 장수에게 빈틈이 많으면 국가는 허약해진다.

夫將者 國之輔也 輔周則國必强 輔隙則國必弱
부장자 국지보야 보주즉국필강 보극즉국필약

1) 「주(周)」와 「극(隙)」의 의미에 대해서는 이를 「보좌의 유무」로 보는 견해 [이전(李筌)], 「기밀유지의 여부」로 보는 견해 [조조(曹操)], 「재능의 유무」로 보는 견해 [두목(杜牧)] 등으로 나뉜다. 이런 요소들을 모두 포함한 말로 보는 것이 타당할 것이다.

군주(君主)가 자국 군대를 곤경에 빠뜨리는 경우가 셋이 있다.

君之所以患於軍者三
군지소이환어군자삼

1) 「所以」는 「所爲」의 의미로 쓰였다. ≪논어(論語)≫, 위정(爲政)편의 "視其所以 觀其所由 察其所安."이라는 구절 중 「所以」에 대해 강유위(康有爲)는 "「以」는 「爲」를 말한다(以 爲也)."라고 했다.

2) 모든 본에 이 구절 앞에 「故」 자가 있으나 전후 구절이 인과관계가 없어 삭제했다.

첫째, 군대가 진격해서는 안 되는 상황에서 군주가 진격을 명하거나 군대가 퇴각해서는 안 되는 상황에서 군주가 퇴각을 명하는 경우가 있다. 이를 군주가 군대의 고삐를 쥐고 있다고 한다.

不知軍之不可以進 而謂之進 不知軍之不可以退 而謂之退 是爲縻軍
부지군지불가이진 이위지진 부지군지불가이퇴 이위지퇴 시위미군

1) 「미(縻)」는 짐승을 통제하기 위해 코에 꿴 「고삐」를 말한다.

2) 「위(謂)」는 「명령」을 말한다. 군주는 군령권의 최종 주체로 포괄적 명령권을 가지므로 정치적 또는 정략적 판단에 따라 장수의 판단과 의사와 달리 진퇴를 명할 수 있지만, 이곳에서는 그 이외 통상적 작전의 경우를 말한다. 군주 자신이 유능한 장수 출신이라 해도 작전 현장에서 계속 작전을 지휘한 것이 아닌 한 현지 상황에 어두울 수 있으므로 현지 장수의 작전지휘를 직접 통제하는 것은 부적절하고 위험하다. 군주뿐 아니라 지휘계통을 무시한 상급 장수도 마찬가지이다. 다만, 현대 선진 군대는 지휘통신 및 정보 수집 분석 체계 발전으로 중앙의

작전통제 기구에서 말단 제대 작전까지 직접 통제하는 경우가 있다. 그러나 최고 군통수권자가 야전군의 작전을 좌지우지하는 것은 여전히 부적절하고 또한 위험하다.

3) 가림(賈林), 두우(杜佑), 매요신(梅堯臣)은 모두 이 구절의 의미를 "군대가 국정을 좌우하면 안 되듯이, 조정에서도 장수를 간섭하면 안 된다(國不可以從外治 將不可以從中御)."는 태공(太公) <태공망(太公望) 여상(呂尙)>의 말과 같은 말이라고 했다. 매우 적절한 해석이다.

둘째, 군주가 군사업무를 모르고 군사작전에 관여하면 군사(軍士)들은 누구의 말을 들어야 할지 모르고 당황한다.

不知三軍之事 而同三軍之政者 則軍士惑矣
부지삼군지사 이동삼군지정자 즉군사혹의

1) 「삼군(三軍)」은 군대를 말한다. ≪주례≫, 하관사마(夏官司馬) 편에는 춘추 시대 군제에 대해 "1만 2천5백 명이 군(軍)이 되고, 왕은 6개 군, 대국(大國)은 3개 군, 차국(次國)은 2개 군, 소국(小國)은 1개 군을 각각 거느린다 [萬有二千五百爲軍 王六軍 大國三軍 次國二軍 小國一軍]."고 했다. 다만 패권을 놓고 자주 싸우던 제후국은 대개 대국이었으므로 제후국의 군대를 지칭할 때 통상 「삼군」을 칭했다.

2) 「동(同)」은 「참여」 또는 「간섭」을 의미한다.

3) 「정(政)」은 이곳에서는 「군사작전」을 의미한다. 앞의 「三. 모공(謀攻)」 편 중 「기하공성(其下攻城)」이라는 구절에 대한 조조(曹操)의 주(注)에서는 "적국이 외국으로부터 이미 식량 원조를 받아 성(城)을 지키고 있을 때 그 성(城)을 공격하는 것이 최하의 정(政)이다 [敵國已收其外粮城守 攻之爲下政也]."라고 했다.

4) 이 구절의 취지에 대해 조조(曹操)는 “국정(國政)의 예의와 법도를 군대에 적용하면 안 되고, 군대의 예의와 법도를 국정에 적용하면 안 된다. 예(禮)로 군대를 지휘하면 안 된다 [國容不入軍 軍容不入國 禮不可以治兵也].”라고 했고, 여타 주석가들도 대부분 이를 인용하고 있다. 이 말은 사마양저(司馬穰苴)의 ≪사마법(司馬法)≫에 있는 구절을 인용한 것으로 전자의 경우에는 백성들의 예양(禮讓)과 풍기(風氣)가 피폐해지고, 후자의 경우에는 군대의 상무정신이 약화된다는 의미이다. 후자의 경우에 해당하는 유명한 사례가 소위 「송양지인(宋襄之仁)」의 고사(故事)이다. 춘추 시대 송(宋) 양공(襄公)은 이복형에게 공위(公位)를 양보하려고까지 했던 어진 군주로 유명했지만 홍수(泓水)를 사이에 두고 초군(楚軍)과 대치 중 초군이 강을 건너려 할 때 대사마 공손고(公孫固)가 병법대로 적이 강을 반쯤 건넜을 때 공격하도록 건의했지만, 자신의 군대를 인의(仁義)의 군대로 자처하던 양공은 난관에 처한 적을 공격해 승리를 얻을 수 없다며 듣지 않았고, 또 초군이 편히 강을 건넌 후 포진(布陣) 중일 때 태재(太宰) 자어(子魚)가 병법에 따라 초군이 포진을 끝내기 전 공격할 것을 건의했지만 이때도 또 “옛 병법에서는 적을 험로에서 막지 않았고, 적이 대오를 갖추기 전 공격하지 않았고 부상당한 적도 공격하지 않았고, 늙은 적을 포로로 잡지 않았소.”라며 거부하다 초군이 포진을 끝내자 자신이 선봉에 서서 초군 중앙으로 돌진해 들어갈 때 초군 양익(兩翼)이 돌연 송군을 포위했고 결국 송군은 크게 패했다. 맹자(孟子)는 이런 양공의 자세가 진정한 인(仁)의 표상이라고 했지만 후대 사람들은 「송양지인(宋襄之仁)」이라는 말로 송 양공의 무지를 비웃는다. 이 구절에 대한 주(注)에서 조조(曹操) 등은 군사업무 전반을 말하고 있지만 손자가 말한 것은 군사작전의 경우를 말한 것이 분명하다.

셋째, 군주가 장수에게 필요한 자질과 능력이 무엇인지 모르고 장수 인선(人選)에 개입하면 군사(軍士)들은 군주를 믿지 않는다.

不知三軍之權 而同三軍之任 則軍士疑矣
부지삼군지권 이동삼군지임 즉군사의의

1) 「권(權)」을 두목(杜牧)은 「권지(權智)」라 하고, 매요신(梅堯臣)과 하연석(何延錫)은 「권모(權謀)」라 했다. 모두 용병에서의 임기응변 능력을 말한다. 「부지삼군지권(不知三軍之權)」은 결국 「군주가 장수에게 필요한 자질과 능력이 무엇인지를 모르고」라는 뜻이다.

2) 「동(同)」은 이곳에서도 「참여」 또는 「간섭」을 의미한다.

3) 「임(任)」은 「임용」을 말한다.

4) 「의(疑)」의 대상에 대해 조조(曹操)는 "장수를 잘못 임용한 것을 말한다(不得其人也)."라고 해서 장수를 잘못 임용한 군주를 말하는 것으로 해석했고, 여타 주석가들도 이에 따르고 있다. 반면, 매요신(梅堯臣)은 "병사들이 시기하고 반발한다(衆疑貳也)."고 했고, 왕석(王晳)은 "반발하면서 견제할 것이 분명하다(則動有違貳 必相牽制也)."라고 해서 군주에 의해 잘못 임용된 장수를 말하는 것으로 해석했다. 그러나 문맥상 「군지소이환우군군자삼(君之所以患于軍君者三)」이라는 구절 이하 계속 군주의 잘못을 지적한 것이므로 장수를 잘못 임용한 군주를 말한 것으로 해석하는 것이 타당하다.

5) 한편 장수 임용의 원칙에 대해 두목(杜牧)은 황석공(黃石公)의 ≪삼략(三略)≫ 중 "사람을 잘 쓰는 사람은 지략이 있는 사람, 용맹한 사람, 욕심 많은 사람, 어리석은 사람을 모두 잘 부린다. 지략이 있는 사람은 공(功) 세우기를 좋아하고, 용맹한 사람은 자신의 의지를 관철시키려 하고, 욕심 많은 사람은 재물 노획에 재빠르고, 어리석은 사람

은 목숨을 아까워하지 않는다(善任人者 使智 使勇 使貪 使愚 智者樂立其功 勇者好行其志 貪者邀趨其利 愚者不顧其死).”는 구절을 인용하면서 「각임소장(各任所長)」, 즉 「적재적소(適材適所)의 병력 활용」을 말하고 있지만, 이곳에서는 「권(權)」, 즉 「용병(用兵)에서의 임기응변(臨機應變) 능력」만을 언급했다.

군사(軍士)들이 당황하고 군주를 믿지 않으면 제후들이 이 틈을 타고 일어나는 적난(敵難)이 닥친다. 이를 「자국 군대를 어지럽혀 스스로 승리를 버린다.」고 한다.

三軍旣惑且疑 則諸侯之難至矣 是謂亂軍引勝
삼군기혹차의 즉제후지난지의 시위난군인승

1) 「인승(引勝)」의 의미에 대해, 「인(引)」을 조조(曹操)와 이전(李筌)은 「탈(奪)」의 의미로 보고, 장예는 「자탈(自奪)」의 의미로 보고, 매요신(梅堯臣)은 「거(去)」의 의미로 보았다. 「탈(奪)」과 「거(去)」는 모두 「각(却)」 또는 「실(失)」과 통하는 글자이므로 이들은 모두 「인승」을 “스스로 승리를 버린다.”는 의미로 본 것이고, 따라서 「勝」을 「아군의 승리」를 말하는 것으로 본 것이다. 이들과 달리 「인승」을 두목(杜牧)은 “적이 나를 이기게 만든다(引敵人使勝我也).”는 의미로 보고, 왕석(王晳)도 “제후들이 우리를 이기게 만든다(引諸侯勝己也).”는 의미로 보았다. 이들은 「인(引)」을 통상적 의미대로 “초래한다.”는 의미로 보고 「승(勝)」을 「적의 승리」의 의미로 본 것이다. 「승(勝)」을 「적의 승리」로 보는 것은 논리적 비약이다. 조조 등의 해석이 타당할 것이다.

Ⅳ. 전투의 승패를 좌우하는 요소

따라서 다음 다섯 가지를 보면 이길 수 있는 것인지를 알 수 있다.

故知勝有五
고지승유오

1) 주석가들은 앞의 「一. 시계(始計)」 편에서 말한 「도(道), 천(天), 지(地), 장(將), 법(法)」의 「오(五)」를 「오사(五事)」로 칭한 것과 같이 이곳에서도 「오(五)」를 「오사(五事)」로 칭하지만, 같은 내용은 아니다. 시계(始計) 편에서는 전쟁의 승패를 논한 것이고 이곳에서는 전투의 승패를 논한 것이다.

2) 앞의 「一. 시계」 편에서는 「도(道), 천(天), 지(地), 장(將), 법(法)」의 오사(五事)를 전쟁의 승패를 좌우할 상규(常規)로 삼고, 또 칠계(七計)로서 양측의 오사 등을 비교해서 어느 측에 승산이 있는지 먼저 탐색해 보아야 한다고 했는데, 이곳에서 전투의 승리 여부를 알 수 있는 것으로 말한 다섯 가지는 모두 「장(將)」, 즉 장수에 대한 설명이다. 다만 마지막의 「장능이군부어자승(將能而君不御者勝)」 부분은 「장(將)」에 대한 부연설명임과 동시에 바로 앞서 말한 「군지소이환우군자삼(君之所以患于軍者三)」에 대한 부연설명이기도 하다. 따라서 전투의 승리 여부를 알 수 있는 요소로 손자는 군주와 장수, 그중에서도 특히 장수의 자질과 능력을 가장 중요시했다고 볼 수 있다.

3) 이곳에서는 전투 승리의 5가지 필요조건을 말했는데 원문 중 구체적 언급은 없지만 5가지 조건을 모두 갖출 것을 요구한 것으로 보아야 한다.

공격할 수 있을 때와 공격해서는 안 될 때를 알면 이길 수 있다.

知可以戰與不可以戰者勝
지가이전여불가이전자승

1) 손자는 「선전(善戰)」 등 몇 가지 경우 외는 「전(戰)」을 공격의 의미 특히 "적과 맞붙어 싸운다."는 의미로 사용했고, 방어 시 적에 대항해 싸우는 것 특히 성(城)이나 보루를 지키기만 하는 것을 특별히 「전(戰)」으로 표현하지 않았다. 본 구절의 의미에 대해 왕석(王晳)은 "가능할 때 전진하고, 그렇지 못하면 멈추어야 한다(可則進 否則止)."고 했고, 장예는 "싸울 수 있을 때 진공(進攻)하고, 싸울 수 없을 때 물러나 지켜야 한다. 공격과 방어 중 어느 것이 옳은지를 판단할 수 있어야만 한다(可戰則進攻 不可戰則退守 能審攻守之宜)."고 했다. 모두 「전(戰)」을 공격의 의미로 본 것이다.

피아 병력수에 따라 적절한 공격 형태를 선택하면 이길 수 있다.

識衆寡之用者勝
식중과지용자승

1) 「識」이 은작산죽간본에는 앞 구절과 마찬가지로 「知」로 되어 있다.

2) 이 구절의 의미에 대해 왕석(王晳)은 "적과 아군의 병력수를 보고 위(圍), 공(攻), 분(分), 전(戰) 어떤 작전을 펼 것인지를 말한다 [謂我對敵兵之衆寡 圍攻分戰是也]."고 했다. 「위(圍), 공(攻), 분(分), 전(戰)」은 앞서 설명한 「十則圍之 五則攻之 倍則分之 敵則能戰之」를 말한다. 앞에서는 「少則能守之 不若則能避之」라 해서 「수(守)」와 「피(避)」에

대해서도 언급했는데 왕석(王晳)은 이를 언급하지 않았지만 「守」의 경우에도 잘 지켜서 적을 물리치면 이 역시 「승리」라고 할 수 있을 것이다. 다만 「피(避)」의 경우에는 적이 스스로 물러난다고 해도 이를 「승리」라고 할 수는 없을 것이다. 두우(杜佑)는 이 구절의 의미에 대해 "병력은 많아도 병력이 적은 상대를 공격할 수 없을 때도 있고 적은 병력으로 병력이 많은 적을 이길 수도 있으므로 임기응변을 잘할 수 있는 자가 이긴다(有衆而不可擊少 或可以弱制强 而能變之者勝也)."는 의미로 보았는데, 이는 병력이 적을 경우 잘 지켜서 적을 물리친 경우도 「승리」로 본 것이다. 수비를 하다 적절한 기회에 반격을 해서 적을 물리친 경우는 말할 것도 없다.

상하(上下)가 한마음이 되면 이길 수 있다.

上下同欲者勝
상하동욕자승

1) 「상하(上下)」의 의미를 조조(曹操)와 두우(杜佑)는 「군신(君臣)」을 의미한 것으로 보고, 여타 주석가들은 「상관과 부하」의 의미도 포함되는 것으로 보았지만, 이곳에서는 전투 승리의 조건을 말하고 있으므로 오히려 상관과 부하의 관계를 말한 것으로 보아야 한다.

나는 먼저 대비를 하고 적이 대비가 없을 때를 기다리면 이길 수 있다.

以虞待不虞者勝
이우대불우자승

1) 진호(陳皞)와 장예(張預)는 이 구절의 의미를 「전투에 능한 장수는 먼저 적이 나를 이길 수 없도록 대비 후 적을 이길 기회를 기다린다(善戰者 先爲不可勝 以待敵之可勝)」고 한 뒤의 「四. 군형(軍形)」 편의 가장 앞 구절과 같은 의미로 보았다. 매우 적절한 해석이다.

2) 두우(杜佑)는 「우(虞)」를 「법도(法度)」의 뜻으로 보고 "법도가 있는 우리 병력으로 법도가 없는 적을 공격하라(以我有法度之師 擊彼無法度之兵)."는 의미로 보았지만 적이 나를 이길 수 없도록 대비하는 것이 바로 법도가 있는 것이다.

장수가 유능하고 군주가 간섭하지 않으면 이길 수 있다. 이상의 다섯 가지를 보면 승리할 수 있는지를 알 수 있다.

將能而君不御者勝 此五者知勝之道也
장능이군불어자승 차오자지승지도야

1) 이 구절은 앞에서 말한 「군지소이환우군자삼(君之所以患于軍者三)」 부분에 대한 부연설명이다. 뒤의 「八. 구변(九變)」 편에서 "군주의 명(命)이라도 이행 못할 경우가 있다 [君命有所不受]."고 한 것도 같은 취지의 말이며 이는 모두 태공(太公)의 ≪육도(六韜)≫에서 "옛날 장수는 전장에 나갈 때 군주로부터 부월(斧鉞)을 받으면 군주에게 「군대가 국정을 좌우하면 안 되듯이, 조정에서도 장수를 간섭하면 안 됩니다.」라고 건의했다(古者 將已受斧鉞 答君曰 國不從外治 將不可從中御也)."는 구절을 이어받은 것이다.

2) 조조(曹操)는 "군대의 진퇴는 오직 상황을 보고 결정할 뿐이며 군주의 명(命)을 따르는 것이 아니다(進退惟時 無曰寡人)."라는 ≪사마법(司馬法)≫의 구절과 같은 뜻이라고 했다.

또한 적을 알고 나를 알면 백 번을 싸워도 위험하지 않고, 적을 몰라도 나를 알면 이길 수도 있고 질 수도 있지만, 적도 모르고 나도 모르면 싸울 때마다 위험하다.

故曰 知彼知己 百戰不殆 不知彼而知己 一勝一負 不知彼不知己 每戰必殆
고왈 지피지기 백전불태 부지피이지기 일승일부 부지피부지기 매전필태

1) 이 부분은 앞의 설명과 인과관계가 없으므로 「故曰」을 「또한」으로 번역했다.

2) 「지피지기(知彼知己)」는 앞서 시계(始計) 편에서 말한 적과 우리 측의 오사(五事), 즉 「도(道), 천(天), 지(地), 장(將), 법(法)」에 대한 정확한 비교 및 뒤의 「군형(軍形)」 편에서 말하는 적과 우리 측의 실정과 의도에 대한 정확한 이해를 말한다. ≪통전≫에는 「지기지피(知己知彼)」로 되어 있다. 자신의 실정에 대한 이해를 강조한 것이다.

3) 「불태(不殆)」의 의미를 두목(杜牧)은 「백승(百勝)」으로 보았지만, 앞서 시계(始計) 편의 「計利 以聽 乃爲之勢 以佐其外」 항에서 발했듯이 손자는 「지피지기(知彼知己)」를 승리의 충분조건으로 본 것이 아니므로, 「불태(不殆)」를 「백승」으로 해석하는 것은 적절치 않다. 「불태(不殆)」의 의미를 매요신(梅堯臣)은 「무패(無敗)」, 맹씨(孟氏)는 「무위태(無危殆)」, 왕석(王晳)과 장예(張預)는 「불위(不危)」로 각각 보았다. 모두 원문의 취지에 부합한다. 「불태(不殆)」는 뒤의 「四. 군형(軍形)」 편 중 용병에 능한 장수는 "먼저 적이 나를 이길 수 없도록 대비한다(先爲不可勝)."는 구절 및 "패하지 않도록 대비한다(立於不敗之地)."는 구절과 일맥상통하는 의미이다.

4) 끝의 「필태(必殆)」가 「필패(必敗)」로 되어 있는 본도 있고, 「필태(必殆)」의 의미를 이전(李筌)과 장예(張預)는 「필패(必敗)」로 보고 있다. 그러나 앞서와 같은 이유로 이곳에서도 원문을 「필태(必殆)」로

보는 것이 타당하고 그 의미도 "반드시 패한다."는 뜻이 아니라 "반드시 위험하다."는 뜻으로 보아야 한다.

5) 중간에서 말한 「일승일부(一勝一負)」는 「일승일패(一勝一敗)」와 같은 의미이지만, 이로 인해 앞의 「불태(不殆)」를 「백승(百勝)」으로 해석하거나 뒤의 「필태(必殆)」를 「필패(必敗)」로 해석해야만 할 논리적 이유는 없다.

제4편

군형(軍形)

軍 形

- 본 편에서는 용병에 능한 장수의 군형(軍形)을 설명하면서 우리 측 군형, 즉 실정과 의도를 감추어 먼저 적이 나를 이길 수 없도록 대비한 다음 적의 군형을 보고 빈틈을 공격하도록 강조한 데 이어서 승부 판단의 4단계로 「도(度), 양(糧), 수(數), 칭(稱)」을 설명하고, 마지막에 다시 또 용병에 능한 장수의 군형을 묘사하고 있다.
- 은작산죽간본에는 「形」이 「刑」으로 되어 있으나 옛날에는 통용되던 글자였다.
- 장예(張預)는 각 편의 순서에 대해 "군형은 공수(攻守)에서 드러나므로 이 군형 편을 모공(謀攻) 편 다음에 둔 것이다 [形因攻守而顯故次謀攻]."라고 했다.
- 「형(形)」의 문헌적 의미는 「외형(外形)」, 즉 「외부에 드러난 모습」을 말하지만, 본문의 내용은 외형을 통해 드러난 「실정(實情)과 의도(意圖)」를 말한다. 두목(杜牧)은 본 편의 취지에 대해 "외형을 보면 실정이 드러난다. 외형이 없다는 것은 실정이 감추어진 것을 말하며, 외형이 있다는 것은 실정이 드러나 있음을 말한다. 우리 측의 실정이 감추어져 있어야 이길 수 있고 실정이 드러나면 패한다(因形見情 無形者 精密 有形者 情疎 密則勝 疎則敗)."고 했다. 조조(曹操)는 "한쪽이 움직이면 상대도 이에 대응하게 되고 이때 양측은 서로 상대의 정(情)을 파악한다(我动彼应 两敌相察情也)." 했다. 두목이나 조조가 말한 「정(情)」은 「실정과 의도」를 말한다.

1. 용병에 능한 장수의 군형(軍形)

옛날 전투에 능했던 장수는 먼저 적이 나를 이길 수 없도록 대비한 다음 적을 이길 기회를 기다렸다. 적이 나를 이길 수 없도록 만드는 것은 내가 하기에 달려 있지만 내가 적을 이길 수 있는지는 적이 하기에 달려 있기 때문이다. 따라서 전투에 능한 장수라도 적이 나를 이길 수 없게 대비할 수는 있지만 내가 반드시 이길 수 있도록 적을 만들 수는 없다. 그런즉, 적을 이길 것인지는 적을 보아야 알 수 있고 내가 이기려 한다고 이기는 것은 아니다.

昔之善戰者 先爲不可勝 以待敵之可勝 不可勝在己 可勝在敵 故善戰者 能爲不可勝 不能使敵 必可勝 故曰 勝可知而不可爲
석지선전자 선위불가승 이대적지가승 불가승재기 가승재적 고선전자 능위불가승 불능사적 필가승 고왈 승가지이부가위

1) 장예(張預)는 이 구절은 앞의 「모공(謀攻)」 편에서 말한 「지피지기(知彼知己)」에 대한 부연설명이라고 했다.

2) 조조(曹操)는 이 구절의 의미에 대해 "수비를 견고히 해야 한다. 자신을 먼저 정비 후 적에게 틈이 생기기를 기다려야 한다(守固備也 自修理 以待敵之虛懈也)."고 했다.

3) 이곳에서 「전(戰)」 자는 특별히 「공격」을 의미하는 말이 아니라 「전투」 또는 「공수(攻守)」를 의미한다. 앞의 「一. 시계」 편부터 「三. 모공」 편까지는 「선용병자(善用兵者)」란 표현만 있고 「선전자(善戰者)」라는 표현은 이곳부터 보이기 시작하는데 양자는 같은 의미로 쓰이지만 달리 쓰이기도 한다. 앞의 「二. 작전」 편의 「善用兵者 屈人之兵而非戰也」라는 구절과 같이 차원이 가장 높은 장수를 지칭할 때는 전자의 표현을 썼다.

적이 나를 이기지 못하게 하려면 수비에 만전을 기해야 하고, 내가 적을 이길 수 있는 틈이 보일 때 비로소 공격해야 한다.

不可勝者 守也 可勝者 攻也
불가승자 수야 가승자 공야

1) 은작산죽간본에는 「不可勝 守也 可勝 攻也」로 되어 있지만 의미에는 차이는 없다.

2) 앞의 「불가승자 수야(不可勝者 守也)」의 의미를 하연석(何延錫)은 "적의 형세와 허실에 내가 이길 수 있는 틈이 보이지 않으면 굳게 지켜야 한다(未見敵人形勢虛實有可勝之理 則宜固守)."고 했고, 장예(張預)는 "내가 적을 이길 수 없음을 알면 기세를 지키며 때를 기다려야 한다(知己未可以勝 則守其氣而待之)."고 했다. 모두 앞의 「불가승(不可勝)」을 「내가 적을 이길 수 없을 때」의 의미로 본 것이다. 그러나 본 편의 문맥상 「불가승(不可勝)」은 「적이 나를 이기지 못하게 하는 것」을 의미함이 분명하다. 같은 구절의 의미를 조조(曹操)는 「장형야(藏形也)」라고 했고, 두목(杜牧)은 조조의 해석을 이어받아 "적에게 내가 이길 수 있는 군형(軍形)이 안 보이면 나는 군형을 숨기어 적이 나를 이길 수 없게 대비하고 지켜야 한다(未見敵人有可勝之形 己則藏形 爲不可勝之備 以自守也)." 했다. 조조나 두목은 「불가승(不可勝)」을 「적이 나를 이기지 못하게 하는 것」의 의미로 본 것으로 이 같은 해석이 문맥상 타당하다. 중국사회과학원의 ≪손자병법대전≫에서도 역시 이렇게 분석했다. 이 구절은 뒤의 「故善戰者 立於不敗之地」와 같은 말이다.

3) 「가승자 공야(可勝者 攻也)」의 의미에 대해 조조는 「적공기 내가승(敵攻己 乃可勝)」이라고 해서 뜻이 모호하지만, 두우(杜佑)는 조조의

해석을 이어받아 "이미 적의 군형(軍形)이 드러나 적의 병력수가 적고 우리 병력수가 많으면 공격할 수 있다(已見其形 彼寡我衆 則可攻)."고 했다. 적이 먼저 공격에 나서 자신의 군형을 드러낸 후 틈이 보일 때 비로소 공격해야 한다는 의미로 본 것이다. 장예(張預) 역시 본 구절의 의미에 대해 "적을 이길 수 있는 틈이 보이면 적을 공격해 격파하라(知彼有可勝之理 則攻其心而取之)."고 했고, 두목(杜牧)도 "적에게 내가 이길 수 있는 군형(軍形)이 보이면 나가서 공격해야 한다 [敵人有可勝之形 則當出而攻之]."고 했다.

지키는 것은 힘이 부족할 때이고, 공격하는 것은 힘이 충분할 때이다.

守則不足 攻則有餘
수즉부족 공즉유여

1) 조조는 이 구절의 의미에 대해 "내가 수비하는 것은 힘이 부족할 때이고, 공격하는 것은 힘에 여유가 있을 때이다(吾所以守者 力不足, 所以攻者 力有餘)."라고 했고 여타 주석가들의 해석 역시 같다.

2) 이 구절이 은작산죽간본에는 정반대로 「수즉유여 공즉부족(守則有餘 攻則不足)」으로 되어 있다. 이와 관련해 중국사회과학원의 ≪손자병법대전≫에서는 ≪후한서(後漢書)≫, 황보숭전(皇甫嵩傳)에 "적이 지키는 것은 (적이) 병력이 부족하기 때문이고, 내가 공격하는 것은 (내가) 병력이 충분하기 때문이다(彼守不足 我功有餘)."는 구절이 보이고 이에 대한 이현(李賢)의 주(注)에서 이는 「손자의 글(孫子之文)」이라고 한 것을 볼 때 후한(後漢) 시대에 이미 두 가지 원문이 있었을 것으

로 보았고, 또 "신(臣)이 듣기에 병법에서는 적의 병력이 부족할 때 나는 공격하고, 적의 병력이 충분할 때 나는 수비를 한다고 합니다(臣聞兵法 攻不足 守有餘)."라는 ≪한서(漢書)≫, 조충국전(趙忠國傳)의 구절과 "공격하는 것은 적의 병력이 부족할 때이고, 수비하는 것은 적의 병력이 충분할 때이다(夫攻者不足 守者有餘)."라는 ≪후한서(後漢書)≫, 풍이전(馮異傳)의 구절을 볼 때 원래 은작산죽간본의 문언이 원문일 것으로 보았다. 적어도 후한(後漢) 시대에 이미 두 가지 원문이 존재했을 것으로 본 것은 매우 타당한 견해이지만 본래의 원문이 은작산죽간본과 같았다고 본 부분은 동의하기 어렵다. 바로 앞의 「불가승자 수야 가승자 공야(不可勝者 守也 可勝者 攻也)」라는 구절의 문장 구조는 「나의 상태」와 「나의 행동」에 대한 기술에 이어 「적의 상태」와 「나의 행동」을 기술하고 있다. 따라서 이와 이어지는 본 구절의 원문은 「수즉부족 공즉유여(守則不足 攻則有餘)」이었을 것으로 보는 것이 타당하다. 이 문장은 앞 문장에 비해 「상태」와 「행동」의 순서가 바뀌어 있기는 하지만 앞 문장과 같이 「나의 상태」와 「나의 행동」에 대한 기술에 이어 「적의 상태」와 「나의 행동」을 기술하고 있기 때문이다. 「守則有餘 攻則不足」라는 은작산죽간본의 문장은 앞뒤 모두 「적의 상태」와 「나의 행동」에 대한 기술뿐이다. 「守則不足 攻則有餘」를 원문으로 하는 것이 타당하다.

전투에 능했던 옛날 장수는 깊은 땅속에 숨어 있다가 높은 하늘을 날아다니듯이 움직였고, 이 때문에 자신을 지키면서도 언제나 이길 수 있었다.

昔善戰者 臧於九地之下 動於九天之上 故能自保而全勝也
석선전자 장어구지지하 동어구천지상 고능자보이전승야

1) 원문이 은작산죽간본에는 「昔善守者 臧九地之下 動于九天之上 故能自保而全勝也」로 되어 있지만 문맥이 어색하다. 「臧九地之下」와 「動于九天之上」이 모두 「善守者」의 특성일 수 없을 뿐 아니라 「全勝」도 「善守者」의 것이 아니기 때문이다. 여타 본에는 중간에 「善攻者」가 추가되어 「善守者 藏于九地之下 善攻者 動于九天之上 故能自保而全勝也」로 되어 있지만 이 역시 문맥이 어색하다. 「能自保而全勝」이 「善守者」의 능력과 「善攻者」의 능력을 모두 말하고 있기 때문이다. 한편 손자의 글에서는 「善戰者」 또는 「善用兵者」라는 두 문구가 때로는 같은 의미로 때로는 약간 구별될 수 있는 의미로 계속 등장하는 반면 「善守者」와 「善攻者」라는 문구는 뒤의 「六. 허실(虛實)」 편에 단 한 번 함께 등장하고 이때는 분명히 양자를 대비하면서 따로 설명하고 있다. 따라서 필자는 은작산죽간본의 문장을 기본으로 해서 「善守者」를 「善戰者」로 고쳐 이를 원문으로 하고 「善攻者」를 탈락시켰다. 이렇게 할 때 비로소 문맥이 완전히 통하기 때문이다.

2) 「장어구지지하 동어구천지상(臧於九地之下 動於九天之上)」에 대해, 조조는 "견고한 산천과 구릉에 의지해 깊은 땅 속에 숨고, 천시(天時)의 변하에 의지해 높은 하늘에서 움직인다(因山川丘陵之固者 臧於九地之下 因天時之變者 動於九天之上)." 했고, 두우(杜佑)는 조조의 해석을 이어받아 "수비에 능한 장수는 산천과 구릉의 험고를 이용해 적이 어디를 공격할지 모르게 만들고…… 공격에 능한 장수는 천시(天時)와 지리(地利)를 이용해 물이나 불과 같이 변하면서 적이 어디를 막을지 모르게 만든다(善守備者 務因其山川之阻 丘陵之固 使敵不知所攻…… 善攻者 務因天時地利 爲水火之變 使敵不知所備)."고 했다. 두목(杜牧)은 "지킬 때는 소리와 자취를 감추는 것이 땅 속의 귀신가 같아서 그 외형을 적에게 보이지 않고 공격할 때는 기세가 신속 치열한 것

이 천둥번개가 하늘에서 떨어지는 듯해서 어디를 막아야 할지 모른다(守者韜聲滅跡 幽比鬼神在於地下 不可得而見之 功者勢迅聲烈 疾若雷電如來天上 不可得而備也).”고 했고, 매요신(梅堯臣), 왕석(王晳), 장예(張預)의 견해는 모두 두목과 유사하다.

천하가 모두 이길 것을 알 때 이기는 것은 최상의 승리가 아니며, 싸워 이긴 것을 보고 천하가 모두 잘 싸웠다고 하면 이 역시 최상의 승리가 아니다.

見勝不過衆人之所知 非善之善者也 戰勝而天下曰善 非善之善者也
견승불과중인지소지 비선지선자야 전승이천하왈선 비선지선자야

1) 이 문장의 앞부분에 대해 조조는 “아직 싹이 돋기 전에 볼 수 있어야 한다(當見未萌).”고 했다. “아무도 이길 것을 알 수 없을 때 이길 수 있는지 알 수 있어야 한다.”는 뜻이다. 여타 주석가들도 모두 조조의 해석에 따르고 있다. 이전(李筌)은 그 예로 한신(韓信)의 정형전(井陘戰)을 들었다. 한신은 조왕(趙王) 조헐(趙歇)이 20만 병력으로 지키고 있는 정형구를 공격하려 할 때 사전 파견한 간첩을 통해 조헐이 정면으로 결전하려 함을 탐지 후 기뻐하며 관영(灌嬰)에게 2천 병력과 함께 각자 붉은 한군(漢軍) 깃발을 하나씩 지니고 매복해 조군(趙軍) 군영을 관측하다 조군이 보루를 비우고 한군을 공격하러 출격하면 조군 보루로 달려 들어가 조군 기(旗)를 뽑고 한군 기(旗)를 세우도록 명하는 한편 1만 병력을 야하(治河) 동안(東岸)으로 보내 배수진을 치게 한 다음 날이 밝자 병사들에게 음식을 조금씩만 나누어 주면서 “조군을 격파 후 배불리 먹자.”고 했다. 한신은 곧 나머지 병력을 이끌고 정형구로 접근했고 조군이 보루에서 출격하자 제법 오래 큰 싸움을 벌이

다 짐짓 패한 척하며 배수진을 치고 있는 한군 쪽으로 퇴각했고, 이때 매복해 있던 관영의 병력이 조군 보루로 들어가 조군 기(旗)를 뽑고 붉은 한군 기(旗)를 세웠다. 배수진으로 결사적으로 저항하는 한군을 격파하지 못한 조군은 다시 보루로 들어가려다 보루에 이미 한군 기(旗)가 세워진 것을 보고 크게 놀라 흩어져 도주했고 이때 한신은 관영의 병력과 함께 이들을 협격해 대파했다.

2) 이 문장 뒷부분의 「전승(戰勝)」에 대해 조조는 「쟁봉(爭鋒)」이라 했다. "적과 맞붙어 싸워 이기는 것."을 말한다. 두목은 보다 직접적으로 "칼에 피를 묻히지 않고(不刃血)." 이기는 것을, 진호는 "맞붙어 싸우지 않고 적을 굴복시키는 것(非戰而屈人之兵)."을, 왕석은 "계책으로 적을 굴복시키는 것(謀屈人)."을, 장예는 "군형(軍形)을 드러내지 않고 이기는 것 [取勝於無形]."을 각각 최선이라고 했다.

털갈이한 가을터럭 몇 올을 들 수 있다고 해서 힘이 센 것은 아니고, 해와 달을 볼 수 있다고 해서 눈이 밝은 것은 아니고, 천둥벼락 소리를 들을 수 있다고 해서 귀가 밝은 것은 아니기 때문이다.

故擧秋毫不爲多力 見日月不爲明目 聞雷霆不爲聰耳
고거추호불위다력 견일월불위명목 문뇌정불위총이

1) 조조는 "쉽게 보고 들을 수 있는 것을 말한다(易見聞也)."고 했다. 쉽게 할 수 있는 것을 하는 것이 뛰어난 것이 아니라는 뜻이다. 하연석은 이 구절과 관련해서 뛰어난 사람의 예로 1천 균(鈞), 즉 약 2.4톤을 들었다는 오획(烏獲), 1백 보(步) 밖의 겨자씨를 볼 수 있었다는 이주(離朱), 모기 발걸음 소리를 들을 수 있었다는 사광(師曠)을 들었다.

전투에 능했다는 옛날 장수는 쉽게 이기는 듯이 이겼다.

古之所謂善戰者 勝於易勝者也
고지소위선전자 승어역승자야

1) 「이승(易勝)」의 의미에 대해 조조(曹操)는 "적의 드러나지 않은 약점을 찾아본 다음 이길 수 있을 때 공격하고 이길 수 없을 때는 공격하지 않는다(原微易勝 攻其可勝 不攻其不可勝也)."고 했고, 매요신(梅堯臣)은 "적의 드러난 모습만 보면 이겨도 어렵게 이기고, 적의 드러나지 않은 약점을 알면 이겨도 쉽게 이긴다(見於著則勝於艱 見於微則勝於易)."고 했고, 두목(杜牧)과 하연석(何延錫)은 "적의 계모는 처음 그 조짐이 있으므로 이를 알고 나의 움직임을 숨기면서 공격할 수 있으면 작은 힘으로 적의 드러나지 않은 약점을 공격해 이기므로 쉽게 이긴다(敵人之謀 初有萌兆 我則潛運 己能攻之 用力旣少 制勝其微 故曰易勝)."고 했고, 장예(張預)는 "맞붙어 싸워서 적을 이길 수 있으면 어렵게 이기는 것이고, 드러나지 않은 적의 약점을 찾아 적이 군형(軍形)을 갖추기 전 격파할 수 있으면 쉽게 이기는 것이다(交鋒接刃 而後能制敵者 是其勝難也 見微察隱 而破於未形者 是其勝易也)."라고 했다.

전투에 능한 장수가 이길 때는 지략이 탁월하다는 말도 들리지 않고 용맹하게 싸워 공을 세웠다는 말도 들리지 않는다.

故善戰之勝也 無智名 無勇功
고선전지승야 무지명 무용공

1) 은작산죽간본에는 뒤에 「무기승(無奇勝)」이라는 문구가 더 있다. "기이한 승리도 없다."는 뜻이다. 그러나 이곳에서 말하는 「무지명 무

용공(無智名 無勇功)」이 바로 「무기승(無奇勝)」이므로 후일 「무기승(無奇勝)」이 탈락된 것으로 보인다.

2) 이 구절의 의미에 대해 조조(曹操)는 "적이 군형(軍形)을 갖추기 전에 이겼으니 혁혁한 전공(戰功)을 세운 것으로 보이지도 않는다(敵兵形未成勝之 無赫赫之功也)."라고 했고, 두목(杜牧)은 "아직 군형(軍形)이 드러나기도 전이라 아무도 이긴 것을 모르니 지략이 뛰어났다는 평가도 없고, 칼에 피를 묻히기도 전 적이 이미 굴복했으니 용맹하게 싸워 전공을 세웠다는 평가도 없다(勝於未萌 天下不知 故無智名 曾不血刃 敵國已服 故無勇功也)."고 했다.

그러나 그는 싸우면 못 이기는 일이 없다. 못 이기는 일이 없는 것은 그의 싸움이 이길 수밖에 없기 때문이고 이미 패한 자를 상대로 이기기 때문이다.

故其戰勝不忒 不忒者 其所措必勝 勝已敗者也
고기전승불특 불특자 기소조필승 승이패자야

1) 「특(忒)」이 은작산죽간본에는 「대(貸)」로 되어 있다. 두 글자는 중국어로는 발음도 같고 의미도 통용되며, "어긋나다." 또는 "틀리다."는 뜻이다.

2) 「조(措)」가 은작산죽간본에는 「착(錯)」으로 되어 있다. 모두 「치(置)」와 통용되는 글자로 "처리하다." 또는 "시행하다."는 뜻이다.

3) 이 구절의 의미에 대해 조조(曹操)는 "적이 반드시 패할 것임을 알았으니 틀림없다는 것이다(察敵必可敗 不差忒也)."라고 했고, 진호(陳皥)는 "먼저 싸움을 벌여놓고 이기려 하면 싸움에 능한 장수라도 패할 때가 있는 법이지만 적이 군형(軍形)을 드러내기 전 그 조짐을

살펴 적의 허점을 알고 싸우면 백전백승이고 전혀 틀림이 없는 것이다[力戰而求勝 雖善者亦有敗時 旣見於未形 察於未成 則百戰百勝 而無一差忒矣].”라고 했다.

따라서 전투에 능한 장수는 우선 자신이 패하지 않게 대비해 놓고 적을 이길 수 있는 기회를 살펴 이를 놓치지 않는다. 이 때문에 이기는 군대는 먼저 이길 수 있음을 알고 난 다음에 싸우는 군대이고, 지는 군대는 먼저 싸움부터 시작하고 이기려는 군대이다. 그런즉 용병에 능한 장수는 승패를 자신이 결정할 수 있다.

故善戰者 立於不敗之地 而不失敵之敗也 是故勝兵先勝而后求戰 敗兵先戰而后求勝
고선전자 입어부패지지 이부실적지패야 시고승병선승이후구전 패병선전이후구승

故善用兵者 能爲勝敗正
고선용병자 능위승패정

1) 마지막 글자인 「正」은 은작산죽간본에 따랐다. 여타 본에는 모두 「之政」으로 되어 있다. 중국사회과학원의 ≪손자병법대전≫에서는 ≪관자≫, 수지(水地) 편에도 「爲禍福正」, ≪노자≫에도 「爲天下正」이란 구절이 각각 있음을 들어 이곳에서도 「正」이 원문이었을 것으로 보고, 그 의미를 「주재자」의 뜻으로 보았다. 적절한 분석이므로 이에 따랐다.

2) 마지막 「고선용병자(故善用兵者)」 이하 부분이 여타 본에는 「선용병자 수도이보법 고능위승패정(善用兵者 修道而保法 故能爲勝敗正)」으로 되어 있다. 그러나 이 문구 중간의 「도(道)」와 「법(法)」을 조조(曹操)는 「불가승(不可勝)의 도(道)」와 「법도(法度)」의 의미로 보고, 두목(杜牧)은 「인의(仁義)」와 「법제(法制)」의 의미로 보고, 가림(賈林)은 「승

병(勝兵)의 도(道)」와 「상벌(賞罰)의 법도(法度)」의 의미로 보고, 장예(張預)는 「전쟁을 하는 도(爲戰之道)」와 「법령(法令)」의 의미로 보았다. 이와 같이 주석가들의 해석은 다양하지만 모두 「수도이보법(修道而保法)」의 의미를 앞서 말한 여러 글귀들의 단순 반복에 불과한 것으로 보았을 뿐만 아니라 이럴 경우 「도(道)」나 「법(法)」을 「一. 시계」 편의 오사(五事) 중 「도(道)」 및 「법(法)」과 다른 의미로 해석하고 있어 혼동이 생긴다. 앞에 말한 글귀들의 단순 반복이라면 이 부분을 삭제해도 무방할 뿐만 아니라, 이 부분을 삭제하고 「고선용병자 능위승패정(故善用兵者 能爲勝敗正)」으로 바꾸면 오히려 문맥의 흐름이 유연해진다. 왕석(王晳)은 「도(道)」에 대한 언급은 없고 「법(法)」을 다음에 말할 병법(兵法), 즉 「도(度), 양(量), 수(數), 칭(稱), 승(勝)」으로 보았는데 문맥의 흐름을 전후 연결해 보려는 해석이지만 그렇게 해석해도 원문의 의미가 분명하게 드러나지는 않는다.

II. 승부(勝負) 판단의 4단계

병법(兵法)에서는 도(度), 양(糧), 수(數), 칭(稱)을 거쳐 승부를 판단한다. 양측은 국토가 다르므로 그 크기를 우선 측정하고 분석해 보아야 하고, 양측 국토의 크기를 측정하고 분석해 보면 양측의 인적 물적 자원을 측정해 볼 수 있고, 양측의 인적 물적 자원을 측정해 보면 양측이 각자 동원 가능한 병력수를 계산해 볼 수 있고, 양측의 동원 가능한 병력수를 계산해 보면 이를 서로 비교해 양측의 실력과 허실을 알 수 있고, 양측의 실력과 허실을 알면 승부를 예측할 수 있다.

兵法 一曰度 二曰量 三曰數 四曰稱 五曰勝 地生度 度生量 量生數 數生稱 稱生勝
병법 일왈도 이왈량 삼왈수 사왈칭 오왈승 지생도 도생량 양생수 수생칭 칭생승

1) 「兵法」이 은작산죽간본에는 「법(法)」으로 되어 있지만, 「시계(始計)」 편의 오사(五事) 중 「법(法)」과는 내용이 다르므로 혼동을 부를 수 있다. 조조는 이곳서 말한 다섯 가지를 또 「오사(五事)」로 칭하면서 "승패의 작전과 용병법(用兵法)에서는 이 오사(五事)로 양측을 비교함으로써 적정(敵情)을 알 수 있다 [勝敗之政 用兵之法 當以此五事稱量 知敵之情]."고 했다.

2) 「도(度)」에 대해 가림(賈林)은 「토지 측정 [度土地]」이라고 했고, 왕석(王晳)은 "거리나 면적을 말한다 [丈尺也]."고 했다. 결국 양측 국토 크기의 측정 및 분석을 말한다.

3) 「양(量)」에 대해 가림(賈林)은 「인력(人力)의 크기와 창고의 허실에 대한 측정 [量人力多少 倉庫虛實]」이라 했고, 왕석은 "양식을 말한다 [斗斛也]."고 했다.

4) 「수(數)」에 대해 가림은 "숫자 계산을 말한다. 숫자를 보면 병력수의 다과를 알 수 있고 허실을 찾아볼 수 있다 [算數也 以數推之 則衆寡可知 虛實可見]."고 했고, 왕석(王晳)은 "숫자를 말한다 [百千也]." 했다. 결국 양측 병력수의 계산을 말한다.

5) 「칭(稱)」에 대해 가림(賈林)은 "병력수의 다과(多寡)를 알면 양측 덕업(德業)의 경중(輕重)과 재능(才能)의 장단(長短)을 알게 된다 [算數也 以數推之 則衆寡可知 虛實可見]." 했고, 왕석(王晳)은 "비교를 말한다 [權衡也]." 했다. 결국 양측의 실력과 허실에 대한 비교를 말한다.

Ⅲ. 용병에 능한 장수의 군형(軍形) 〈계속〉

이기는 군대는 무거운 추(錘)로 가벼운 물건을 저울질하듯이 싸우고, 패하는 군대는 가벼운 추로 무거운 물건을 저울질하듯이 싸운다.

故勝兵若以鎰稱銖 敗兵若以銖稱鎰
고승병약이일칭수 패병약이수칭일

1) 「일(鎰)」은 약 750g의 무게이고, 「수(銖)」는 약 1.5g의 무게이다.

2) 조조(曹操)는 "가벼운 추로 무거운 물건의 무게를 잴 수 없다(輕不能擧重也)."고 했다.

승리하는 군대는 깊은 계곡에 가두어 두었던 물을 터뜨려 놓은 것 같은 형세로 싸운다. 이것이 바로 승리하는 군대의 형(形)이다.

勝者之戰也 若決積水於千仞之谿者 形也
승자지전야 약결적수어천인지계자 형야

1) 「승자(勝者)」가 은작산죽간본에는 「칭승자(稱勝者)」로 되어 있다. 앞서 「칭생승(稱生勝)」이라 한 것을 이어받은 것이지만 원문을 「승자(勝者)」로 해도 의미가 충분히 통하며 단순 명료하다.

2) 「전(戰)」이 은작산죽간본에는 「전민(戰民)」으로 되어 있지만 본편은 군형(軍形)을 다루고 있고 본 구절이 결론 부분에 해당하므로 원문을 「전(戰)」으로 하는 것이 의미가 명확하고 단순 명료하다. 뒤의 「병세(兵勢)」 편에는 「임세자 기전인야 여전목석(任勢者 其戰人也 如轉木石)」라는 구절도 있지만 이때 「戰人」은 「적과 싸울 때」라는 뜻이다.

제5편

병세(兵勢)

兵 勢

- 본 편에서는 대병력 지휘의 수단으로서 편제(編制)와 시각 및 청각 신호를 간단히 언급 후, 기정(奇正)의 운용 및 세(勢)의 이용에 대해 설명하고 있다.
- 은작산죽간본에는 「병세(兵勢)」가 「執」으로 되어 있고, 「執」은 「勢」의 고자(古字)이며, 이 편 제목을 「세(勢)」로 한 경우도 있다.
- 장예(張預)는 "병세를 조성 후 이 세(勢)를 이용해야 승리할 수 있으므로 병세 편을 군형(軍形) 편 다음에 둔 것이다 [兵勢已成 然後任勢以取勝 故次形]."라고 했다.

많은 병력을 적은 병력을 지휘하듯 지휘할 수 있는 것은 병력이 편제를 갖추어 임무 분담이 이루어져 있기 때문이다. 많은 병력이 싸울 때 적은 병력이 싸우듯 싸우게 할 수 있는 것은 시각이나 청각을 이용한 명령전달 수단이 있기 때문이다.

凡治衆如治寡 分數是也 鬪衆如鬪寡 形名是也
범치중여치과 분수시야 투중여투과 형명시야

1) 조조(曹操)는 "부곡(部曲)으로 나누는 것이 분(分)이고 십오(什伍)로 나누는 것이 수(數)이다 [部曲爲分 什伍爲數]."라고 했다. 병력이 편제를 갖추어서 임무 분담이 이루어져 있다는 말이다. 「십오(什伍)」는 「행오(行伍)」와 같은 말이다.

2) 조조(曹操)는 "정기(旌旗)를 형(形)이라 하고 금고(金鼓)를 명(名)

이라 한다."고 했다. 모두 시각 또는 청각을 이용한 명령전달 수단을 말한다. 이곳에서는 이런 조조의 해석에 따랐다. ≪예기(禮記)≫, 중용(中庸) 편의 「필득기명(必得其名)」이라는 구절에 대한 주(注)에서 정현(鄭玄)은 "명(名)은 듣게 하는 것이다 [名 令聞之]."라고 했다.

3) 두목(杜牧)은 "형(形)은 대형을 말하고, 명(名)은 정기를 말한다 [形者 陳形也 名者 旌旗也]."고 했고, 왕석(王晳)은 "형(形)은 정기와 금고에 관한 제도이고, 명(名)은 각기 명호(名號)를 두는 것이다 [形者 旌旗金鼓之制 名者 各有其名號也]."라고 했다.

또한 군대가 적을 맞이해서 싸울 때 패하지 않을 수 있는 것은 병력을 기(奇)와 정(正)으로 운용하기 때문이다.

三軍之衆 可使必受敵而無敗 奇正是也
삼군지중 가사필수적이무패 기정시야

1) 「必」이 은작산죽간본에는 「畢」로 되어 있다. 원문을 「畢」로 하면 이는 「受敵」에 연결된 부사(副詞)가 되며 "모든 병력이 동시에 적의 공격을 받더라도."라는 뜻이 된다. 왕석은 "「必」은 「畢」로 고쳐 읽어야 한다."고 했다. 그러나 원문을 「必」로 하면 「受敵」이 아니라 「無敗」와 연결된 부사(副詞)가 되고 오히려 의미가 더 명확해진다.

2) 기(奇)와 정(正)의 의미에 대해 조조는 "먼저 나가 싸우는 것이 정(正)이고 나중 나가 사우는 것이 기(奇) [先出合戰爲正 後出爲奇]."라 했고, 이전(李筌)은 "정면에서 싸우는 것이 정(正)이고 측면에서 싸우는 것이 기(奇) [當敵爲正 傍敵爲奇]."라 했고, 매요신(梅堯臣)은 "움직이는 것이 기(奇)이고 조용히 있는 것이 정(正)이다. 정(正)은 조용히 기다리고 움직이는 기(奇)로 적과 싸워 이긴다 [動爲奇 靜爲正 靜以待

之 動以勝之].”고 했고, 이정(李靖)은 “전진하는 것이 정(正)이고 후퇴하는 것이 기(奇) [兵以前向爲正 後却爲奇].”라고 했다. 이같이 「정(正)」과 「기(奇)」의 의미에 대해 모두가 생각이 다르므로 장예(張預)는 “기정(奇正)에 관한 말은 사람마다 다르다 [奇正之說 諸家不同].” 했고, 하연석(何延錫)은 “정(正)과 기(奇)는 고정된 것이 아니다. 의거(義擧)하는 것이 정(正)이고 적을 상대로 합변(合變)하는 것이 기(奇)이다. …… 정(正)이 기(奇)가 되기도 하고 기(奇)가 정(正)이 되기도 한다 [無不是正 無不是奇 若兵以義擧者 正也 臨敵合變者 奇也 …… 正亦爲奇 奇亦爲正].”고 했다.

3) ≪이위공문대(李衛公問對)≫에 의하면, 당(唐) 태종이 이정(李靖)에게 “조조는 ‘기병은 측면을 공격한다 [奇兵旁擊]’ 했는데 어찌 생각하오?”라고 묻자 이정은 “조조는 ≪손자≫에 대한 주(注)에서 ‘먼저 나가 싸우는 것이 정(正), 나중 나가 싸우는 것이 기(奇)’라고도 했고 측면공격만을 말하지는 않았습니다. 다만 신(臣)은 ‘대군이 적과 마주 대하는 것이 정(正)이고 장수가 임기응변 병력을 내보내는 것이 기(奇) [大衆所合爲正 將所自出爲奇]’라 봅니다. 어찌 정(正)과 기(奇)가 앞과 뒤나 앞과 옆의 구별에 국한되겠습니까?”라고 했다.

공격 때 숫돌로 계란을 깨듯이 하려면 실(實)로 허(虛)를 공격해야 한다.

兵之所加 如以碫投卵者 虛實是也
병지소가 여이하투란자 허실시야

1) 「碫」가 「段」, 「碬」, 「瑕」, 「鍛」, 「鍜」 등으로 된 본들이 있으나, 「鍜」 이외는 모두 통용되는 글자로 숫돌을 말하며, 「鍜」은 바늘을 말한다.

2) 「실(實)」과 「허(虛)」는 「강함」과 「약함」의 의미일 수도 있고 「철저한 대비」와 「허술한 대비」의 의미일 수도 있지만, 이곳에서는 전자의 의미로 쓰였다.

3) 이 구절의 의미를 조조는 「지극한 실(實)로 지극한 허(虛)를 공격하는 것」이라 했다.

전투는 정(正)으로 적과 마주 대하면서 기(奇)를 움직여 승리해야 한다.

凡戰者 以正合 以奇勝
범전자 이정합 이기승

1) 이 구절의 의미에 대해 조조(曹操)와 이전(李筌)은 "정(正)으로 적을 정면에서 대하고 기병(奇兵)으로 옆에서 적의 대비가 없는 곳을 공격하는 것이다 [正者當敵 奇兵從傍擊不備也]."라고 했고, 장예(張預)는 "먼저 정병(正兵)으로 적과 맞붙어 싸우고 서서히 기병(奇兵)을 일으켜 적의 측면 혹은 후방을 공격해 승리하는 것이다 [先以正兵與之合戰 徐發奇兵 或擣基傍 或擊其後 以勝之]."라고 했다.

그러나 기병(奇兵)을 잘 운용하는 방법은 천지(天地)와 같이 무궁하고, 강물같이 마르지 않고, 해나 달같이 졌다 다시 뜨고, 사계절 같이 사라졌다 다시 나타난다. 소리의 기본은 오성(五聲)에 불과하나 그 조합과 변화를 다 들을 수 없고, 색의 기본은 오색(五色)에 불과하나 그 조합과 변화를 모두 볼 수 없고, 맛의 기본은 오미(五味)에 불과하나 그 조합과 변화를 모두 맛볼 수 없듯이 전세(戰勢)의 기본도 기(奇)와 정(正) 둘에 불과하나 그 조합과 변화를

다 아는 사람이 없다. 기(奇)와 정(正)의 조합과 변화는 끝없이 순환하는 고리 같으니 누가 이를 다 알 수 있겠는가?

故善出奇者 無窮如天地 不竭如江河 終而復始 日月是也 死而復生 四時是也 聲不過五
고선출기자 무궁여천지 부갈여강하 종이복시 일월시야 사이복생 사시시야 성불과오

五聲之變 不可勝聽也 色不過五 五色之變 不可勝觀也 味不過五 五味之變 不可勝嘗也
오성지변 불가승청야 색불과오 오색지변 불가승관야 미불과오 오미지변 불가승상야

戰勢不過奇正 奇正之變 不可勝窮之也 奇正相生 如循環之無端 孰能窮之
전세불과기정 기정지변 불가승궁지야 기정상생 여순환지무단 숙능궁지

1) 이 부분의 내용은 「奇」와 「正」 모두이지만 서두에서 「正」은 빼고 「선출기(善出奇)」라 한 것은 앞에서 "기(奇)로 승리한다 [以奇勝]."고 한 것과 맥을 같이한다.

2) 「복생(復生)」이나 「복시(復始)」는 "다시 찾아온다."는 뜻과 "계속 순환한다."는 뜻을 모두 포함한 것으로 보인다.

3) 오성(五聲)은 궁(宮), 상(商), 각(角), 치(徵), 우(羽)의 5가지 음계를 말한다.

4) 오색(五色)은 청(靑), 황(黃), 적(赤), 백(白), 흑(黑)의 5가지 정색(正色)을 말한다.

5) 오미(五味)는 신맛(酸), 쓴맛(苦), 단맛(甘), 매운맛(辛), 짠맛(鹹)의 5가지 맛을 말한다.

6) 「기정상생 여순환지무단(奇正相生 如循環之無端)」이 은작산죽간본에는 「기정환상생 여환지무단(奇正環相生 如環之無端)」으로 되어

있지만 의미는 대동소이하다.

7) 당(唐) 태종은 이정(李靖)에게 "아군의 정(正)을 적이 기(奇)로 알게 만들고 기(奇)를 정(正)으로 알게 만드는 것이 소위 적의 군형이 드러나게 하는 것 아니겠소? 또 기(奇)를 정(正)으로 바꾸기도 하고 정(正)을 기(奇)로 바꾸기도 하면서 그 변화를 적이 모르게 만드는 것이 소위 아군의 군형을 감추는 것이 아니겠소 [吾之正 使敵視以爲奇 吾之奇 使敵視以爲正 斯所謂形人者歟 以奇爲正 以正爲奇 變化莫測 斯所謂無形者歟]."라고 했다.

또 거친 물길이 돌도 떠내려 보낼 수 있는 것은 그 세(勢) 때문이며, 맹금(猛禽)이 먹잇감을 낚아챌 수 있는 것은 그 절(節) 때문이다. 전투에 능한 장수는 세(勢)가 험하고 절(節)이 정확 민첩하다. 그의 세(勢)는 시위를 벌려놓은 쇠뇌와 같고, 그의 절(節)은 쇠뇌의 방아쇠를 당기는 것과 같다.

激水之疾 至於漂石者 勢也 鷙鳥之疾 至於毁折者 節也 是故善戰者 其勢險 其節短
격수지질 지어표석자 세야 지조지질 지어훼절자 절야 시고선전자 기세험 기절단

勢如彍弩 節如發機
세여확노 절여발기

1) 「激水」가 은작산죽간본에는 「水」로 되어 있다.

2) 「鷙鳥之疾」이 「鷙鳥之擊」으로 되어 있는 본도 있다.

3) 「기절단(其節短)」의 의미에 대해 조조(曹操)는 "단(短)은 가까운 것을 말한다 [短 近也]."고 했고, 많은 주석가들이 이에 따르고 있다. 특히 장예(張預)는 이를 더욱 구체적으로 설명하며 "전투에 능한 장수는 지형의 원근과 적 군형(軍形)의 크기를 보고 포진하되 부오(部伍)와

행렬을 적과 가깝게 해 50보(步) 내에서 돌격하며 먼 곳에서 돌격하지 않는다 [善戰者 先度地之遠近 形之廣狹 然後立陳 使部伍行列相距不遠 其進擊 則以五十步爲節 不可過遠].”고 했다. 그러나 이는 모두 원문의 취지를 오해한 것으로 「短」은 「정확 민첩」의 의미이다. 「절(節)」은 「박자」, 즉 템포를 말하므로 「단(短)」은 “짧은 박자와 같다.”는 말로 “정확민첩하게 공격한다.”는 뜻이다. 또 원문에서 세(勢)와 절(節)을 쇠뇌에 비유했는데 쇠뇌는 벌린 시위를 고정시켜 놓았다 방아쇠를 당겨 발사하므로 조준과 발사를 위해 시위를 벌려놓고 힘으로 버틸 필요가 없고 특히 궐장노(厥張弩)의 경우 다리 힘과 팔 힘을 함께 이용해 시위를 벌리므로 시위를 쉽게 벌릴 수 있고, 또 현대무기에 장착된 조준장치가 고대에 이미 장착되어 정확히 목표물을 조준 타격할 수 있었다. 앞에서는 “맹금(猛禽)이 먹잇감을 낚아챌 수 있는 것은 그 절(節) 때문이다 [鷙鳥之疾 至於毀折者 節也].” 라고 했고, 뒤에서는 “절(節)은 방아쇠 당기는 것과 같다 [節如發機].”고 했다. 그렇다면 「기절단(其節短)」에서 「단(短)」은 쇠뇌의 방아쇠를 당기듯 적의 허점을 정확 민첩하게 제압한다는 뜻이 분명하다. 쇠뇌나 활을 무기 종류 중 「장병(長兵)」이라 하는데 이는 「원거리에서 공격할 수 있는 무기」라는 뜻이며, 이 때문에도 「단(短)」을 「근(近)」의 의미로 보는 것은 부적절하다. 여타 주석가들은 무기 특성에 밝지 않은 문인들이니 조조를 그대로 답습했겠지만 문무를 겸비한 대전략가로 언어 구사에 능했던 대시인(大詩人) 조조가 「단(短)」을 「근(近)」으로 본 것은 유감이다. 오히려 서양인들은 「단(短)」의 의미를 정확히 번역했다. 자일스(Giles)는 「신속한 결단(prompt in his decision)」으로 번역했고 그리피스(Griffith)는 「시기 포착(timing)」으로 번역했다. 중국의 주석가들 중 유일하게 원문의 취지에 접근한 것은 왕석(王晳)으로, “맹금이 먹잇감을 낚아챌 수 있는 것은 공격하면 반드시 먹잇감에 명중하기 때문이다. 멀리서 들이닥치는 세(勢)이지만 낚아채는 절(節)은 매우 짧다 [鷙之能搏者 發必中 來勢遠 而所搏之節至短也].”고 했다. 「기절단(其節短)」의 의미를 정확히 이해하려면 「절(節)」의 의미와 쇠뇌라는 무기의 특징과 용도를 알아야 한다.

(전투에 능한 부대는 또한) 적과 맞붙어서 싸울 때 떠들썩하고 어지러워 보여도 적이 이를 어지럽힐 수 없고, 원형으로 포진한 후 뒤섞여서 혼잡해 보여도 적이 이를 격파할 수 없다.

紛紛紜紜 鬪亂而不可亂也 渾渾沌沌 形圓而不可敗也
분분운운 투란이불가난야 혼혼돈돈 형원이불가패야

1) 「분분운운」은 떠들썩한 모습을 말하며, 「혼혼돈돈」은 혼잡한 모습을 말한다.

2) 앞부분의 떠들썩하고 어지러워 보이는 이유를 조조(曹操)는 “정기(旌旗)가 어지럽게 휘날리기 [旌旗亂].” 때문이라 했고, 두우(杜佑)는 “정기(旌旗)가 휘날릴 때마다 적과 붙기도 하고 떨어지기도 하고, 사졸들이 전진하기도 하고 물러서기도 하기 [旌旗翻轉 一合一離 士卒進退 或往或來].” 때문이라 했고, 왕석(王晳)은 병사들의 “이합집산(離合集散).” 때문이라 했고, 하연석(何延錫)은 병사들의 “진퇴가 분분하기 [進退紛紛].” 때문이라 했다.

3) 떠들썩하고 어지러워 보여도 적이 이를 어지럽힐 수 없는 이유를 조조(曹操)는 “금고로 질서를 유지하기(以金鼓齊之).” 때문이라 했고, 이전(李筌)은 “정기(旌旗)를 세우고 징을 울려 명령을 전달하기 [建旌有部 鳴金有節].” 때문이라 했고, 두우(杜佑)는 “평소 정해진 법령대로

각자의 직무와 소임이 분명히 나뉘어 있기 [其法令素定 度職分明 各有分數]." 때문이라 했고, 매요신(梅堯臣)은 "각자 소임이 나뉘어 있고, 형(形) <정기>과 명(名) <금고>으로 통제하고 있기 [分數已定 形名已立]." 때문이라 했고, 왕석(王晳)은 "통제가 엄격하기 [節制嚴明]." 때문이라 했고, 하연석(何延錫)은 "사마(士馬)를 평소 훈련한 대로 정기로 절도 있게 통제하기 [士馬素習 旌旗有節]." 때문이라 했다.

4) 형원(形圓)에 대해 조조(曹操)는 "전차와 기병이 방향을 돌리는 모습 [車騎轉也]."이라 했고, 이전(李筌)은 "앞뒤가 따로 없는 모습 [無向背也]."이라 했고, 두우(杜佑)는 "전차와 기병이 일제히 방향을 돌리는 모습 [車騎齊轉也]."이라고 했고, 매요신(梅堯臣)은 "앞뒤가 따로 없는 모습 [形無首尾]."이라 했고, 하연석(何延錫)은 "문득문득 떨어졌다 다시 모이기를 반복하는 형세 [形勢乍離乍合]."로서 "일정한 항렬이 없는 모습 [無行列也]."이라 했다.

5) 원형으로 포진해서 뒤섞여 혼잡해 보여도 적이 이를 격파할 수 없는 이유를 조조(曹操)는 "각자 출입 규칙이 있어 질서를 유지하기 [出入有道 齊整也]." 때문이라 했고, 이전(李筌)은 "호령에 질서가 있기 [號令整齊]." 때문이라 했고, 두우(杜佑)는 "뜻하는 대로 각자 대응하기 [指趨各有所應]." 때문이라 했고, 매요신(梅堯臣)은 "적이 대응할 수 없도록 앞뒤가 계속 뒤바뀌기 [應無前後 陽旋陰轉]." 때문이라 했고, 하연석(何延錫)은 "호령이 평소부터 명확해 흩어졌다 다시 모여 세(勢)를 이루기 [號令素明 離合有勢]." 때문이라 했다.

6) 한편 「紛紛紜紜~形圓而不可敗也」라는 구절 전체를 두목(杜牧)은 황제(黃帝)의 신하 풍후(風后)가 창시한 「악기진(握奇陣)」을 말한다 했고, 장예(張預)는 황제(皇帝)가 「구정법(九井法)」을 시행하면서 군대를 운용하려고 창시한 「팔진법(八陳法)」 <악기진(握奇陣)의 별칭>을 말하

는 것으로 후일 제갈공명의 「방진(方陣)」, 당(唐) 이정(李靖)의 「육화진(六花)」, 당(唐) 태종의 「파진악무(破陳樂舞)」는 모두 그 유제(遺制)라고 했다. 장예는 이 「팔진법(八陳法)」을 적이 어지럽힐 수 없는 이유는 "법도가 일사불란하기 [法不亂]." 때문이고, 적이 격파할 수 없는 이유는 "세(勢)가 흩어지지 않기 [勢不散]." 때문이라고 했다.

어지러운 외형을 취해 적을 유인하려면 먼저 엄정한 질서를 갖추어야 하고, 겁을 먹은 외형을 취해 적의 틈을 노리려면 먼저 지극히 용맹해야 하고, 약한 외형을 취해 적을 교만하게 만들려면 먼저 지극히 강해져야 한다.

亂生於治 怯生於勇 弱生於强
난생어치 겁생어용 약생어강

1) 이전(李筌)은 이 구절에 대한 설명에서 「난생어치(亂生於治)」에 대해서는 "질서가 잡힌 것을 믿고 아랫사람을 위무하지 않으면 아랫사람에게 불만이 생겨 반드시 난(亂)이 발생한다 [持治之整 不撫其下而多怨 其亂必生]."고 했고, 「겁생어용(怯生於勇)」과 「약생어강(弱生於强)」에 대해서는 "자신의 용맹과 강함을 믿고 적을 얕보다가는 적에게 패한다 [以勇陵人 爲敵所敗]."고 했고, 가림(賈林) 역시 이런 해석에 따르고 있다. 이 구절을 「紛紛紜紜~形圓而不可敗也」라는 앞의 구절과는 전혀 다른 맥락으로 본 것이다.

2) 조조(曹操)는 이 구절 전체의 의미를 "모두 외형을 흐트러뜨려서 내정(內情)을 감추는 것을 말한다 [皆毁形匿情也]."고 했다. 이 구절을 「紛紛紜紜~形圓而不可敗也」라는 앞의 구절에 대한 부연설명으로 본 것이지만 축약이 심해 일견 난해하다.

3) 두목(杜牧)은 이 구절에 대한 설명에서 「난생어치」에 대해서는 “짐짓 어지러운 외형을 취해 적을 유인하려면 먼저 엄정한 질서를 갖춘 후라야 비로소 가능하다 [欲僞爲亂形 以誘敵人 先須至治 然後能僞爲亂也].”고 하고, 「겁생어용」에 대해서도 “짐짓 겁을 먹은 외형을 취해 적의 틈을 노리려면 먼저 지극한 용맹을 갖춘 후라야 비로소 가능하다 [欲僞爲怯形 以伺敵人 先須至勇 然後能僞爲怯也].”고 하고, 「약생어강」에 대해서도 “짐짓 약한 외형을 취해 적을 교만하게 만들려면 먼저 지극히 강해진 후라야 비로소 가능하다 [欲僞爲弱形 以驕敵人 先須至强 然後能僞爲弱也].” 했다. 두목의 해석은 조조와 같이 본 구절을 「紛紛紜紜~形圓而不可敗也」라는 앞의 구절에 대한 부연설명으로 보면서도 더욱 명확히 그 의미를 드러내고 있다. 뒤에 계속되는 「故善動敵者 形之 敵必從之 予之 敵必取之 以利動之 以卒待之」라는 구절을 볼 때 두목의 이러한 해석이 가장 적절하다.

4) 장예(張預), 매요신(梅堯臣), 왕석(王晳), 하연석(何延錫) 등은 물론 자일스(Giles)와 그리피스(Griffith) 역시 이 구절을 두목(杜牧)과 대동소이한 의미로 해석했다.

혼란과 질서는 편제에서 나타나고, 용맹과 겁약은 세(勢)에서 나타나고, 강(强)과 약(弱)은 군형(軍形)에서 나타난다.

治亂 數也 勇怯 勢也 强弱 形也
치란 수야 용겁 세야 강약 형야

1) 조조(曹操)는 「치란 수야(治亂 數也)」 부분에 대해서는 “병력 편성과 임무분담이 이루어져 있으므로 적이 어지럽게 만들 수 없는 것이다 [以部分名數爲之 故不可亂也].”라고 하고, 「용겁 세야(勇怯 勢也)」

및 「강약 형야(强弱 形也)」 부분에 대해서는 "합당한 군형(軍形)과 병세(兵勢)를 유지해야 하는 것이다 [形勢所宜]."라고 했다. 「치란 수야(治亂 數也)」 부분의 「수(數)」를 본 편 서두의 「凡治衆如治寡 分數是也」란 구절 중 수(數)와 같은 말로 병력이 편제를 갖추어서 임무 분담이 이루어져 있다는 말로 본 것이다.

2) 두목(杜牧)은 「치란 수야」 부분에 대해서는 "각 제대(梯隊)별로 나뉘어 임무가 분장되어 있어 질서가 엄정해야 비로소 짐짓 적에게는 어지러운 것으로 보이게 할 수 있다. 수시로 출입시키고 땔감 구하는 병사들을 이리저리 돌아다니게 하고 조두(刁斗)(야간 순찰자의 징 치는 소리)를 엄정하게 하지 않는 것 등이 어지럽게 보이는 것이다 [行伍各有分劃 部曲皆有名數 故能爲治然後能爲僞亂也 出入不時 樵採縱橫 刁斗不嚴是也]."라고 하고, 「용겁 세야」 부분에 대해서도 "용맹하면서도 겁을 내는 모습을 취하는 것을 말한다. 유리한 형세임을 알고도 움직이지 않으면 적은 내가 진짜 겁을 먹고 있는 것으로 알게 된다 [言以勇爲怯者也 見有利之勢而不動 敵人以我爲實怯也]."고 하고, 「강약 형야」 부분에 대해서도 "강하면서도 적에게 약하게 보이려면 그 외형을 그렇게 보여야 한다 [以强爲弱 須示其形]."라고 했다.

3) 장예(張預), 매요신(梅堯臣), 왕석(王晳), 하연석(何延錫) 등은 물론 자일스(Giles)와 그리피스(Griffith) 역시 이 구절을 조조나 두목과 대동소이한 의미로 해석했다.

4) 한편 이전(李筌)은 「치란 수야」에 대해 "정해진 운명이 있다. 106년 주기의 큰 재앙과 음양의 운명적 변화는 인간 뜻대로 되는 것이 아니라 각기 때가 있다 [曆數也 百六之災 陰陽之數 不由人 與時所會也]."고 했다. 「수(數)」를 「정해진 운명」의 의미로 본 것이다. 그러나 이런 해석은 손자병법 전체의 사상과 어긋난다. 한편 이전은 「용겁 세

야」에 대해 "무릇 전쟁 때는 세(勢)가 유리하면 겁 많은 자도 용맹해진다. 병법은 고정된 것이 아니라 그 세(勢)에 따라 결정된다 [夫兵 得其勢 則怯者勇 兵法無定 惟因勢而成也]."고 했다.

따라서 적을 움직이는 데 능한 장수는 군형(軍形)을 이용해 적을 자신의 의도대로 움직이게 하며, 미끼를 던지면 적이 반드시 이 미끼를 문다. 이렇게 미끼로 적을 움직이고 그 움직임에 맞추어 자신의 병력을 운용한다.

故善動敵者 形之 敵必從之 予之 敵必取之 以利動之 以本待之
고선동적자 형지 적필종지 여지 적필취지 이리동지 이본대지

1) 조조는 「形之」의 의미를 "약한 모습을 보여주는 것을 말한다 [見羸形也]."고 했다. 「形之 敵必從之」의 의미를 "약한 모습을 보여 적이 나를 쫓아오게 한다."는 의미로 본 것이다. 이전(李筌), 매요신(梅堯臣), 하연석(何延錫), 장예(張預)도 모두 같은 해석을 취했다.

2) 그러나 두목(杜牧)은 "약한 모습을 보여주라는 말에 그치는 것이 아니다. 내가 강하고 적이 약하면 약한 모습을 보여 적이 달려오게 하고, 내가 약하고 적이 강하면 강한 모습을 보여 적이 떠나가게 만들라는 말이다 [非止於見羸弱也 言我强敵弱 則示以羸形 動之使來 我弱敵强 則示以强形 動之使去]."라고 했다. 두목의 해석이 보다 적절하다.

3) 「여지(予之)」는 적에게 "미끼를 던지라."는 말로 두목의 위의 해석에 의하면 적이 달려오거나 물러나게 할 미끼를 던지라는 말이 된다.

4) 은작산죽간본에는 「이리동지(以利動之)」가 「이차동지(以此動之)」로 되어 있지만 원문을 전자로 하는 것이 문맥이 보다 유연하다.

5) 「이본대지(以本待之)」는 무경(武經) 본을 따른 것으로 여타 본에는 모두 「이졸대지(以卒待之)」로 되어 있고, 은작산죽간본에는 「이졸시지(以卒侍之)」로 되어 있다. 「卒」과 「本」이 글자 모양이 비슷해 혼동된 것으로 보이지만, 장예(張預)는 "당(唐)의 이정(李靖)은 사졸을 근본으로 삼았다 [李靖以卒爲本]."고 했는데 이는 「本」을 「卒」의 의미로 본 것이다. 그러나 여기서는 원문을 「卒」로 하면 의미가 옹색해진다.

6) 한편 「졸(卒)」의 의미를 두우와 왕석은 「엄병(嚴兵)」, 매요신은 「정졸(精卒)」, 장예는 「경졸(勁卒)」로 각각 보았지만, 하연석은 「대비 중인 사졸 [所待之卒]」로 보았다.

또 전투에 능한 장수는 부하 개인의 완전한 능력 구비보다 세(勢)를 중시하므로 모든 부하를 각자의 능력에 따라 적재적소에 쓰면서 세(勢)를 이용한다.

故善戰者 求之於勢 不責於人 故能擇人而任勢
고선전자 구지어세 불책어인 고능택인이임세

1) 「택인이임세(擇人而任勢)」가 「택인이임지(擇人而任之)」로 되어 있는 본도 있다.

2) 두우(杜佑)는 이 구절을 "아랫사람에 의지 않고 자신의 계책에 의지하며, 병사들의 분노를 자극 힘써 싸우게 한다 [自圖於中 不求之下 責怒師衆 强使力進也]."는 의미로 보았다.

3) 조조(曹操)는 "구지어세."를 "전적으로 임기응변(또는 책략)에 의지한다 [專任權也]."는 의미로 보고 부하 개인의 완전한 능력 구비에 의지하지 않는 이유를 "임기응변(또는 책략)에 능하기 때문 [權變明也]."이라고 했다.

4) 「불책어인(不責於人)」에서 「책(責)」은 「구(求)」와 같은 의미로 쓰였다.

5) 「택인이임세(擇人而任勢)」에 대해 이전(李筌)은 “세(勢)를 이용해서 싸우면 겁 많은 병사도 용맹해지므로 부하들에게 각자 소질에 따라 임무를 맡길 수 있다. 용맹하면 공격을 맡기고, 신중하면 수비를 맡기고, 지모(智謀)가 있으면 유세(遊說)를 맡기면 되고 버리는 자가 없다 [得勢而戰 人怯者能勇 故能擇其所能任之 夫勇者可戰 謹愼者可守 智者可說 無棄物也].”는 의미로 보았다. 두목, 가림, 왕석, 장예의 견해도 이전의 견해와 대동소이하다.

세(勢)를 이용해서 적과 싸우는 것은 비탈 위에서 통나무나 바위를 굴리는 것과 같은 기세로 싸우는 것이다. 통나무나 바위의 성질은 평탄한 곳에 두면 조용히 있지만 비탈에 두면 움직인다. 기운 곳에 있어도 네모난 것은 멈추지만 둥근 것은 구른다.

任勢者 其戰人也 如轉木石 木石之性 安則靜 危則動 方則止 圓則行
임세자 기전인야 여전목석 목석지성 안즉정 위즉동 방즉지 원즉행

1) ≪통전≫에는 「임세(任勢)」가 「세(勢)」로 되어 있다.

2) 조조는 「임세(任勢)」를 “자연적 세(勢)의 이용 [任自然勢也].”이라고 했다.

3) 매요신과 하연석은 이 구절의 의미에 대해 “통나무와 바위는 무거운 물건으로 세(勢)를 이용하면 쉽게 움직이나 힘으로 옮기기 어렵듯 군대도 수많은 인간집단으로 세(勢)를 이용해야 싸울 수 있고 사람 힘으로 억지로 부릴 수 없는 것이 자연법칙이다 [木石 重物也 易以勢動 難以力移 三軍 至衆也 可以勢戰 不可以力使 自然之道也].”라고 했다.

4) 장예는 이 구절에 대해 "통나무와 바위의 성격은 평평한 땅에서는 멈추지만 경사진 땅에서는 움직이고, 모난 것은 멈추고 둥글고 비뚤어진 것은 구르는 것이 자연의 세(勢)이듯, 병사들도 위기에 처하면 오히려 두려움이 없어지고, 갈 곳이 없어지면 오히려 동요되지 않고, 달리 수가 없으면 오히려 싸우는 것도 자연의 법칙이다 [木石之性 置之安地則靜 置之危地則動 方正則止 圓斜則行 自然之勢也 三軍之衆 甚陷則不懼 無所往則固 不得已則鬪 亦自然之道]."라고 했다. 「十一. 구지」편 중 「병사심함즉부구 무소왕즉고 심입즉구 부득이즉투(兵士甚陷則不懼 無所往則固 深入則拘 不得已則鬪)」라는 구절을 인용한 것이다.

따라서 적과 잘 싸울 때의 기세는 둥근 바위가 1천 길 높이의 산 위에서 굴러 내리는 것과 같다. 이것이 바로 세(勢)이다.

故善戰人之勢 如轉圓石於千仞之山者 勢也
고선전인지세 여전원석어천인지산자 세야

1) ≪통전(通典)≫에는 「善戰人」이 「戰人」으로만 되어 있다. 앞의 구절에 맞춘 것이다.

2) 이 구절과 관련 두목은 "1천 길 높은 산 위에서 굴러 내리는 바위를 멈출 수 없음은 산에서 구르기 때문이지 돌 자체 때문이 아니다. 강한 병사와 약한 병사가 모두 용감하게 싸워 항상 이기는 것은 세(勢) 때문이지 병사들 자체 때문이 아니다 [轉石於千仞之山 不可止遏者 在山不在石也 戰人百勝之勇 强弱一貫 在勢不在人也]."라며 본 편의 취지는 "용병에서는 세(勢) 이용을 중시하고 험한 기세와 속도를 기본으로 삼으므로 적은 힘으로 큰 공을 세울 수 있다 [兵貴任勢 以險迅疾速爲本 故能用力少而得功多也]."는 것이라고 했다.

제6편

허실(虛實)

虛 實

- 본 편 내용도 비교적 단순해서 우선 「치인이불치어인(致人而不致於人)」, 즉 전쟁의 주도권 장악을 강조한데 이어 「병형지극 지어무형(兵形之極 至於無形)」과 「피실이격허(避實而擊虛)」, 즉 나의 군형(軍形)을 감추고 적의 군형에 따라 늘 군형을 바꾸면서 적의 허점을 공격할 것을 강조하고 있다.
- 은작산죽간본에는 이 편의 제목이 「실허(實虛)」로 되어 있다.
- 장예(張預)는 이 편의 순서에 대해 "군형 편에서는 공수(攻守)를 다루고, 병세 편에서는 기정(寄正)을 다루었다. 용병에 능한 장수는 공수 전개 방법(즉, 군형)을 안 후 기정을 알 수 있고, 기정을 상호 변화시켜 운용하는 방법(즉, 병세)을 안 후 허실을 알 수 있다. 기정은 공수에 사용되는 것이고 허실은 기정을 통해 드러나기 때문이다. 따라서 병세 편 다음에 허실 편을 둔 것이다 [形篇言攻守 勢篇說寄正 善用兵者 先知攻守兩齊之法 然後知寄正 先知寄正相變之術 然後知虛實 蓋寄正自攻守而用 虛實由寄正而見 故次勢]."라고 했다.
- 본 편의 취지에 대해 조조는 "피아의 허실을 모두 알아야 한다 [能虛實彼己也]."고 했고, 이전(李筌)은 "용병에 능한 장수는 허를 실로 삼고, 적의 격파에 능한 장수는 실을 허로 삼는다 [善用兵者 以虛爲實 先破敵者 以實爲虛]."고 했고, 두목은 "무릇 용병에서는 적의 실을 피하고 허를 공격하므로 우선 피아의 허실을 알아야 한다 [夫兵者 避實擊虛 先須識彼我之虛實也]."고 했다.

전장에 먼저 도착해 적을 기다리는 측은 편안하고, 나중에 도착해 서둘러 싸우는 측은 피곤하다. 또 전투에 능한 장수는 적을 자신의 의도대로 끌고 가며 적에게 끌려다니지 않는다.

凡先處戰地而待敵者佚 後處戰地而趨戰者勞 故善戰者 致人而不致於人
범선처전지이대적자일 후처전지이추전자노 고선전자 치인이불치어인

1) 은작산죽간본에는 「佚」이 「失」로 되어 있는데 옛날에는 통용되던 글자이다.

2) ≪태평어람≫에는 「處」가 「據」로 되어 있다. 같은 의미이다.

3) 두목(杜牧)은 "적을 내게 오게 하고 나는 힘을 비축하고 기다리며 적에게 가지 않는다. 내가 지칠 수 있기 때문이다 [致令敵來就我 我當畜力待之 不就敵人 恐我勞也]."라고 했다.

적을 내게 오도록 만들 수 있는 것은 미끼로 유인하는 것이고, 적을 내게 못 오게 만들 수 있는 것은 못 오게 위협하는 것이다.

能使敵自至者 利之也 能使敵不得至者 害之也
능사적자지자 이지야 능사적부득지자 해지야

1) 전반부의 예로 두목과 장예는 「위장 패주 [佯北]」를 들었다.

2) 후반부의 「해지야(害之也)」를 ≪태평어람≫은 「험해지지(險害之地)」로 바꾸었다. 원문 후반부를 "적을 내게 못 오게 만들 수 있는 것은 험한 지형이다."로 고친 것이며, 적 위협의 한 구체적 예를 원문으로 바꾸어 이해를 쉽게 하려 했던 것으로 보인다.

3) 후반부의 예로 이전(李筌)은 "적의 급소를 위협하면 적은 나에게 신경을 쓸 틈 없이 급소를 지키기에 바빠진다 [害其所急 彼必釋我而自

固也].”라고 했고, 두우(杜佑)는 「적이 구원하지 않을 수 없는 곳(其所必救)」에 대한 위협을 들었고, 장예(張預)는 「적이 아끼고 돌보는 곳(其所顧愛)」에 대한 위협을 들었다.

따라서 편히 기다리는 적을 분주하게 만들고, 배불리 지내는 적을 굶주리게 만들고, 조용히 있는 적을 움직이게 만들어야 한다.

故敵佚能勞之 飽能飢之 安能動之
고적일능노지 포능기지 안능동지

1) 이 3개 문구와 다음 2개 문구가 은작산죽간본에는 「故敵佚能勞之 飽能飢之 安能動之者 出其所必○○」의 4개 문구로 되어 있고, 여타 본에는 「故敵佚能勞之 飽能飢之 安能動之 出其所不趨 趨其所不意」의 5개 문구로 되어 있다. 은작산죽간본은 이 3개 문구를 뒤의 「出其所必○○」의 주어구로 한 것이고, 여타 본은 이 3개 문구와 다음 2개 문구를 모두 앞서 말한 「利之」 또는 「害之」의 개별적 방법으로 본 것 아니면 이 3개 문구만 「利之」 또는 「害之」의 개별적 방법으로 보고 뒤의 2개 문구는 별개 내용으로 그 다음 2개 문구인 「行千里而不勞者 行於無人之地也」와 일체를 이루는 문구들로 본 것이다. 중국사회과학원의 ≪손자병법대전≫에서는 5개 문구 중 「出其所不趨」 부분이 「利之」 또는 「害之」의 방법이 될 수 없음을 이유로 은작산죽간본의 구절을 원문으로 보고 끝의 결락된 두 글자를 「趨也」로 보충했다. 그러나 여타 본의 구절을 원문으로 보고 이 3개 문구 다음 2개 문구를 그 다음 2개 문구인 「行千里而不勞者 行於無人之地也」와 일체로 보는 것이 타당하다. 그 내용이 일맥상통하기 때문이다.

적이 오지 못할 곳으로 나가거나 적이 예상 못한 곳으로 달려가면서 1천 리 먼 길의 행군에도 지치지 않는 것은 무인지경을 달려가기 때문이다. 공격하면 필히 차지하는 것은 적의 수비가 없거나 허술한 곳을 공격하기 때문이다. 지키는 곳을 결코 잃지 않는 것은 적이 반드시 공격해 올 곳을 지키기 때문이다. 따라서 공격에 능한 장수가 공격하면 적은 어디를 지켜야 할지 모르고, 수비에 능한 장수가 지키면 적은 어디를 공격해야 할지 모른다.

出其所不趨 趨其所不意 行千里而不勞者 行於無人之地也 攻而必取者 攻其所不守也
출기소불추 추기소불의 행천리이불노자 행어무인지지야 공이필취자 공기소불수야

守而必固者 守其所必攻也 故善攻者 敵不知其所守 善守者 敵不知其所攻
수이필고자 수기소필공야 고선공자 적부지기소수 선수자 적부지기소공

1) 은작산죽간본에는 「行千里而不勞者」가 「行千里而不畏者」로 되어 있다. 후자도 의미는 통하나 전자가 더 적절한 문구이다.

2) 「공기소불수(攻其所不守)」의 의미를 두목(杜牧)은 "동쪽을 공격할 것같이 하고 서쪽을 공격하거나 앞을 공격할 것같이 하고 뒤를 습격하기 때문 [警其東 擊其西 誘其前 襲其後]."이라 했고, 매요신(梅堯臣)도 유사한 해석을 했다. 반면 왕석(王晳)은 "허점을 공격하는 것으로, 장수가 무능하거나, 병력이 훈련되지 않았거나, 보루가 견고하지 않거나, 대비가 허술하거나, 구원 병력이 갈 수 없거나, 식량이 부족하거나 인심이 흩어진 곳을 공격한다는 말이다 [攻其虛也 謂將不能 兵不精 壘不堅 備不嚴 救不及 食不足 心不一爾]."라고 했다.

3) 「수기소필공야(守其所必攻也)」는 은작산죽간본과 ≪태평어람≫의 문구에 따랐다. 여타 본에는 「필(必)」이 「불(不)」로 되어 있어 의미

가 안 통한다. 다만 두목(杜牧)은 여타 본의 「수기소불공야(守其所不攻也)」를 원문으로 보고 "적이 공격하지 않는 곳도 지키니 공격하는 곳은 말할 필요 없다 [不攻尙守 何況其所攻也]."는 의미로 해석했고, 매요신(梅堯臣)도 「수기소불공야(守其所不攻也)」를 원문으로 보고 "적이 동쪽을 공격할 때 서쪽에서도 적에 대비한다 [賊擊我西 逆備乎東]."는 의미로 해석했지만 모두 억지 해석이다.

4) 「고선공자(故善攻者)」 이하 부분에 대해 조조(曹操)는 "기밀이 누설되지 않았기 때문이다 [情不泄也]."라고 했고, 두목, 장예(張預), 가림(賈林), 하연석(何延錫)도 조조와 유사하게 해석했다. 그러나 매요신은 나의 공격을 적이 못 막는 것에 대해서는 이들과 같은 해석을 하면서도 내가 수비할 때 적이 공격 못 하는 것은 수비가 철저하기 때문이라고 했고, 왕석(王晳)은 "공격에 능한 측은 적의 틈을 노려 속공(速攻)을 하므로 적이 막을 수 없고, 수비에 능한 측은 대비가 철저해서 적이 공격할 수 없다 [善攻者 待敵有可勝之隙 速而攻之 則使其不能守也 善守者 常爲不可勝 則使其不能攻也]."고 했다.

(전투에 능한 장수는 이같이) 그 군형(軍形)과 낌새를 감춤이 신묘하기가 그지없고, 이 때문에 적의 명운(命運)을 좌우할 수 있다. 내가 공격할 때 적이 막을 수 없는 것은 빈틈을 공격하기 때문이고, 내가 퇴각할 때 적이 쫓아올 수 없는 것은 퇴각 속도가 빠르기 때문이다. 또 내가 공격하려 할 때 높은 성벽과 깊은 참호에 숨어 있는 적도 나와 싸울 수밖에 없는 것은 적이 구원하지 않을 수 없는 곳을 공격하기 때문이고, 내가 적과 싸울 생각이 없을 때 땅 위에 선만 그어 놓고 지켜도 적이 나를 공격 못 하는 것은 적을 헛갈리게 만들어 놓았기 때문이다.

微乎微乎 至於無形 神乎神乎 至於無聲 故能爲敵之司命 進而不可御者 衝其虛也
미호미호 지어무형 신호신호 지어무성 고능위적지사명 진이부가어자 충기허야

退而不可追者 速而不可及也 故我欲戰 敵雖高壘深溝 不得不與我戰者
퇴이부가추자 속이부가급야 고아욕전 적수고루심구 부득불여아전자

攻其所必救也 我不欲戰 雖畵地而守之 敵不得與我戰者 乖其所之也
공기소필구야 아불욕전 수화지이수지 적부득여아전자 괴기소지야

1) 은작산죽간본에는 「御」가 「迎」, 「追」가 「止」, 「速」이 「遠」으로 되어 있다. 의미는 모두 같다.

2) 은작산죽간본에는 「雖高壘深溝」 부분이 없다. 이는 내가 공자(功者)일 경우나 방자(防者)일 경우를 모두 전제로 한 것이지만 내가 방자(防者)일 경우를 뒤에 다시 설명하므로 이곳에서는 여타 본과 같이 「雖高壘深溝」 부분이 있는 것이 타당하다.

3) 적이 구원하지 않을 수 없는 곳을 공격하는 예로 조조(曹操)와 이전(李筌)은 「적의 보급로나 퇴로의 차단, 적 군주에 대한 공격 [絶其粮道 守其歸路 攻其君主]」을 들고 있으며, 두목(杜牧)은 적이 공자(功者)일 경우 「적의 보급로나 퇴로의 차단」을 말하고, 내가 공자일 경우 「적의 군주에 대한 공격」을 들고 있다. 이는 원문을 「雖高壘深溝」 부분이 없는 은작산죽간본같이 보았을 때 적절한 해석이다.

4) 마지막 구절 중 「괴(乖)」는 일그러뜨린다는 말로 이곳에서는 적을 헛갈리게 만드는 것을 의미한다. 「괴(乖)」에 대해 조조(曹操)는 "적을 헛갈리도록 만드는 것이다. 적이 올 길을 위험한 것같이 보이도록 헛갈리게 만들어 적이 의심하게 만드는 것이다 [乖 戾也 戾其道 示以利害 使敵疑也]."라고 했다. 여타 주석가 모두 같은 취지로 해석하면서, 그러한 예로 이전(李筌)은 「이상한 조치 [設奇異]」, 가림(賈林)은

「적이 싫어할 곳에 의심스런 병력 배치나 지세가 험한 곳에 군영 설치 [置疑兵於敵惡之所 屯營於形勝之地]」, 장예(張預)는 「의심스러운 병력 배치 [示以疑形]」를 각각 말했다. 두목(杜牧)은 「임기응변 조치 [設權變]」를 말하면서 전사(戰史)에 보이는 예로서 제갈공명이 양평성(陽平城)에서 위연(魏延) 등을 모두 동쪽으로 보내고 소수 병력으로 성(城)을 지키다 사마의(司馬懿)가 공격해 오자 오히려 기(旗)를 눕히고 북소리도 멈추고 성문도 열게 하고 병사들이 한가롭게 마당을 쓸고 물을 뿌리는 모습을 적에게 보이자 사마의는 이 모습을 보고 복병(伏兵)이 있을 것으로 알고 물러났던 고사(故事)를 들었다.

또한 적이 군형(軍形)을 드러내게 하고 나는 군형을 감추면 나는 한 곳에 집중하고 적은 열 곳으로 분산될 수 있고, 그 결과 나는 (국부적으로는) 소수의 적을 10배의 병력으로 공격할 수 있으므로 나는 병력이 많고 적은 병력이 부족해져서 내가 큰 병력으로 소수의 적을 공격할 수 있게 된다. 또한 적은 내가 공격할 지점을 알 수 없어서 대비해야 할 곳이 많아지고, 이 때문에 적이 여러 곳을 대비하려면 내가 싸우려는 곳에 적의 병력이 적어질 수밖에는 없다. 적은 앞을 대비하려면 뒤쪽 병력이 적어지고, 뒤를 대비하려면 앞쪽 병력이 적어지고, 왼쪽을 대비하려면 오른쪽 병력이 적어지고, 오른쪽을 대비하려면 왼쪽 병력이 적어지고, 모든 곳을 대비하려면 모든 곳의 병력이 다 적어지기 때문이다. 군형을 감춘 나를 적이 대비하려면 나와 싸울 곳에 어디든 병력이 적어지고, 내가 군형을 숨기고 적이 나를 대비하게 만들면 적과 싸울 곳에 어디든 나의 병력이 많아진다.

故形人而我無形 則我專而敵分 我專爲一 敵分爲十 是以十攻其一也 則我衆而敵寡
고형인이아무형 즉아전이적분 아전위일 적분위십 시이십공기일야 즉아중이적과

能以衆擊寡者 則吳之所與戰者約矣 吳所與戰之地不可知 不可知 則敵所備者多
능이중격과자 즉오지소여전자약의 오소여전지지불가지 불가지 즉적소비자다

敵所備者多 則吳之所戰者寡矣 故備前則后寡 備后則前寡 備左則右寡 備右則左寡
적소비자다 즉오지소전자과의 고비전즉후과 비후즉전과 비좌즉우과 비우즉좌과

無所不備 則無所不寡 寡者 備人者也 衆者 使人備己者也
무소부비 즉무소부과 과자 비인자야 중자 사인비기자야

1) 원문 중 「약(約)」은 「과(寡)」 또는 「소(少)」와 같은 뜻이다.

2) 원문 중 "나는 병력이 많고 적은 병력이 부족해져서 내가 큰 병력으로 소수의 적을 공격할 수 있게 된다 [我衆而敵寡 能以衆擊寡者]."는 부분이 은작산죽간본에는 「我寡而敵衆 能以寡擊○」으로 되어 있는데 탈락된 글자는 「衆」이 분명하므로 "전체 병력이 나는 적고 적이 많더라도 내가 이 적은 병력으로도 적의 큰 병력을 공격할 수 있게 된다."는 말이며 전체적 의미는 여타 본과 차이가 없다. 다만 앞에서 이미 「(국부적으로는) 소수의 적을 10배의 병력으로 공격할 수 있으므로 [是以十攻其一也]」라고 했으므로 이곳에서도 역시 여타 본의 문구를 원문으로 하는 것이 문맥이 좀 더 원활하다.

3) 「적은 내가 공격할 지점을 알 수 없게 되는 [吾所與戰之地不可知]」 이유를 두우(杜佑)는 「움직임이 은밀해서 적에게 보이지 않기 때문 [擧動微密 情不可見]」이라 했고, 장예(張預)는 「나의 형세가 안 드러나기 때문 [無形勢故也]」이라 했다. 같은 말이다.

싸울 곳과 싸울 시기를 알면 1천 리를 나가 싸울 수 있지만,이를 모르면 좌군과 우군이 서로 구원할 수 없고 전군과 후군이 서로 구원할 수 없으니 멀리 수천 리 밖으로 달려가 싸울 수 없는 것은 물론이고 불과 몇 리 밖으로 나가 싸울 수도 없다.

故知戰之地 知戰之日 則可千里而會戰 不知戰之地 不知戰之日 則左不能救右
고지전지지 지전지일 즉가천리이회전 부지전지지 부지전지일 즉좌불능구우

右不能救左 前不能救後 後不能救前 而況遠者數千里 近者數里乎
우불능구좌 전불능구후 후불능구전 이황원자수천리 근자수리호

1) 원문 중「千里而會戰」이 은작산죽간본에는「千里而戰」으로 되어 있다.

2) 원문 중「이황원자수천리(而況遠者數千里)」부분은 일본의 사쿠라다(櫻田) 본과 명대(明代) 조윤유(曺允儒)의 ≪손자악기위(孫子握機緯)≫에 따랐다. 은작산죽간본을 비롯해 여타 본에는 모두「이황원자수십리(而況遠者數十里)」로 되어 있고, 이를 원문으로 하면 본 구절 앞부분은 수천 리 밖으로 나가 싸울 수 있는 조건에 관한 것이 되고,「부지전지지(不知戰之地)」 이하의 뒷부분은 모두 수천 리 밖으로 달려 나간 이후 각 제대가 협력해 싸울 수 없는 조건에 관한 것으로 보아야 되므로, 본 구절은 별개 내용이 섞여 있는 구조의 문장이 된다. 양병안(楊丙安)의 ≪십일가주손자교리(十一家注孫子校理)≫와 중국사회과학원의 ≪손자병법대전≫에서는 본 구절의 앞부분과 뒷부분이 서로 다른 상황을 염두에 둔 말로 보고「이황원자수십리(而況遠者數十里)」를 원문으로 보았다. 그러나 본 구절의 앞부분과 뒷부분에서 말한 조건은 모두 동일 기준의 양면, 즉 싸울 곳과 싸울 시기를 아는지 여부이므로 전체가 같은 내용, 즉 멀리 달려 나가 각 제대가 서로 협력해 싸울 수 있는지 여부에 관한 것이다. 따라서「이황원자수천리(而況遠者數千里)」

를 원문으로 보는 것이 옳을 것이다.

3) 조조(曹操)는 「知戰之地 知戰之日」에 대해 "도(度)와 양(量)으로 적의 허점과 회전 시기를 알 수 있다 [以度量 知空虛會戰之日]."고 했다. 앞의 「四. 군형」 편에서는 양측 국토의 크기를 측정하는 것이 「도(度)」이고 이를 바탕으로 양측의 인적 물적 자원을 측정하는 것이 「양(量)」이라고 했는데 조조는 이를 통해 적의 허점, 즉 싸울 곳과 함께 싸울 시기를 판단한다고 한 것이다. 왕석(王晳)도 "먼저 지리(地利)와 적정(敵情)을 안 연후에 병법(兵法)의 도(度)와 양(量)으로 그 원근(遠近)을 계산하고 허점을 파악해 적이 갈 곳과 싸울 때를 헤아려 보아야 한다. 이렇게 하면 1천 리 밖으로 달려 나가 싸워 적을 격파할 수 있다 [必先知地利敵情 然後以兵法之度量 計其遠近 知其空虛 審敵就應之所及戰期也 如是 則雖千里可會戰而破敵矣]."고 했다.

내가 보기에 월국(越國)은 병력이 우리보다 많기는 해도 우리를 이기기 어렵다. 나는 우리 오국(吳國)이 이길 것이라고 말할 수 있다. 월국은 병력이 비록 많지만 싸우지 못하도록 만들 수 있기 때문이다.

以吳度之 越人之兵雖多 亦奚益於勝哉 故曰 勝可擅也 敵雖衆 可使無鬪
이오도지 월인지병수다 역해익어승재 고왈 승가천야 적수중 가사무투

1) 「以吾度之」가 「以吳度之」로 되어 있는 본도 있다. 「오국(吳國) 입장에서 판단해 볼 때」라는 의미이다. 주석가들 사이에서는 어느 것이 원문으로 적합한지에 의견이 갈린다. 그러나 중국사회과학원의 ≪손자병법대전≫에서는 옛날에 「吾」와 「吳」가 통용된 경우가 있어 어느 쪽도 틀린 말은 아니라고 했다.

2) 「亦奚益於勝哉」가 「亦奚益於勝敗哉」로 되어 있는 본도 있지만 「奚益」이 「勝敗」 모두에 관련된 말로 볼 수는 없다.

3) 「勝可擅也」는 은작산죽간본을 따른 것으로 여타 본에는 「勝可爲也」로 되어 있다. 같은 의미로 볼 수도 있지만, 앞의 「군형」 편에서 "적을 이길 것인지는 적을 보면 알 수 있지만 내가 이기려 한다고 이기는 것은 아니다 [勝可知而不可爲]."라는 구절이 있으므로 「勝可爲也」를 원문으로 하면 혼동이 생기기 때문에 후일 원문을 「勝可擅也」로 바꾼 것으로 보인다. 「勝可擅也」는 「勝可爲也」와 다를 바가 없는 말이지만 이곳에서 말하는 「可擅」 또는 「可爲」는 「군형」 편에서 말한 「可爲」와는 맥을 달리하는 말로 「군형」 편에서 말한 「可爲」는 "적이 어떠한 상태이든 내 뜻에 따라 이길 수 있다."는 취지이고 이곳에서 말한 「可擅」 또는 「可爲」는 "이길 수 있음을 알 수가 있으니 이길 수 있다."는 취지이다. 장예도 이와 같이 보면서, "(손자는) 월국은 싸울 장소와 시기를 모를 것이 분명할 것으로 보고 「(우리가) 이길 수 있다.」고 말한 것이다 [度越人必不能知戰之地日 故云可爲也]."라고 했다. 중국사회과학원의 ≪손자병법대전≫에서도 이 부분을 필자와 같은 취지로 설명하고 있다.

4) 손자가 월국이 이기기 어렵다고 판단한 이유를 진호(陳皞)는 「의롭지 못하기 때문 [非義]」일 것으로 보았고, 조조(曹操)는 「흐리멍덩하고 오국(吳國)에 대해 모르고 있기 때문 [紛然無知也]」일 것으로 보았고, 이전(李筌), 가림(賈林), 장예(張預)는 「싸울 곳과 시기를 모르기 때문 [不知戰地 不知戰日]」일 것으로 보았고, 매요신(梅堯臣)은 「오국(吳國)이 그들을 분리시킴으로써 싸우게 될 곳에서는 병력이 적어지도록 만들 수 있기 때문 [當爲我分之而寡也]」일 것으로 보았고, 왕석(王晳)은 「그들은 각 제대가 서로 구원하는데 미숙하기 때문 [苟不善相

救]」일 것으로 보았다. 진호를 제외하면 모두 앞의 구절과 본 구절을 같은 맥락의 구절로 본 것이다. 그러나 싸울 곳과 싸울 날짜를 아는 것만을 가지고 승산(勝算)을 판단할 수는 없고, 앞의 「一. 시계(始計)」 편에서는 승산을 판단하는 기준과 방법으로 「오사(五事)」와 「칠계(七計)」를 말한 바 있다. 이곳에서 손자는 이런 기준과 방법을 통해 월국이 이기기 어렵다고 판단하면서 이어서 오국이 월국을 이길 수 있는 계책을 말한 것으로 보는 것이 옳다. 다시 말해 이 구절은 앞의 구절과 일체를 이루는 것이 아니라 뒤에 이어지는 문구들과 일체를 이루는 것으로 보는 것이 타당하다.

(월국이 우리 오국과 싸우지 못하도록 만들려면) 우선 적정(敵情)을 분석해 적의 장단점을 알아내고, 적을 자극해 적의 동태를 알아내고, 위장된 군형(軍形)을 적에게 보여 적의 생사(生死)를 좌우할 수 있는 곳이 어느 곳인지 알아내고, 적의 인적 물적 자원을 헤아려 보고 힘에 여유가 있어 공격할 것인지 힘이 부족해서 지키고 있을 것인지를 알아내야 한다.

故策之而知得失之計 作之而知動靜之理 形之而知死生之地 角之而知有餘不足之處
고책지이지득실지계 작지이지동정지리 형지이지사생지지 각지이지유여부족지처

1) 「책지(策之)」의 「책(策)」은 산수(算數)에 쓰던 산가지를 말하며 이를 유추해 「계산」 또는 분석의 의미로 쓰인다. 앞 구절의 「이오도지(以吾度之)」 중 「도(度)」와 같은 뜻이다. 은작산죽간본에는 「계(計)」로 되어 있다. 「책지이지득실지계(策之而知得失之計)」의 의미를 가림(賈林)은 "장막 속 작전회의 탁자 앞에서 분석해 보면 나의 강점과 적의

약점을 모두 미리 알 수 있다 [樽俎帷幄之間 以策籌之 我得彼失之計 皆先知也].”고 했다.

2) 「작지(作之)」의 「작(作)」은 은작산죽간본에는 「적(績)」, ≪통전≫, ≪태평어람≫ 등에는 「후(侯)」로 되어 있다. 「작(作)」을 왕석은 「후(侯)」라 하고, 이전(李筌)은 「후망(侯望)」이라 하고 가림은 「점후(覘侯)」라 했는데 모두 「탐지」의 의미로 본 것이다. 그러나 두목은 「격작(激作)」이라 하고, 매요신은 「소발(所發)」이라 하고, 장예는 「발작(發作)」이라 했는데 모두 「자극」의 의미로 본 것이다. 진호는 「위(爲)」로 보면서 「유인 또는 위협 [爲之利害]」을 말한 것으로 보았다. 결국 「작지」는 첩자나 정찰을 통한 소극적 적정(敵情) 탐지가 아니라 자극에 대한 적의 대응을 보고 적정을 적극적으로 탐지하는 것을 의미하며, 현대 군사용어로 「양동작전(陽動作戰, Feint Operation)」 또는 「위력수색(威力搜索, Reconnaissance in Force)」 등을 말한다.

3) 「형지(形之)」는 나의 군형을 적에게 보여주는 것을 말한다. 앞의 「五. 병세(兵勢)」 편에서는 “적을 움직이는 데 능한 장수는 군형을 이용해 적이 자신의 의도대로 움직이도록 만든다 [善動敵者 形之 敵必從之].” 했고 이에 대해 조조(曹操)는 「形之」의 의미를 “약한 모습을 보여주는 것을 말한다 [見羸形也].”고 했고 이전(李筌), 매요신(梅堯臣), 하연석(何延錫), 장예(張預)도 모두 같은 해석을 취했지만, 두목(杜牧)은 “약한 모습을 보여주라는 말에 그치는 것이 아니다. 내가 강하고 적이 약하면 약한 모습을 보여 적이 달려오게 하고, 내가 약하고 적이 강하면 강한 모습을 보여 적이 떠나가게 만들라는 말이다 [非止於見羸弱也 言我强敵弱 則示以羸形 動之使來 我弱敵强 則示以强形 動之使去].”라고 했다. 이전, 하연석, 장예도 앞의 병세(兵勢) 편에서와 달리 이곳에서는 두목과 같은 해석을 취했다.

4) 「사생지지(死生之地)」를 매요신(梅堯臣)은 「적의 생사가 달린 곳(彼生死之地)」이라 했고, 장예(張預)는 「적이 점거한 곳이 사지(死地)인지 생지(生地)인지 여부 [彼所據之地 死與生也]」라고 한데 이어, "사지(死地)는 「패할 곳」을 말하고 생지(生地)는 「이점이 많은 곳」을 말한다 [死地 謂傾覆之地 生地 謂便利之地]."고 했다. 장예가 말한 「사지(死地)」는 뒤의 「十一. 구지(九地)」 편에서 말하는 「사지(死地)」와 같은 개념으로 뒤의 구지(九地) 편에서는 「빠져나갈 수 없는 곳 [無所往者]」으로 「속히 싸우면 살아남을 수 있지만 꾸물대면 패망하는 곳 [疾戰則存 不疾戰則亡者]」을 「사지(死地)」라고 했다.

5) 「각지(角之)」의 「角」을 조조(曹操)와 이전(李筌)은 「양(量)」이라 했고, 두목(杜牧), 매요신(梅堯臣), 장예(張預)는 「각량(角量)」이라 했다. 앞의 「四. 군형(軍形)」 편에서는 양측이 동원 가능한 인적 물적 자원을 계산하는 것을 「양(量)」이라고 했다.

6) 「有餘不足」은 앞의 「四. 군형(軍形)」 편에서 말한 "지키는 것은 힘이 부족할 때이고, 공격하는 것은 힘이 충분할 때이다(守則不足 攻則有餘)."라는 말을 의미한 것이다.

최상의 군형(軍形)은 적에게 보이지 않는 군형이다. 나의 군형을 적에게 보이지 않으면 깊숙이 들어와 있는 적의 간첩도 우리의 허점을 탐지할 수 없고, 그렇게 되면 적에게 지자(智者)가 있어도 달리 계책을 세울 수 없고,

故兵形之極 至於無形 無形 則深間不能窺 智者不能謀
고병형지극 지어무형 무형 즉심간불능규 지자불능모

1) 「병형지극(兵形之極)」은 ≪태평어람≫에 따른 것으로 여타 본은

모두 「형병지극(形兵之極)」으로 되어 있다. 후자를 원문으로 하면 앞 구절에서 말한 「형지(形之)」를 이어받은 것이 되어, 「위장된 군형(軍形)을 적에게 보이는 최상의 방법」이라는 의미가 된다.

2) 매요신(梅堯臣)은 「무형(無形)」에 대해 "군대는 본래 군형(軍形)이 있지만 허실(虛實)을 노출시키지 않음을 무형(無形)이라 한다 [兵本有形 虛實不露 是以無形]."고 했다.

이때는 내가 적의 군형을 보고 그 허점을 이용해서 모두가 보는 앞에서 이겨도 아무도 내가 어떻게 이긴 것인지를 알 수 없으며, 누구나 내가 이기는 모습은 볼 수 있어도 내가 이길 수 있었던 군형은 알 수가 없다. 이길 때마다 군형이 달라지며 적의 군형에 따라 나의 군형이 끝없이 변하기 때문이다.

因形而錯勝於衆 衆不能知 人皆知我所勝之形 而莫知吳所以制勝之形 故其戰勝不復 而應形於無窮
인형이착승어중 중불능지 인개지아소승지형 이막지오소이제승지형 고기전승불복 이응형어무궁

1) 「錯」은 옛날에는 「措」와 통하던 글자로 「잡다」, 즉 「거머쥐다」는 의미가 있다.

2) 조조(曹操)는 「인형이착승(因形而錯勝)」의 의미를 "적의 군형을 보고 승리한다(因敵形而立勝)."는 의미로 해석했고, 여타 주석가들도 모두 이에 따르고 있다.

3) 「我所勝之形」이 각 본에 모두 「我所以勝之形」으로 되어 있지만, 이렇게 되면 뒤의 「吾所以制勝之形」과 같은 말이 되어 문맥이 통하지 않으므로 중국사회과학원의 ≪손자병법대전≫에서는 중간의 「以」를 탈락시켰다. 타당성이 있어 이에 따랐다.

4) 두목(杜牧)은 「내가 이길 수 있었던 군형 [吾所以制勝之形]」의 예로 앞의 「一. 시계(始計)」 편 중 「근이시지원(近而示之遠)~친이이지(親而離之)」라는 구절을 들고 있다.

5) 조조(曹操)는 「내가 이길 수 있었던 군형을 모르는 [莫知吾所以制勝之形]」 이유를 「언제나 동일한 군형으로 이기는 것이 아니기(不以一形勝萬形)」 때문이라고 했다. 다음에 이어지는 구절을 염두에 둔 해석이다.

무릇 군형은 물의 흐름을 닮아야 한다. 물이 높은 곳에서 낮은 곳으로 흐르듯이 군형도 적의 실한 곳을 피해 허한 곳을 공격해야 한다. 물이 지형에 따라 물길을 바꾸듯 용병에서도 적의 허점을 이용해서 이겨야 한다.

夫兵形象水 水之形 避高而趨下 兵之形 避實而擊虛 水因地而制流 兵因敵而制勝
부병형상수 수지형 피고이추하 병지형 피실이격허 수인지이제류 병인적이제승

1) 「수지형(水之形)」이 은작산죽간본, ≪통전≫, ≪태평어람≫에는 「수지행(水之行)」으로 되어 있다. 이어지는 "높은 곳에서 낮은 곳으로 흐른다 [避高而趨下]."고 한 것을 물의 성질을 말한 것이지 물의 형태를 말한 것이 아니라고 보았기 때문일 것이다. 그러나 물의 성질을 물의 형태로 보는 것도 무리가 없을 뿐 아니라 뒤의 「병지형(兵之形)」에 맞추어 「수지형(水之形)」을 원문으로 하는 것이 문맥이 보다 유연하다.

2) 「象」은 「像」과도 통용되는 글자로 「닮았다」는 의미이다.

3) 「趨下」가 은작산죽간본에는 「走下」로 되어 있고, ≪통전≫과 ≪태평어람≫에는 「就下」로 되어 있지만 모두 같은 의미이다.

4) 「병지형 피실이격허(兵之形 避實而擊虛)」가 은작산죽간본에는 「병승

피실격허(兵勝 辟實擊虛)」로 되어 있다. 「辟」은 「避」와 통용되는 글자로 이때는 「피」로 읽는다. 두 문구가 내용 차이가 없고 또 앞의 「수지형 피고이추하(水之形 避高而趨下)」라는 문구에 맞추어 원문을 전자로 해야 문맥이 보다 유연하다. 「피실이격허(避實而擊虛)」의 의미를 매요신과 장예는 「이(利)」로 표현했는데 「날카롭다」는 의미이다.

5) 「수인지이제류(水因地而制流)」가 은작산죽간본에는 「수인지이제행(水因地而制行)」으로 되어 있다. 앞에서 「수지행(水之行)」으로 했기 때문이다. 한편 ≪통전≫과 ≪태평어람≫에는 「수인지이제형(水因地而制形)」으로 되어 있다. 의미는 모두 동일하지만 「수인지이제류(水因地而制流)」로 하는 것이 문맥이 가장 유연하고 이해하기 용이하다. 이 문구의 의미를 매요신은 "높은 곳에서 낮은 곳으로 자연스럽게 흐른다[順高下]."고 했지만 너무 협소한 해석이다. 장예는 "모난지 둥근지 비뚠지 바른지는 지형에 따라 결정한다 [方圓斜直 因地而成形]."고 했다. 원문을 「수인지이제형(水因地而制形)」으로 보는 해석이다.

6) 「병인적이제승(兵因敵而制勝)」의 의미에 대해 이전(李筌)은 "적이 치중을 충분히 갖추지 못한 경병(輕兵)일 경우 지구력이 없으므로 내가 지키기만 해도 적은 반드시 패할 것이고, 적(敵)이 치중을 충분히 갖춘 중병(重兵)일 경우 도전하면 반드시 출전할 것이고, 적이 분노에 싸여 있으면 치욕을 안겨주고, 적이 강병(强兵)이면 그 기세를 늦추고, 적의 장수가 교만하면 겸손한 태도를 취해 그를 더욱 교만하게 만들고, 적의 장수가 욕심이 많으면 이익으로 그를 유인하고, 적의 장수가 의심이 많으면 그 내부를 이간시키는 것이 적의 허점을 찾아 이용해서 이기는 방법이다 [夫輕兵不能持久 守之必敗 重兵挑之必出 怒兵辱之 强兵緩之 將驕宜卑之 將貪宜利之 將疑宜反間之 故因敵而制勝]."라고 했다.

용병(用兵)에 고정된 병세(兵勢)가 없듯이 고정된 군형도 없다. 끊임없이 적의 허점을 찾아 임기응변으로 승리를 달성할 수 있는 장수를 신장(神將)이라 한다.

故兵無常勢 無常形 能因敵變化而取勝者 謂之神
고병무상세 무상형 능인적변화이취승자 위지신

1) 「兵無常勢 無常形」은 은작산죽간본에 따른 것이다. 여타 본에는 「兵無常勢 水無常形」으로 되어 있다. 다만 은작산죽간본에는 「兵無成執 無恒刑」으로 되어 있는데 「執」은 「勢」와 통용되던 글자로 「成執」는 「常勢」와 같은 의미이고, 또 「刑」은 「形」과 통용되던 글자로 「恒刑」은 「常形」과 같은 의미이다. 다만 은작산죽간본의 이 구절에는 뒤 문구에 주어 「水」가 빠져 있어 앞뒤 두 문구의 주어가 모두 「兵」이 된다. 중국 사회과학원의 ≪손자병법대전≫에서는 앞에서도 「水之形」을 안 취하고 은작산죽간본에 따라 「水之行」을 원문으로 취했으므로 이에 맞추어 이곳에서도 은작산죽간본의 문구를 취했다. 한편 본 허실(虛實) 편에서는 이곳에서 처음으로 「세(勢)」를 언급했을 뿐만 아니라 앞서 계속 「형(形)」을 「수(水)」에 비유했는데 여타 본과 같이 이곳에서 「세(勢)」도 역시 「수(水)」와 비교한다면 독자가 「형(形)」과 「세(勢)」를 같은 것으로 혼동할 수 있다. 그러나 「형(形)」과 「세(勢)」는 다른 것으로 손자는 이곳에서 병세(兵勢)와 마찬가지로 군형(軍形)도 불변의 것이 아니라는 것을 말하려는 것이 분명하며 따라서 은작산죽간본이 손자의 의도를 정확히 표현한 것이다. 앞의 「병세(兵勢)」 편에서도 "기(奇)와 정(正)의 조합과 변화는 끊임없이 순환하는 고리와 같다 [奇正相生 如循環之無端]."고 했다.

2) 「신(神)」을 자일스(Giles)는 「타고난 장수(heaven-born captain)」로 번역했다.

오행(五行) 중 다른 행(行)을 모두 이기는 행(行)은 없고, 사시(四時) 중 바뀌지 않는 계절은 없다. 해 뜨는 시간도 여름에는 길고 겨울에는 짧다. 달도 기울었다 다시 떠오른다. 변하지 않는 것은 아무것도 없다.

故五行無常勝 四時無常位 日有短長 月有死生
고오행무상승 사시무상위 일유단장 월유사생

1) 오행(五行), 사시(四時), 일월(日月)과 같이 병세(兵勢)와 군형(軍形) 모두 적의 허점을 찾아 끊임없이 변화해야만 승리할 수 있는 것이 자연의 법칙이라는 말이다. 오행(五行)은 금(金)・수(木)・목(水)・화(火)・토(土) 다섯 가지 원소(元素)를 말하며 이 다섯 가지 원소가 상생(相生)과 상극(相剋)의 관계를 이루면서 우주(宇宙)를 끊임없이 운행한다고 한다.

제7편

군쟁(軍爭)

軍 爭

- 본 편에서는 전장(戰場)의 주도권 장악을 위한 「기동(機動)」 문제에 이어, 「기동」 단계를 거쳐 적과 접전 시의 「전투 지휘」를 다루고 있다.
- 조조(曹操)는 「군쟁」을 「쟁승(爭勝)」이라 하고, 이전(李筌)은 「추리(趨利)」라 하고, 장예(張預)는 「쟁승(爭勝)」 또는 「쟁리(爭利)」라 했는데 모두 「승리를 위한 경쟁」을 의미한다. 본 편은 가장 앞에서 용병 방법 중 가장 어려운 것이 군쟁(軍爭)이라 했는데, 군쟁이 승리를 위한 경쟁이라면, 이를 가장 어려운 일이라고 굳이 강조할 필요가 있을까? 본 편은 전장(戰場)의 주도권 장악을 위한 경쟁을 다루고 있으며, 주도권 장악을 위한 경쟁에서 가장 중요한 것이 유리한 지형 선점을 위한 기동이다. 따라서 자일스(Giles)와 그리피스(Griffith)는 「군쟁」을 「기동(Manoeuvre 또는 Manuevering)」으로 번역했는데 이는 「군쟁」에 대한 가장 적절한 해석이며 번역이다. 다만 본 편 후반부에서는 ≪군정(軍政)≫이라는 글의 내용을 소개한 부분이 있고 그 이하는 「기동」 단계를 거쳐 적과 접전 시의 「전투 지휘」를 다루고 있으며 이는 「군쟁」의 다음 단계이면서 또한 「군쟁」의 마무리 단계이다. 따라서 군쟁(軍爭)을 「쟁승(爭勝)」이라고 한 조조(曹操)의 해석을 잘못이라 할 수만은 없다. 그러나 본 편의 주된 내용은 「기동」에 관한 것이다.
- 장예(張預)는 "먼저 피아의 허실(虛實)을 알아야 적과 승리를 다툴 수 있으므로 군쟁 편을 허실 편 다음에 둔 것이다 [先知彼我之虛實 然後能與人爭勝 故次虛實]."라고 했다.

1. 전장(戰場)의 주도권 장악을 위한 기동(機動)

용병법 중 장수가 군주로부터 군권을 위임받은 후 병력을 집결시켜 군영을 세우고 적과 대치할 때까지 가장 어려운 일이 유리한 지형 선점을 위한 기동이다.

凡用兵之法 將受命於君 合軍聚衆 交和而舍 莫難於軍爭
범용병지법 장수명어군 합군취중 교화이사 막난어군쟁

1) 조조(曹操)는 「합군취중 교화이사」에 대해 “백성을 집결시켜 병력을 편성 후 군영을 세우는 것을 말한다 [聚國人 結行伍 選部曲 起營陳也].” 했고, 특히 「교화이사」에 대해서는 “군문(軍門)을 화문(和門)이라 하고…… 양측의 화문이 대치하는 것을 말한다 [軍門爲和門…… 兩軍相對爲交和].”고 했고, 「막난어군쟁」에 대해서는 「종시수명 지어교화 군쟁난야(從始受命 至於交和 軍爭難也)」라고 했는데 이는 “처음 군주로부터 군권을 위임받았을 때부터 적과 대치할 때까지 가장 어려운 것이 군쟁이다.”라는 의미이다. 그렇다면 군쟁은 백성을 집결시켜 병력을 편성 후 군영을 세우기까지 과정에서의 일이 되며, 군쟁이 가장 어렵다는 말은 군영을 아무 곳에나 세우는 것이 아니고 전장 주도권 장악을 위해 유리한 지역을 선점 후 적과 대치해야 하기 때문이다. 「교화이사」 중 「사(舍)」는 「지(止)」와 통하는 글자로 “멈추어 쉰다.”는 의미이다. ≪좌전(左傳)≫, 장공(臧公) 3년 조에는 “군대가 한 구간을 이동 후 묵는 것을 사(舍)라 한다 [師行一宿爲舍].”고 했다. 이런 이유로 1일 표준 행군거리 30리를 「사(舍)」라 했다. 멈추어 쉴 수 있는 것은 이미 유리한 지형을 차지했기 때문이며 고대 전투에서는 유리한 지형 선점이 승리에 결정적 도움이 되었으므로 기동을 통해 유리한 지형을 차지하는

것이 가장 어렵다는 말이다. 이것이 본문의 정확한 의미이다.

2) 가림(賈林)은 이 구절의 의미에 대해 "병사들이 뒤섞여 화합을 이루어 군영을 세운 후에는 승리를 차지하려 움직인다 [師衆交雜和合 而至於軍中 趨利而動]." 했고, 하연석(何延錫)은 "화문(和門)을 마주하고 장차 적과 싸워 승리를 다투는 것이 병가(兵家)에게는 어려운 일이다 [和門相望 將合戰爭利 兵家難事也]."라고 했다. 모두 「군쟁」을 적과 대치 후의 일로 본 것으로 「군쟁」의 의미를 조조와 달리 해석했다. 가림(賈林)이 화(和)를 화합의 의미로 본 것은 본문에 대한 정확한 해석은 못 되지만, 군문(軍門)을 화문(和門)이라 한 것은 화합의 의미가 담겨 있다. ≪주례(周禮)≫의 「이정위좌우화문(以旌爲左右和門)」이라는 구절에 대한 정사농(鄭司農)의 주(注)에서는 "군문을 화문(和門)이라 했고 지금은 누문(壘門)이라 한다. 좌우 두 곳에 정기(旌旗)를 세워 군문임을 표시했고 조용히 출입하면서 출입자 서열을 분명히 했다 [軍門曰和 今謂之壘門 立兩旌旗表之 以敍和出入 明次第也]."고 했다. 조조는 이와 약간 달리 "군문을 화문(和門)이라 하고 좌우 문을 정문(旌門)이라 하고, 수레 바리케이드로 만든 군영을 원문(轅門)이라 하고, 사람들만으로 만든 군영을 인문(人門)이라 한다 [軍門爲和門 左右門爲旗門 以車爲營曰轅門 以人爲營曰人門 兩軍相對爲交和]."고 했다.

3) ≪통전(通典)≫에서는 이 구절을 「범용병지법 막난우군쟁(凡用兵之法 莫難于軍爭)」으로 축약했다. 중간 문구들을 그대로 놓고는 문맥 이해가 어렵기 때문일 것인데 이해는 쉽지만 「군쟁(軍爭)」의 정확한 의미를 이해하기에는 부족하다.

기동이 어렵다 함은 멀리 돌아가는 것처럼 보이지만 실제는 빨리 목적지에 도착함으로써 불리한 것처럼 보이던 상황을 유리한 상황으로 전환시켜야만 하기 때문이다. 멀리 돌아가는 것처럼 보이고 또 적에게 미끼를 던져 <적의 관심을 돌려> 적보다 늦게 떠나고 먼저 목적지로 가는 것이 우직지계(迂直之計)이다.

軍爭之難者 以迂爲直 以患爲利 故迂其途 而誘之以利 後人發 先人至 此知迂直之計者也
군쟁지난자 이우위직 이환위리 고우기도 이유지이리 후인발 선인지 차지우직지계자야

1) 은작산죽간본에는 뒷부분이 「후인발 선인지자 지우직지계자야(後人發 先人至者 知迂直之計者也)」로 되어 있다. 같은 말이다.

2) 「이우위직(以迂爲直)」에 대해 조조(曹操)는 "멀리 돌아가는 것처럼 보여도 실제로는 빠르게 기동해서 적보다 먼저 도착하는 것을 말한다 [示以遠 邇其道里 先敵至也]."고 했다.

3) 「우기도(迂其途)」에 대해 조조는 역시 "멀리 돌아가는 것처럼 보이는 것이다 [示之遠]."라고 했고, 왕석(王晳)은 "적을 안심시켜 놓고 떠나거나 기병(奇兵)을 샛길로 내보내는 것을 말한다 [使其不慮而行 或奇兵從間道出也]."고 했고, 하연석도 같은 취지로 삼국 시대 위(魏)의 종회(鍾會)가 촉(蜀)을 정벌할 때 등애(鄧艾)가 적이 예상 못한 험로를 이용해 먼저 촉(蜀)으로 들어간 일을 그 예로 들고 있다. 두목(杜牧)은 "적의 눈을 속여 방심하게 만들어 놓은 다음 급히 달려가는 것이다 [誑紿敵人 使其慢易 然後急趨也]."라고 했다.

4) 「후인발 선인지(後人發 先人至)」에 대해 조조(曹操)는 "행군의 거리와 시간 계산에 밝으므로 거리는 멀어도 시간적으로는 빨리 갈 수 있는 방법을 처음부터 알기 때문이다 [明於度數 先知遠近之計也]."라

고 했고, 두목(杜牧)은 "적을 방심시켜 놓은 후 급속행군으로 적의 의표를 찌르므로 늦게 출발해도 적보다 일찍 도착해 요해처를 선점할 수 있는 것이다 [使敵心不專 然後倍道兼行 出其不意 故能後發而先至 而得所爭之要害也]."라면서 그 예로 전국(戰國) 시대 진(秦)과 조(趙)의 알여전(閼與戰)을 들었다. 진(秦)이 조(趙)의 요해처 알여(閼與)를 포위했을 때 알여를 구원하러 나간 조사(趙奢)는 이제 막 도착해 기세가 예리한 진군의 기세가 둔화될 때를 기다리기로 하고 조(趙)의 국도(國都) 한단(邯鄲)에서 30리를 나가자 행군을 멈추고 28일을 머물면서 영루(營壘)를 증축하고 수비를 굳혔다. 이를 안 진장(秦將)은 "이제 알여는 우리 것이다."라면서 대비를 소홀히 했고, 이때 조사는 병력들에게 갑옷도 입히지 않은 채 이틀 낮 하룻밤을 급히 달려가게 해서 알여에서 50리 떨어진 북산(北山)을 점거하고 기다리다 진군이 접근해 오자 곧 병력을 풀어 대파하고 알여를 구원했다. 서양 전사(戰史)에서 이에 해당하는 유명한 전례(戰例)로는 기원전 218년 아프리카 북단 카르타고의 한니발(Hannibal)이 바로 지중해를 건너지 않고 서쪽 지브롤터 해협에서 이베리아 반도로 건너간 후 알프스를 넘어 이태리 전역을 휩쓴 일도 있고, 서기 1800년 나폴레옹이 알프스를 넘어 이태리 북부 마렝고(Marengo)에서 오스트리아군 7만을 격파 후 뤼네빌 조약(Traité de Lunéville)으로 프랑스의 이태리 지배를 확보한 일도 있다.

그러나 이런 기동은 유리할 수도 있지만 위험할 수도 있다.

故軍爭爲利 軍爭爲危
고군쟁위리 군쟁위위

1) 자일스(Giles)는 이 구절을 "훈련된 군대의 기동은 이롭지만, 훈련되지 않은 오합지졸의 기동은 매우 위험하다(Maneuvering with an army is advantageous; with an undis- ciplined multitude, most dangerous)."고 번역했다. 이는 본 구절 뒷부분 「군쟁위위(軍爭爲危)」가 ≪통전(通典)≫ 등에는 「중쟁위위(衆爭爲危)」로 되어 있기 때문이다. 그러나 전후 내용 어디를 보아도 뒷부분의 원문을 「중쟁위위(衆爭爲危)」로 볼 근거는 없다.

2) 조조(曹操)는 이 구절을 "유능한 장수는 군쟁으로 유리해질 수 있지만, 무능한 장수는 군쟁으로 위험해질 수 있다 [善者則以利 不善者則以危]."는 의미로 보았고, 매요신(梅堯臣)은 "군쟁에는 이로움도 있지만 위험도 있다 [軍爭之事有利也 有危也]."는 의미로 보았다.

첫째, 장비와 물자를 이끌고 유리한 지형을 선점하려다가는 시기를 놓칠 수 있고 장비와 물자를 놓아두고 유리한 지형을 선점하려다가는 치중을 잃을 수 있다.

擧軍而爭利 則不及 委軍而爭利 則輜重捐
거군이쟁리 즉부급 위군이쟁리 즉치중연

둘째, 갑옷을 벗어버리고 급속행군으로 1백 리를 달려 유리한 지형을 선점하려다가는 삼군(三軍) 장수가 모두 적에 포획될 것이고, 또 건장한 병사는 먼저 도착하고 지친 병사는 뒤처지므로 반드시 병력의 1/10만 목적지에 도착할 수 있고,

是故卷甲而趨 日夜不處 倍道兼行 百里而爭利 則擒三將軍 勁者先 疲者后 其法十一而至
시고권갑이추 일야부처 배도겸행 백리이쟁리 즉금삼장군 경자선 피자후 기법십일이지

1) 두우(杜佑)는 「삼장군(三將軍)」을 「삼군지장(三軍之將)」의 의미로 보았다. 전군(前軍), 중군(中軍), 후군(後軍)의 장수를 말한다.

2) 마지막의 「기법(其法)」은 「반드시」라는 의미이다.

3) 이전(李筌)은 이 구절에 부합하는 전례(戰例)로 조조(曹操)가 하루 밤낮 동안 3백 리를 달려 유비(劉備)를 추격 후 결국 적벽(赤壁)에서 패한 일과 방연(龐涓)이 손빈(孫臏)을 추격하다 마릉(馬陵)에서 패한 일을 들었지만, 적절한 전례가 아니다. 조조의 유비 추격은 건안 13년 9월 양양(襄陽)에서 장판(長阪)까지 추격한 일을 말하며 당시 조조는 유비를 잡지 못했지만 별 타격을 받지는 않았고, 적벽전은 2개월 후인 같은 해 11월의 일이다. 마릉전 때는 위(魏)의 방연이 제(齊)의 책사(策士) 손빈의 소위 감조계(減竈計)에 걸려 3일간 제군(齊軍)을 계속 추격하다 패했다. 또한 적벽전 당시 제갈량은 유비에게 아직 힘이 있음을 손권에게 과시하려고 조조가 유비를 추격한 일을 거론한 적이 있지만, 마릉전 당시 방연의 추격은 손빈의 유인계(誘引計)에 걸린 것일 뿐 유리한 지형 탈취를 위해 추격한 것은 아니다.

4) 두목(杜牧)은 손자의 이 구절이 군쟁으로 인한 위험에 대한 흡족한 설명이 되지 않는다면서, 이세민(李世民)이 당(唐) 고조 무덕(武德) 4년 왕세충을 공격할 때 두건덕(竇建德)이 80만 대군을 이끌고 왕세충을 구원하기 위해 오자 3천5백 기(騎)로 무뢰(武牢)를 선점해 두건덕을 격파하고 두건덕을 사로잡았던 것같이 1/10 이하의 병력만 목적지에 도착해도 유리한 지형을 점령해 적을 이길 수도 있다고 했다. 그러나 진호(陳皥)는 두목이 든 전례는 예외적 경우이고 손자가 말한 「기법십일이지(其法十一而至)」가 타당하다고 했다.

50리를 달려가 유리한 지형을 선점하려다가는 상장군(上將軍)이 쓰러질 수 있고 반드시 병력의 1/2만 목적지에 도착할 수 있다. 다만 30리를 달려가 유리한 지형을 선점하려 하면 병력의 2/3는 목적지에 도착할 수 있다.

五十里而爭利 則蹶上將軍 其法半至 三十里而爭利 則三分之二至
오십리이쟁리 즉궐상장군 기법반지 삼십리이쟁리 즉삼분지이지

1) 조조(曹操)는 「궐(蹶)」은 「좌(挫)」, 즉 「패배」와 같다고 했다. 왕석(王晳) 역시 "패배하는 것을 말했을 뿐이다(止挫敗而已)."라고 했다. 그러나 이전(李筌)은 이곳에서 「궐(蹶)」이라고만 한 것은 "적에게 사로잡히는 않는다(不至擒也)."는 말로 볼 수 있다고 했다.

2) 가림(賈林)은 「상장군(上將軍)」의 「上」을 「先」으로 보았다. 먼저 목표지에 도달한 장수라는 말이다. 두우(杜佑)도 「전군 장수 [前軍之將]」라고 했다. 장예(張預)는 "먼저 도착한 전군을 말한다(謂前軍先行也)."고 했다.

3) 「기법(其法)」은 「반드시」라는 의미이며, 앞의 두 경우에만 이런 말을 썼다.

4) 장예(張預)는 이세민(李世民)이 송금강(宋金剛)을 하루 밤낮에 걸쳐 2백여 리를 추격하고도 이길 수 있었던 것은 이 구절에서 손자가 말한 것과 외형은 같았지만 세(勢)가 달랐기 때문이라면서, 송금강이 이미 앞서 패배한 후 사기가 꺾여 있을 때였기에 이세민은 이같이 장거리를 추격해 격멸하고 바로 하동(河東)을 평정할 수 있었다고 본 것이다. 무덕 3년 4월 이세민은 관중으로 진격해오는 송금강(宋金剛)과 백벽(柏壁)에서 대치하다 보급선이 차단된 송금강이 북쪽으로 퇴각하자 끝까지 추격해서 섬멸했다.

5) 「삼분지이지(三分之二至)」의 의미에 대해 조조(曹操)는 “거리가 가깝고 많은 병력이 목적지까지 갈 수 있어 패하지 않는다(道近 至者多 故無死敗也).”고 했고, 매요신(梅堯臣)은 “길도 가깝고 꽤 많은 병력이 도착했으니 이길 수도 있다(道近至多 庶或有勝).” 했고, 왕석(王晳)은 이 경우 “반드시 패할 것으로 볼 수는 없으므로 앞의 두 경우와 같이 「기법(其法)」이라는 말을 쓰지 않은 것이다 [不可決以爲敗 故不云其法也].”라고 했다.

이때 치중(輜重)이 없거나 군량이 없거나 비축물자가 없는 군대는 패망한다.

是故軍無輜重則亡 無糧食則亡 無委積則亡
시고군무치중즉망 무양식즉망 무위적즉망

1) 「是故」가 「是以」로 되어 있는 본도 있다. 문맥상 「是以」가 적절하다.

2) 진호(陳皞)와 매요신(梅堯臣)은 이 구절은 앞서 언급한 「장비와 물자를 그대로 놓아두고 유리한 지형을 선점하려 할 경우 [委軍而爭利]」의 어려움을 말한 것이라고 했다.

3) 두목(杜牧)은 「치중(輜重)」은 「기계 및 병사들의 의류와 장비 [機械及軍士衣裝]」을 말하고, 「위적(委積)」은 「재화 (財貨)」를 말한다고 했고, 왕석(王晳)은 「위적(委積)」은 「땔감, 짐승 먹이, 채소, 자재 등 [薪蒭蔬材之屬]」을 말한다고 했다. 모두 앞서 「二. 작전(作戰)」 편 서두에서 “용병에는 치거(馳車) 1천 대와 혁거(革車) 1천 대 및 갑병(甲兵) 10만의 비용과 1천 리 밖으로 양초(糧草)를 수송하는 비용 등 내외(內外) 비용, 빈객(賓客) 비용, 아교와 칠(漆) 등 자재(資材) 비용, 수

례와 갑옷 보수유지 비용 등으로 하루 1천금씩 소요된다."고 한 것을 말한다. ≪주례(周禮)≫, 지관(地官) 편 중 "나라의 위적을 관장한다 [掌邦之委積]."라는 구절에 대한 정현(鄭玄)의 주(注)에서는 "분량이 적은 것이 위(委)이고 많은 것이 적(積)이다 [少曰委 多曰積]."라고 했다.

또한 적정(敵情)을 알기 전에는 적과 접전할 수 없고, 적정을 알고 유리한 지형을 선점하려 해도 산림과 험조(險阻)와 저택(沮澤) 등의 지형을 모르면 용병이 불가능하고, 지형을 알아도 향도를 쓰지 않으면 지리(地利)를 활용할 수 없다.

故不知諸侯之謀者 不能豫交 不知山林險阻沮澤之形者 不能行軍 不用鄕導者 不能得地利
고부지제후지모자 불능예교 부지산림험조저택지형자 불능행군 불용향도자 불능득지리

1) 조조(曹操)를 비롯해 대부분의 주석가들은 「제후지모(諸侯之謀)」를 「적정(敵情)」으로 보았지만 「불능예교(不能豫交)」에 대해서는 견해가 갈린다. 조조(曹操)는 이를 "동맹을 맺을 수 없다 [不能結交]."는 의미로 해석했다. 적(敵)이 아닌 다른 제후국과 동맹을 맺어 그 지원을 얻을 수 없다는 뜻이다. 매요신(梅堯臣)의 해석 역시 이와 같다. 그러나 두목(杜牧)은 이런 해석을 부인하고 「예(豫)」를 「선(先)」, 「교(交)」를 「교병(交兵)」의 의미로 각각 보면서 "적정을 먼저 알아야 적과 접전할 수 있다. 적정을 모른다면 결코 적과 접전하면 안 된다 [言諸侯之謀 先須知之 然後可交兵合戰 若不知其謀 故不可與交兵也]."는 의미로 보았다. 한편 장예(張預)는 앞의 제후를 적이 아닌 적과 인접한 제3국으로 보고 "제후의 실정을 알고 난 후 그들과 동맹을 맺어야 하고, 그들의 계획을

모르고 동맹을 맺으면 나중 그 제후가 동맹을 파기할 수 있다. 제3국의 지원 확보 역시 군쟁(軍爭)에 속한 일이다. 뒤에 「먼저 도착하면 다른 제후국의 병력지원을 얻을 수 있는 곳」을 구지(衢地)라고 한 것은 <「十一. 구지(九地)」 편의 구절이다> 바로 이를 두고 하는 말이다 [先知諸侯之實情 然後可與結交 不知其謀 則恐翻覆爲患 其隣國爲援 亦軍爭之事 故下文云 先至而得天下之衆者 謂衢地也]."라고 했다. 군쟁(軍爭)의 의미에 대한 장예의 견해는 탁월하기는 하지만 이곳에서는 앞뒤 문맥을 볼 때 두목의 해석이 가장 원문의 취지에 근접한 해석이다.

2) 조조(曹操)는 "우뚝 높은 지형이 산(山)이고 나무가 많은 곳이 임(林)이고 파인 곳이 험(險)이고 높낮이가 불규칙한 곳이 조(阻)이고 풀이 물에 잠긴 곳이 저(沮)이고 여러 물길이 모여 흐르지 않는 곳이 택(澤)이다 [高而崇者爲山 衆樹所聚者爲林 坑塹者爲險 一高一下者爲阻 水草漸洳者爲沮 衆水所歸而不流者爲澤]."라고 했고, 매요신(梅堯臣)은 조조와 같은 말을 하면서 단지 「험(險)」에 대해서는 이를 「갱감 [坑坎]」, 즉 「구덩이」라고 했다.

3) 「행군」은 뒤의 「九. 행군(行軍)」 편에서 다시 말하겠지만 「용병」 자체를 말한다.

4) 「지리(地利)」의 의미에 대해 이전(李筌)은 「산천(山川)의 험협(險狹)」, 「정천(井泉)의 불리(不利)」, 「지토(地土)의 이녕(泥濘)」 등에 관한 정보를 말했고, 두목(杜牧)은 관자(管子)의 말을 인용해 「명산(名山)과 통곡(通谷)」, 「임목(林木)이 무성한지 여부」, 「도리(道里)의 원근」, 「성곽의 대소(大小)」 등에 관한 정보를 말했고, 매요신(梅堯臣)은 「구릉의 향배」, 「성읍(城邑) 과 도로의 우직(迂直)」 등에 관한 정보를 말했고, 하연석(何延錫)은 「성교(聲教)의 미통(未通)」, 「음역(音譯)의 단절」 <언어의 불통> 등에 관한 정보를 말했다.

또한 용병은 속임수로부터 시작해야 하고, 유리한 상황일 때 비로소 움직여야 하고, 적정(敵情)에 따라 분산도 하고 집중도 해야 한다.

故兵以詐立 以利動 以分和爲變者也
고병이사립 이리동 이분화위변자야

1) 「이리동(以利動)」에 대해 장예(張預)는 "이로움이 있을 때 비로소 움직여야 하고 함부로 움직이면 안 된다 [見利乃動 不妄發也]."라는 의미로 보았고, 두목(杜牧), 하연석(何延錫), 매요신(梅堯臣)의 견해도 모두 같다. 그러나 왕석(王皙)은 "적을 유인하라 [誘之也]."는 의미로 보았다. 앞뒤 문맥상 전자의 견해가 타당하다.

2) 「이분화위변(以分和爲變)」에 대해 조조는 "용병에서 분리와 집중은 적정(敵情)에 따라 변해야 한다 [兵一分一合 以敵爲變也]."고 했다.

또한 빠를 때는 질풍(疾風)과 같아야 하고, 조용히 있을 때는 숲과 같아야 하고, 공격할 때는 불길과 같아야 하고, 지킬 때는 산과 같아야 하고, 어둠 속에 숨은 듯 모습을 드러내지 않다가 한 번 움직이면 번개와 벼락같이 움직여야 한다.

故其疾如風 其徐如林 侵掠如火 不動如山 難知如陰 動如雷震
고기질여풍 기서여림 침략여화 부동여산 난지여음 동여뇌진

1) 「기질여풍(其疾如風)」에 대해 조조(曹操)는 "빈 곳을 공격한다 [擊空虛也]."고 했다. 적의 허점을 공격한다는 말이다. 이전(李筌)은 "진퇴를 말한다. 올 때는 예고 없이 오고 떠날 때는 매우 빨리 떠난다 [進退也 其來無跡 其退至疾也]."고 했고, 왕석(王皙)은 "적의 빈틈을

신속히 이용한다 [速乘虛也].”고 했다.

2) 「기서여림(其徐如林)」에 대해 조조(曹操)는 “(움직여도) 도움 될 것이 없을 때를 말한다 [不見利也].”고 했고, 두우(杜佑)는 “도움 될 것이 없을 때는 나가지 않는다. 마치 숲속에 바람이 불어도 미동만 있고 큰 움직임이 없는 것과 같다 [不見利不前 如風吹林 小動而其大不移].”고 했다.

3) 「침략여화(侵掠如火)」에 대해 조조(曹操)는 “빠른 것이다 [疾也].”라고만 했고, 이전(李筌)은 “불길이 들판을 태울 때 풀 한 포기 남기지 않는 것 같다 [如火燎原 無遺草].”고 했고, 장예(張預)는 “그 세(勢)가 맹렬한 불길과 같으니 누가 막을 수 있겠는가 [勢如猛火之熾 誰敢禦我]?”라고 했다.

4) 「부동여산(不動如山)」에 대해 가림(賈林)은 “(도움 될 것이 없을 때는) 적이 나를 유인하고 속여도 결코 움직이지 말고 산과 같이 조용히 있는다 [未見便利 敵誘誑兒 我固不動 如山之安].”고 했다.

5) 「난지여음(難知如陰)」에 대해 두목(杜牧)은 “검은 구름이 하늘을 가려 해와 달과 별이 보이지 않는 것과 같다 [如玄雲蔽天 不見三辰].”고 했고, 왕석(王晳)은 “군형(軍形)을 감추는 것이다 [藏形也].”라고 했다.

또한 병력을 나누어 주변 향읍(鄉邑)을 약탈해 식량 등 물자가 떨어지지 않도록 하고, 주변의 유리한 지형을 널리 살펴 점거한 다음에 적의 허실(虛實)을 신중히 살펴보고 움직여야 한다. 또한 우직지계(迂直之計)를 알아야 이길 수 있다. 이것이 바로 군쟁(軍爭)의 원칙이다.

掠鄕分衆 廓地分利 懸權而動 先知迂直之計者勝 此軍爭之法也
약향분중 곽지분리 현권이동 선지우직지계자승 차군쟁지법야

1) 「약향분중(掠鄕分衆)」은 해석이 다양한 문구이다. 조조(曹操)는 "적의 물자를 이용해 승리함을 말한다 [因敵而制勝也]."고만 했다. 앞의 「二. 작전(作戰)」 편에서 말한 「인량어적(因糧於敵)」을 언급한 것이다. 장예(張預)는 "용병 때는 적의 식량을 빼앗아 쓰려고 노력해야 하지만 향읍(鄕邑) 백성들은 비축이 많지 않으므로 반드시 병력을 나누어 여러 곳을 약탈해야 필요한 식량을 얻을 수 있다 [用兵之道 大率務因糧於敵 然而鄕邑之民 所積不多 必分兵隨處掠之 乃可足用]."고 했고, 이전(李筌)은 "적지(敵地)를 약탈 때는 여러 길로 병력을 나누어 약탈해야 한다. 불측의 사태에 대비하려는 것이다 [抄掠必分兵爲數道 懼不虞也]."라고 했고, 두목(杜牧)은 "적지(敵地)의 향읍(鄕邑)이나 취락(聚落)에는 지키는 병력이 없어서 육축(六畜)과 재곡(財穀)을 약탈하기가 쉬우니 일부 병력만 약탈을 내보내면 안 되고 병력을 조별로 나누어 전 병력이 순차적으로 모두 약탈을 나가게 해야 한다. 이렇게 해야 대소 강약을 막론하고 각 제대가 모두 적의 재물을 탈취하려 한다 [敵地鄕邑聚落無有守兵 六畜財穀易於剽掠 則須分番次第 使衆人皆得往也 不可獨有所往 如此則大小强弱皆欲與敵爭利也]."고 했고, 진호(陳皥)는 "향읍과 촌락은 한 곳만이 아니므로 수비 병력이 없는 곳을 찾아 병력을 나누어 약탈해야 한다 [夫鄕邑村落 因非一處 察其無備 分兵掠之]." 면서 어떤 본에는 「掠鄕」이 「指向」으로 되어 있다고 했다. 이러한 해석들과 달리 하연석(何延錫)은 "적지(敵地)에서 약탈한 재물은 병사들에게 골고루 나누어 주어야 한다 [得掠物 則與衆分]."고 했고, 가림(賈林)은 원문을 「지향분중(指向分衆)」으로 보고 그 의미에 대해 "접전이 이루어진 후에는 각 대오(隊伍)를 보낼 곳을 말로 지시할 수 없으므로 정기(旌旗)를 이용해서 갈 곳을 지시해 준다. 각 대오(隊伍)에게 말로 명령을 전할 수 없으므로 기치(旗幟)를 휘둘러 병력을 나누며 적의 진형(陣形)에 대응해 병세(兵勢)를 조성하는 것이다. 이런 병력 통제가 순조로우려면 평소 훈련이 잘 되어 습관화되어 있어야 한다 [三軍不可

言遣 故以旌旗指向 隊伍不可語傳 故以麾幟分衆 故因敵陣形可爲勢 且尤順 訓練分明 師徒服習也].”라고 했다. 조조(曹操), 장예(張預), 이전(李筌), 두목(杜牧), 진호(陳皞) 등의 견해는 약간씩 시각 차이는 있지만 모두 병력을 나누어 적지(敵地)를 약탈해서 물자를 현지에서 해결하라는 해석이며 앞뒤 문맥상 크게 어긋난 점이 없다. 반면 하연석(何延錫)의 해석은 전후 문맥상으로도 그렇고 「分衆」을 「分於衆」의 의미로 본 것으로서 통상적인 한문(漢文) 문법(文法)에도 어긋나는 해석이다. 가림(賈林)의 해석은 원문 자체를 여타 모든 본과 달리 본 것이며 이 군쟁(軍爭) 편 후미에는 전투 지휘를 언급하고 있기는 하지만 이는 뒤의 「군정왈(軍政曰)」 이하 부분, 즉 접전 시의 전투 지휘 부분이며 아직까지는 전투 지휘를 언급한 것이 아니라 기동 단계를 말하고 있으므로 이곳에서는 채택될 수 없는 해석이다.

2) 「곽지분리(廓地分利)」 역시 해석이 다양한 문구이다. 조조는 “적의 이점을 나누는 것이다 [分敵利也].”라고 했고, 두목(杜牧)은 “땅을 얻으면 이를 쪼개어 나누어주라 [獲地裂之].”고 한 ≪삼략(三略)≫의 문구를 인용하면서 “「廓」은 「開」의 뜻이다. 영토를 넓혔으면 이를 나누어 유공자에게 주어야 한다 [廓 開也 開土拓境 則分割與有功者].”고 했고, 매요신(梅堯臣) 역시 “유공자에게 나누어 주라 [與有功].”고 했다. 이와 달리 진호는 “땅을 얻었으면 둔병(屯兵)을 실시하고 씨를 뿌려 적의 이익을 나누어 차지하라 [獲其土地 則屯兵種蒔 以分敵之利也].”고 했고, 가림은 “「廓」은 「度」의 뜻이다. 적이 점거하고 있는 지리(地利)를 헤아려 보고 이를 나누어 차지하라 [廓 度也 度敵所據地利 分其利也].”고 했다. 한편 왕석(王晳)은 “지형을 널리 살펴본 후 유리한 곳을 점거하고 적이 이를 차지 못하게 하라 [廓視地形 以據便利 勿使敵專也].”고 했고, 장예는 “접근이 용이한 지역을 얻으면 반드시 병력을 나누어 이를 지키면서 적이 넘보지 못하게 하라. 혹자는 땅을 얻으면 유공자에게 상으로 주라는 의미로 보기도 하지만 앞뒤 문맥으로 볼 때

그런 말은 아닐 것이다 [開廓平易之地 必分兵守利 不使敵人得之 或云得地 則分賞有功者 今觀上下之文 恐非謂此也].”라고 했다. 필자 역시 앞뒤 문맥으로 볼 때 장예(張預)의 해석이 가장 타당할 것으로 본다.

3) 「현권(懸權)」은 저울추로 무게를 재는 것을 말하며 이곳에서는 적의 허실(虛實)을 잘 헤아려 보라는 뜻이다. 「현권이동(懸權而動)」의 의미에 대해 조조는 “적을 살펴보고 움직인다 [量敵而動].”고 했고, 두목, 하연석, 장예의 해석도 같다. 이전(李筌)은 한 걸음 더 나가 “적의 경중(輕重)을 재어 보고 나에 비해 수(銖)(약 1.5g)와 「일(鎰)」(약 750g)의 차이가 날 만큼 내가 현저하게 우세할 때 비로소 움직이라. 무릇 먼저 움직이는 것이 공자(功者)이고 나중에 움직이는 것이 방자(防者)로서 공격은 방어에 비해 어렵기 때문이다 [敵輕重 與吾有銖鎰之別 則動 夫先動爲客 後動爲主 客難而主易].”라고 했다.

4) 마지막의 「선지우직지계자승 차군쟁지법야」 부분을 명대(明代) 조본학(趙本學)의 ≪손자서교해인류(孫子書校解引類)≫에서는 “앞의 글들과 문맥이 연결되지 않는다. 그 뒤의 「무요정정지기 무격당당지진 차치변자야(無邀正正之旗 無擊堂堂之陣 此治變者也)」라는 구절 뒤에 있어서 앞 구절들에 대한 결어(結語)가 되었어야 할 부분이다 [與上文不相蒙 當在無邀正正之旗 無擊堂堂之陣 此治變者也之下 爲一篇之結論].”라고 했다. 일견 타당성이 있어 보이지만 어느 본에도 그와 같이 된 경우가 없고, 「무요정정지기 무격당당지진 차치변자야」 부분은 자체적으로 체계가 완비되어 있을 뿐 아니라, 본 구절 다음은 지금까지의 내용과는 달리 접전 시 전투 지휘에 관한 내용으로 군쟁(軍爭)의 핵심 내용과는 별개의 것으로 볼 수도 있으므로 이는 타당치 않다. 오히려 본 구절은 이곳에서 군쟁 편의 결어로 쓰인 것이라고 보는 것이 타당하다. 군쟁 편의 핵심은 기동(機動)과 우직지계(迂直之計)이다.

II. 적과 접전 시의 전투 지휘

≪군정(軍政)≫이라는 병서(兵書)에서는 "전투 현장에서는 남의 말이 잘 들리지 않으므로 음향신호로 금고(金鼓)를 만들어 쓰고 남의 모습이나 손짓도 잘 보이지 않으므로 시각신호로 정기(旌旗)를 만들어 쓴다"고 했다.

軍政曰 言不相聞 故爲金鼓 視而不見 故爲旌旗
군정왈 언불상문 고위금고 시이불견 고위정기

1) 은작산죽간본에는 이 구절 앞에 「是故」 두 글자가 있지만 여타 본에는 모두 탈락되었다. 이하의 내용이 앞의 내용과 별개 내용이기 때문에 후대에 탈락시킨 것이 분명하다.

2) 「군정(軍政)」에 대해 매요신(梅堯臣)은 "군사에 관한 구전(舊典)이다."라고 했고, 왕석(王晳)은 "옛 군서(軍書)이다."라고 했지만, 본 구절만 옛 글인지 본 구절 이하 「八. 구변(九變)」 편 앞까지의 내용이 모두 옛 글인지에 대한 언급은 없다. 자일스(Giles)와 그리피스(Griffith)는 본 구절에만 인용부호를 붙여 놓아 본 구절만 옛 글로 보았다. 이하의 문투가 손자의 전후 문투와 차이가 없는 것을 볼 때 본 구절만 옛 글로 보는 것이 타당할 것이다.

따라서 야간전투에서는 화고(火鼓)가 많이 쓰이고 주간전투에서는 정기(旌旗)가 많이 쓰인다. 금고(金鼓)와 정기(旌旗)를 이용하면 전 병력의 눈과 귀를 한 사람의 눈과 귀같이 만들 수 있고, 많은 병력이 한 사람같이 되면 용맹한 병사라도 홀로 앞서 나갈 수 없고, 겁이 많은 병사라도 홀로 뒤처질 수 없다. 이것이 바로 전장(戰場)에서 많은 병력을 지휘하는 방법이다.

是故夜戰多火鼓 晝戰多旌旗 夫金鼓旌旗者 所以一民之耳目也 民旣專一 則勇者不得獨進 怯者不得獨退 此用衆之法也
시고야전다화고 주전다정기 부금고정기자 소이일민지이목야 민기전일 즉용자 부득독진 겁자부득독퇴 차용중지법야

1) 첫 두 문구의 위치는 은작산죽간본을 따른 것이다. 이 두 문구 이하의 문장 배열이 은작산죽간본에는 「是故晝戰多旌旗 夜戰多鼓金 ○○旌旗者 所以一民耳目也 民旣專一 則勇者不得獨進 怯不得獨退 此用衆之法也」로 되어 있지만, 여타 본에는 대부분 「夫金鼓旌旗者 所以一人之耳目也 人旣專一 則勇者不得獨進 怯者不得獨退 此用衆之法也 故晝戰多旌旗 夜戰多火鼓 所以變人之耳目也」로 되어 있다. 양자의 차이는 첫째는 「是故夜戰多火鼓 晝戰多旌旗」라는 첫 두 문구의 위치이고, 둘째는 여타 본에는 마지막에 「所以變人之耳目也」이 추가되고, 「民」이 「人」으로 된 점이다. 마지막 문구는 의미가 명확하지 않은 불필요한 문구이다. 마지막 문구에 대해 조조는 주(注)가 없고, 매요신은 "적의 이목(耳目)을 속이기 위한 것이다 [欲以變惑敵人耳目]."라고 하고, 왕석도 "적의 눈귀를 놀라게 하고 우리 위세와 기세를 두려워하게 만들려는 것이다 [震駭視聽 使慹我之威武聲氣也]."라고 했고, 두목, 장예, 진호도 유사하게 해석했다. 그러나 이 문구는 전후 내용과 전혀 맥이 다른 말일 뿐 아니라, 이어진 다른 내용들이 모두 부분별 결어를 「此~也」로 했다. 따라서 중국사회과학원의 ≪손자병법대전≫은 이 문구를 빼고 은작산죽간본을 기초로 원문을 「故夜戰多金鼓 晝戰多旌旗 夫金鼓旌旗者 所以一民耳目也 民旣專一 則勇者不得獨進 怯不得獨退 此用衆之法也」로 했고, 필자도 이에 따랐다. 다만 야간전투 신호수단은 「鼓金」 또는 「金鼓」보다 「火鼓」로 하는 것이 적절하다. 앞에서는 청각신호만 말했으므로 「金鼓」라 했지만 이곳에서는 야간전투의 시각신호

청각신호를 모두 말하므로 「炬火與金鼓」, 즉 「횃불과 금고」로 해야겠지만 뒤의 「旌旗」와 음률을 맞추어 「火鼓」로 표현할 수 있다.

2) 금고(金鼓)와 정기(旌旗)에 관한 세 번째 네 번째 문구의 의미에 대해 장예(張預)는 "용병 때는 많은 병력이 동원되면 차지하는 면적이 넓어 앞뒤가 멀리 떨어지므로 서로 보이지 않고 소리도 들리지 않으므로 금고(金鼓)를 이용해 모두 들을 수 있게 하고 정기(旌旗)를 이용해 모두 볼 수 있게 한다. 이렇게 해서 보고 듣는 것이 같아지면 백만 병력이 있어도 진퇴가 1인의 진퇴와 같아진다. 이 때문에 「많은 병력이 싸울 때 적은 병력이 싸우듯 싸울 수 있는 것은 시각(視覺)이나 청각(聽覺)을 이용한 명령전달 수단이 있기 때문이다.」라고 한다 [夫用兵既衆 占地必廣 首尾相遼 耳目不接 故設金鼓之聲 使之相聞 立旌旗之形 使之相見 視聽均齊 則雖百萬之衆 進退如一矣 故曰鬪衆如鬪寡 形名是也]."라고 했다. 「所以一民之耳目也」에서 「所以」는 「可以」와 통용되는 말로 "~할 수 있다."는 뜻이고, 「一」은 "하나로 통일시킨다."는 동사로 쓰였다. 한편 정기(旌旗)와 금고(金鼓)의 사용법에 대해 두목(杜牧)은 "「정(旌)」은 명령을 하달할 때 쓰고 「기(旗)」는 이에 응대할 때 쓴다 [旌以出令 旗以應號]."고 했고, 매요신(梅堯臣)은 "「금(金)」(즉, 징)은 정지 신호로 쓰고 「고(鼓)」(즉, 북)는 전진 신호로 쓰며, 「정(旌)」을 오른쪽으로 흔들면 「오른쪽」이라는 명령이고 왼쪽으로 흔들면 「왼쪽」이라는 신호이다 [鼓之則進 金之則止 麾右則右 麾左則左]."라고 했다.

3) 「민기전일(民既專一)」 이하에 대해 장예(張預)는 "사졸들이 한마음으로 움직이게 하는 것은 금고와 정기를 이용한 호령이다. 진격 호령에는 진격해야 하고 후퇴 호령에는 후퇴해야 한다. 이를 어기면 반드시 죽인다. 따라서 진격호령이 없는데 진격한 경우나 후퇴호령이 없는데 후퇴한 경우 모두 항명죄로 처벌한다고 한다 [士卒專心一意 惟在

於金鼓旌旗之號令 當進則進 當退則退 一有違者 必戮 故曰令不進而進 與令不退而退 厥罪惟均].”고 했다. 이에 부합하는 유명한 전례(戰例)가 ≪울료자(尉繚子)≫, 무의(武議) 편에 있다. 오기(吳起)가 진군(秦軍)과 싸우려고 포진 중 한 용맹한 장사(壯士)가 진격 명령을 내리기도 전에 앞으로 나가 적의 수급(首級) 둘을 베어 가지고 돌아왔지만 오기는 오히려 이 장사의 목을 베도록 했다. 이때 좌우에서 그 장사는 유능한 자이니 참수하면 안 된다고 하자 오기는 "그것은 나도 알고 있다. 그러나 명이 내리기 전에 출전했으니 참수해야 한다."면서 형(刑)을 집행했다.

또한 적의 기세(氣勢)를 꺾어야 하고, 적장(敵將)의 심기(心氣)를 꺾어야 한다. 군대의 기세(氣勢)는 작전 초에는 예리하지만 시간이 지나면 둔해지고 나중에는 수그러든다. 따라서 용병에 능한 장수는 적의 예기를 피하고 적의 기세가 둔해지거나 수그러들 때 공격한다. 이것이 기세를 다스리는 치기(治氣)이다.

故三軍可奪氣 將軍可奪心 是故朝氣銳 晝氣惰 暮氣歸 故善用兵者 避其銳氣 擊其惰歸 此治氣者也
고삼군가탈기 장군가탈심 시고조기예 주기타 모기귀 고선용병자 피기예기 격기타귀 차치기자야

1) 「조기(朝氣)」, 「주기(晝氣)」, 「모기(暮氣)」에 관해 맹씨(孟氏)는 "조기(朝氣)는 처음 싸울 때의 기세를 말하고, 주기(晝氣)는 다시 싸울 때의 기세를 말하고, 모기(暮氣)는 수그러든 기세를 말한다 [朝氣 初氣也 晝氣 再作之氣也 暮氣 衰竭之氣也]."고 했고, 매요신(梅堯臣)은 "조(朝)는 처음을 말하고, 주(晝)는 중간을 말하고, 모(暮)는 끝을 말한다

[朝言其始也 晝言其中也 暮言其終也].”고 했다.

2) 이 구절의 의미에 대해 장예(張預)는 “사졸들을 격동시켜 상하 모두 적개심이 끓어올라 있을 때는 그 예봉을 누구도 감당할 수 없다. 따라서 적이 막 전장에 나타났을 때는 그 기세가 예리하므로 맞붙어 싸워서 이기려고 하지 말고 그 기세가 둔해지고 수그러들 때를 기다려 공격해야 한다. 이때 적의 기세를 쉽게 꺾을 수 있다 [若激其士卒 令上下同怒 則其鋒不可當 故敵人新來而氣銳 則且以不戰挫之 伺其衰倦而後擊 故彼之銳氣可以脫也].”고 했다.

3) 조조(曹操), 이전(李筌), 두목(杜牧), 장예(張預)는 이 구절에 부합하는 유명한 전례(戰例)로 모두 ≪좌씨춘추(左氏春秋)≫ 중 조귀(曹劌)의 고사(故事)를 들었다. 제(齊)의 포숙아(鮑叔牙)가 노(魯)를 공격하자 노(魯) 장공(莊公)이 책사 조귀(曹劌)와 함께 장작(長勺)으로 나가 제군(齊軍)과 싸울 당시, 제군이 진격을 명하는 북을 첫 번째 두드릴 때와 두 번째 두드릴 때는 조귀는 노군의 응전을 저지하다 제군이 세 번째 진격을 명하는 북을 두드릴 때 비로소 “이제 공격해도 됩니다.”라고 했고, 이에 장공(莊公)이 처음 진격을 명하는 북을 두드리자 병사들이 용감하게 싸워서 제군을 격파했다. 장공이 이날 이길 수 있었던 이유를 조귀에게 묻자 조귀는 “전투는 용맹한 기세에 좌우됩니다. 진격을 위해 처음에 북을 두드릴 때는 기세가 왕성하지만, 두 번째 북을 두드릴 때는 그만 못하고, 세 번째 북을 두드릴 때면 기세가 수그러듭니다. 적은 기세가 수그러들고 우리는 기세가 왕성했기 때문에 이길 수 있었습니다 [夫戰勇氣也 一鼓作气 再而衰 三而竭 彼竭我盈 故克之].”라고 했다.

질서를 유지하고 조용히 있으면서 적이 질서를 잃고 소란해지기를 기다려야 한다. 이것이 심기(心氣)를 다스리는 치심(治心)이다.

以治待亂 以靜待嘩 此治心者也
이치대란 이정대화 차치심자야

1) 진호(陳皞)와 왕석(王晳)은 「난(亂)」과 「화(嘩)」의 의미에 대해 "정령이 난잡하고 상벌이 명확치 않은 것이 무질서한 것이고, 정기가 제멋대로 뒤섞이고 대열이 흐트러진 것을 소란하다고 한다 [政令不一 賞罰不明 謂之亂 旌旗錯雜 行伍輕囂 謂之譁]."고 했다.

2) 심기(心氣)를 다스리는 방법에 대해 이전(李筌)은 "적의 분노를 촉발시켜 이성을 잃게 하고, 교란시켜 혼란에 빠지게 하고, 이간시켜 내부를 불화하게 만들고 낮은 자세를 취해 교만하게 만들면 그 심기(心氣)를 꺾을 수 있다 [怒之令憤 撓之令亂 間之令疎 卑之令驕 則彼之心可脫也]."고 했다. 앞의 시계(始計) 편 중 「怒而撓之 卑而驕之 佚而勞之 親而離之」라는 구절을 다른 각도에서 인용한 말이다. 시계(始計) 편에서는 「노(怒)」와 「비(卑)」는 적의 상태를 말하고 「요(撓)」와 「교(驕)」는 나의 행위를 말했지만 이곳에서 이전(李筌)은 「노(怒)」, 「비(卑)」, 「요(撓)」를 모두 나의 행위로 말하고 「교(驕)」를 적의 상태로 말했다. 장예(張預)는 "심기는 장수가 주관하는 것이며 질서와 무질서, 용기와 두려움은 모두 심기에 좌우된다. 따라서 용병에 능한 장수는 적장을 교란시켜 혼란에 빠뜨리고, 흔들어서 의심하게 만들고, 추격해 겁을 내게 만들어 적장의 심기와 계획을 좌절시킬 수 있다 [心者 將之所主也 夫治亂勇怯 皆主於心 故善制赤者 撓之而使亂 激之而使惑 迫之而使懼 故彼之心謀可以脫也]."고 했다.

가까이 있으면서 멀리서 오는 적을 기다리고, 편히 있으면서 적이 오느라고 지치기를 기다리고, 배불리 먹고 있으면서 적이 굶주릴 때를 기다려야 한다. 이것이 힘을 다스리는 치력(治力)이다.

以近待遠 以佚待勞 以飽待飢 此治力者也
이근대원 이일대로 이포대기 차치력자야

1) 이전(李筌)은 이 구절이 "공격자와 방어자의 세(勢) 차이 [客主之勢]."를 말한다 했고, 두목(杜牧)은 이 구절이 앞의 허실(虛實) 편에서 말한 「적을 자신의 의도대로 끌고 가고 적의 의도대로 끌려가지 않는다 [致人而不致于人]」는 구절과 같은 의미라고 했다.

적의 기치(旗幟)가 질서정연하거나 진용(陣容)이 당당할 때는 그들을 요격하면 안 된다. 이것이 상황에 따라 움직이는 치변(治變)이다.

無邀正正之旗 無擊堂堂之陣 此治變者也
무요정정지기 무격당당지진 차치변자야

1) 조조(曹操)는 "정정은 질서정연함을 말하고 당당은 큰 것을 말한다 [正正 整齊也 堂堂 大也]."고 했고, 이전(李筌)은 "정정은 질서정연함을 말하고 당당은 질서 있게 나뉘어 있음을 말한다 [正正 整齊也 堂堂 部分也]."고 했고, 장예(張預)는 "정정은 정기의 모습과 금고 소리가 질서정연함을 말하고 당당은 행진(行陳)이 광대함을 말한다 [正正 謂形名齊整也 堂堂 謂行陳廣大也]."고 했다. 두목(杜牧)은 "당당은 두려움 없는 모습이다. 작전은 적에 따라 변하며 적이 당당하면 공격하지 말아야 상황변화에 응할 수 있다 [堂堂者 無懼也 兵者 隨敵而變 敵

有如此 則物擊之 是能治變也].”고 했다. 매요신은 “적이 질서정연하게 오고 당당하게 포진(布陳)해 있고 전혀 두려움이 없는 것은 반드시 기변(奇變)이 준비되어 있기 때문이다 [正正而來 堂堂而陳 示無懼也 必有奇變].”라고 했다. 하연석은 이 구절을 앞의 「시계(始計)」 편에서 말한 「적이 강하면 피하라(强而避之)」는 것과 같은 말이라고 했다.

또한 작전 때 높은 지형 위의 적을 공격하면 안 되고, 높은 지형에서 내려오며 공격하는 적을 요격하면 안 되고, 위장 패주하는 적을 추격하면 안 되고, 기세가 예리한 적을 공격하면 안 되고, 적이 미끼로 던진 병력을 공격하면 안 되고, 철군하는 적을 차단하면 안 되고, 적을 포위할 때는 틈을 열어 놓고 유인해야 하고, 궁지에 몰린 적을 몰아붙이면 안 된다. 이것이 작전의 원칙이다.

故用兵 高陵勿向 背丘勿逆 佯北勿從 銳卒勿攻 餌兵勿食 歸師勿遏 圍師必闕 窮寇勿迫 此用兵之法也
고용병 고릉물향 배구물역 양배물종 예졸물공 이병물식 귀사물알 위사필궐 궁구물박 차용병지법야

1) 본 구절의 첫 문구가 모든 본에 「故用兵之法」으로 되어 있지만 뒤에 다시 「此用兵之法」이라 했으므로 첫 문구를 「故用兵」으로 바꾸었다.

2) 이 구절에 대해 주석가들은 각 문구별로 풍부한 전례(戰例)를 소개하고 있다. 다만 조본학(趙本學)은 이 구절이 상황에 따라 변화하며 대응해야 한다는 원칙인 변법(變法)에 관한 것으로 변법은 뒤의 「구변(九變)」 편에서 다루고 있고, 본 「군쟁(軍爭)」 편은 항상 유지해야만 할 원칙인 상법(常法)을 다루고 있다면서 이 구절이 이곳에 남아 있는

것은 착간(錯簡) <죽간(竹簡)의 묶인 순서의 착오>이라면서 이 구절을 「군쟁」 편에서 뒤의 「구변(九變)」 편으로 옮겼다. 그러나 은작산죽간본에도 이 구절이 「군쟁」 편 끝에 포함되어 있고 또 그 끝에 「군쟁」 편의 글자 수를 말하는 「四百六十五」라는 5개 글자가 있고 이는 이 구절이 포함되었을 때의 글자 수이므로 중국사회과학원의 ≪손자병법대전≫에서는 이를 그대로 「군쟁」 편의 일부로 했다. 생각건대 이 구절은 뒤의 「구변」 편에도 잘 어울리지는 않는 내용이며 기동(機動) 이후 적과 접전(接戰) 때의 유의사항을 마지막에 말한 것으로 「군쟁」 편 일부로 보는 것이 무방하다.

3) 은작산죽간본에는 「이병물식(餌兵勿食)」과 「궁구물박(窮寇勿迫)」 두 문구가 없다.

4) 「고릉물향 배구물역(高陵勿向 背丘勿逆)」에 대해 이런 경우 장예(張預)는 "우리 인마(人馬)의 이동이나 활의 사용이 모두 불편하다 [人馬之馳逐 弧矢之施發 皆不便也]."고 했고, 두목(杜牧)은 "아래에서 위로 올라가려면 힘이 떨어지고 위에서 아래로 내려가는 것이 세(勢)가 순조롭다 [自下趨高者 力乏 自高趨下者 勢順也]."고 했다. 왕석(王晳)은 "이렇게 우리가 불편할 때는 진(陳)을 엄격히 단속하면서 상황변화를 기다려야 한다 [如此不便 則當嚴陳而待變也]."라고 했다.

5) 「양배물종(佯北勿從)」에 대해 모든 주석가들은 복병(伏兵)이나 속임수가 있을 것이기 때문이라고 했다. 특히 장예(張預)는 "적이 도주할 때는 반드시 진위(眞僞)를 살펴보아야 한다. 기고(旗鼓)가 정연하고 호령이 통일되어 있으면서도 떠들썩하고 어지러워 보이는 것은 비록 도주하더라도 패한 것이 아니고 반드시 기병(奇兵)이 있는 것이니 추격하면 안 된다. 기치(旗幟)가 어지럽게 휘날리고 수레바퀴 자국이 어지럽고 인마(人馬)가 놀란 모습이면 이는 진짜 패퇴하는 것이다 [敵

人奔北 必審眞僞 若旗鼓齊應 號令如一 紛紛紜紜 雖退走 非敗也 必有奇也 不可從之 若旗麾轍亂 人囂馬駭 此眞敗却也].”라고 했다.

6) 「예졸물공(銳卒勿攻)」에 대해 이전(李筌)은 “적의 강한 기세를 피하는 것이다 [避强氣也].”라고 했고, 두목(杜牧) 역시 같은 취지로 해석했지만, 진호(陳皞)는 “이는 적의 장점을 피하라는 말이지 말 그대로 기세가 예리한 적을 공격하면 안 된다는 말이 아니다 [此說是避敵所長 非銳卒勿攻之旨也].”라고 했고, 매요신(梅堯臣)은 “적의 기세가 꺾일 때를 노리라 [伺其氣挫].”고 했고, 장예(張預)는 “예기 넘치는 적이 공격해 오면 예봉을 감당하기 어려우니 잠시 피하면서 그 예기가 꺾이고 지칠 때를 노리라 [敵若乘銳而來 其鋒不可當 宜少避之 以伺疲挫].”고 했다. 하연석(何延錫)은 이 구절과 관련된 전례(戰例)로 효정(猇亭)에서 유비(劉備)를 격파한 동오(東吳) 육손(陸孫)의 작전, 동오(東吳) 재갈각(諸葛恪)의 신성(新城) 포위를 격퇴한 위장(魏將) 사마경왕(司馬景王)과 관구검(毌丘儉)의 작전 등을 소개했다.

7) 「이병물식(餌兵勿食)」에 대해 대부분 주석가들은 적이 나를 유인하기 위해 보낸 병력을 추격하지 말라는 취지로 보았다. 다만 이전(李筌)과 두목(杜牧)은 적이 던진 음식이나 음료수를 먹지 말라는 취지로 보았는데 이해가 되지 않는 해석이다. 한편 진호(陳皞)는 미끼병력을 보낸 전례(戰例)로 조조(曹操)가 원소(袁紹)를 격파한 관도전(官渡戰)의 서전(緖戰)인 남판전(南阪戰)을 소개하고 있다. 원소가 안량(顔良)을 보내 황하 남안의 백마(白馬)를 포위하자 조조는 관우(關羽)를 보내 안량(顔良)을 죽이고 백마의 포위를 푼 다음 백마의 병력과 주민을 이끌고 황하 남안을 따라 서남쪽 남판(南阪)으로 철수했다. 이때 황하 북안에서 이 모습을 본 원소는 문추(文醜)와 유비(劉備)에게 속히 황하를 건너 남쪽 남판의 조조를 공격케 했다. 문추와 유비가 황하를 건너 남

판으로 진격해 오자 조조는 적정을 관측하게 하다가 관측병이 처음에는 "적이 5~6백 기(騎)쯤 됩니다."라고 보고하고 얼마 후 다시 "기병은 그보다 조금 많고 보병은 부지기수입니다."라고 보고했지만 조조는 "더 이상 보고하지 말라."면서 자신의 기병들에게 말안장을 내리고 말을 풀어놓게 했다. 이때 백마에서 남쪽으로 철수하는 조조의 치중(輜重) 대열이 길 위에 있어 조조의 장수들은 적에게 기병이 많음을 알고 치중 대열을 다시 보루로 돌려보내야겠다고 했지만 순유(荀攸)는 "그 치중 행렬은 적에게 미끼로 던진 것인데 어찌 미끼를 거두어들일 수 있겠소 [此所以餌敵也 安可去之]?"라고 했고, 조조는 순유를 보고 웃었다. 조조는 치중 행렬로 적을 유인했던 것이고 순유는 조조의 작전을 알고 있었던 것이다. 문추와 유비가 5~6천 기(騎)로 조조의 치중 대열을 향해 맹렬히 진격하고 있어도 조조는 출전을 명하지 않다 문추의 기병이 더 많아지자 비로소 출전을 명했다. 이때 추격에 나선 조조의 기병은 6백이 채 안 되고 나머지는 모두 보병이었지만 조조는 이 병력을 풀어 무질서하게 치중을 쫓고 있는 문추의 5~6천 기(騎)를 대파하고 문추를 참살했다.

8) 「귀사물알(歸師勿遏)」에 대해 대부분 주석가들은 귀환하려는 적을 차단하면 적은 필사적으로 싸울 것이니 이를 차단하지 말라는 의미로 보았다. 이 구절과 관련된 전례(戰例)로 두목(杜牧), 하연석(何延錫), 장예(張預)는 모두 조조(曹操)가 양성(穰城)의 장수(張繡)를 포위했다가 철수 중 이를 차단한 장수(張繡)와 유표(劉表)를 격파한 일을 들고 있다. 당시 조조는 원소(袁紹)가 허도(許都)를 습격하려 한다는 소식에 양성 포위를 풀고 철수 중 장수(張繡)를 구원 나온 유표(劉表)가 안중(安衆)에서 퇴로를 차단하고 장수(張繡)는 뒤에서 추격해 오자 야음을 틈타 험지에 땅굴을 파고 치중과 병력을 이동시킨 후 뒤에 복병

을 숨겨놓았다. 이튿날 적은 조조가 도주한 것으로 알고 전 병력을 이끌고 추격했지만 조조는 뒤돌아서고 뒤에 숨었던 복병도 일어나 추격군을 앞뒤에서 협공해서 대파했다. 이때 조조는 순욱(荀彧)에게 "적이 돌아가려는 나를 차단해서 사지(死地)에 몰아넣었고, 이 때문에 나는 이길 것을 알 수 있었다 [虜遏吾歸師 而與吾死地 吾是以知勝矣]."라고 했다.

9) 「위사필궐(圍師必闕)」의 「필궐(必闕)」이 은작산죽간본에는 「유궐(遺闕)」로 되어 있고, 「물주(勿周)」로 되어 있는 본도 있지만 모두 같은 의미이다. 이 구절의 의미에 대해 조조(曹操)는 "3면만 포위하고 1면을 열어 놓는 것은 적에게 생로(生路)가 있는 것 같이 보이려는 것이다 [圍其三面 闕其一面 所以示生路也]."는 ≪사마법(司馬法)≫의 구절을 인용하고 있고, 여타 주석가들은 모두 적을 빈틈없이 포위하면 적이 필사적으로 싸울 것이므로 격파하기 어려우니 생로(生路)가 있는 것 같이 보임으로써 적의 필사항전 의지를 누그러뜨린 후 공격하라는 말로 보았다. 이 구절과 관련된 전례(戰例)로 이전(李筌), 하연석(何延錫), 장예(張預)는 모두 조조(曹操)의 호관(壺關) 포위를 들었다. 당시 조조는 원소(袁紹)의 외조카인 병주(幷州) 자사 고간(高幹)이 지키는 호관을 포위했을 때 "성을 격파하고 적을 모두 생매장하라."고 명한 후 오래 공격했지만 성은 함락되지 않았다. 이때 조인(曹仁)은 "성(城)을 포위할 때는 활로(活路)가 있는 것 같이 보여서 생로(生路)를 열어주어야 합니다. 지금 공(公)께서 적을 모두 죽이겠다고 해서 저들이 성(城)을 필사적으로 지키게 하는 것은 좋은 계책이 아닙니다 [夫圍城必示之活路 所以開其生路也 今公許之必死 令人自守 非計也]."라고 하자 조조는 활로를 열어준 후 비로소 호관을 함락시킬 수 있었다.

10) 「궁구물박(窮寇勿迫)」에 대해 진호(陳皞)는 새도 궁지에 몰리면

대들고 짐승도 궁지에 몰리면 이빨을 드러내는 법이기 때문이라 했다. 이 구절과 관련된 전례(戰例)로 두목(杜牧)과 장예(張預)는 오왕(吳王) 합려(闔閭)의 초군(楚軍) 공격을 들었다. 오군(吳軍)에게 패한 초군(楚軍)이 청발수(淸發水) 동안(東岸)으로 퇴각하려 하자 오군은 이들을 바로 추격해서 공격하려 했다. 이때 합려의 아우 부개(夫槩)는 "궁지에 몰리면 짐승도 대드는데 저들은 사람이니 어찌하겠소? 저들은 죽음을 면할 수 없다고 생각하면 오히려 우리를 이길 수 있을 것이지만 먼저 강을 건넌 자가 죽음을 면하면 뒤에 남은 자들은 그들을 뒤따르려 하고 투지를 잃을 것이오. 저들이 반쯤 건넌 후 공격해야 하오 [困獸猶鬪 况人乎 若知不免而致死 必敗我 若使先濟者知免 後者慕之 蔑有鬪心矣 半濟而後可擊也]."라고 했다. 이에 오군은 초군이 강을 반쯤 건너기를 기다렸다가 공격해서 많은 초군을 익사시키거나 포획했다.

제8편

구변(九變)

九 變

- 본 편은 각 지역별 작전 요령, 작전 시 금기(禁忌) 5가지, 구변(九變)의 이로움과 방법에 이어 장수의 오위(五危)를 다루고 있다.
- 다음 「十一. 구지(九地)」 편에서는 먼저 「산지, 경지, 쟁지, 교지, 구지, 중지, 비지, 위지, 사지」를 구지(九地)라 했고 이어 「위객지도(爲客之道)」 항에서 이 9개 지역 중 「구지, 중지, 경지, 위지, 사지」와 이 9개 지역에 없는 「절지(絶地)」를 포함시킨 6개 지역을 다루는데, 본 편에서는 앞부분에서 「비지, 구지, 절지, 위지, 사지」의 5개 지역을 다루었고, 이 때문에 ≪태평어람≫은 본 편 제목을 「오변(五變)」으로 했다. 이같이 본 편에서는 제목과 내용에 괴리가 있어 본 편 내용 중 일부가 유실되었을 것으로 보는 견해도 있고, 앞서 군쟁 편 마지막 부분에서 소개한 바와 같이 조본학은 군쟁 편 마지막의 「高陵勿向~窮寇勿迫」 8개 항을 본 편 앞으로 옮기고, 본 편 첫 구절의 5개 지역 중 「絶地無留」와 함께 구변(九變)으로 보고, 여타 4개 지역은 뒤의 구지(九地) 편 내용과 중복되고 서두의 「凡用兵之法 將受命於君 合軍聚衆」 부분은 앞의 군쟁 편 서두와 중복되므로 삭제했다. 그러나 조본학이 말한 9개 항을 「변(變)」으로 볼 수 없다. ≪은작산한묘죽간≫(서기 2010년 1월, 문물출판사)의 석문(释文)에서는 본 편 중 두 번째 구절의 「途有所不由~地有所不爭」 부분을 「사변(四變)」이라 했는데 이 부분은 흔히 하는 일을 피하는 경우로 「변(變)」으로 볼 수도 있지만 조본학이 말한 9개 항은 이들과도 성격이 다르다.
- 장예(張預)는 「구변(九變)」에 대해 "적을 대할 때 구지(九地)의 지역별 임기응변을 반드시 알아야 한다 [凡與人爭利 必知九地之變]." 했다. 「구지지변(九地之變)」, 즉 「구지의 지역별 임기응변」을 「구변」으로 본 것이다. 한편 조조(曹操)는 「구변」에 대해 "변기정 득기소

용구야 [變其正 得其所用九也].”라고 했다. 「變其正」은 「정(正)의 변화」, 즉 「임기응변」을 말한 것으로 보이지만, 「用九」는 「구지의 활용」을 말한 것 같기도 하고 ≪주역(周易)≫의 건괘(乾卦)에 대한 계사(繫辭) 중 「用九 見群龍無首 吉」을 말하는 것 같기도 하다. 그러나 왕석(王晳)은 “조조가 말한 「九」가 무엇을 말하는지 모르겠다 [不知曹公謂何爲九].”면서 “「九」는 무한을 말하는 숫자다. 용병법은 끝없이 변해야 한다 [九者數之極 用兵之法 當極其變耳].”고 했다. 왕석의 견해는 「九」가 실제 숫자도 아니고 「구지」를 지칭하는 것도 아니라는 말로 이러한 견해가 가장 타당할 것으로 보인다.

- 이전과 가림은 본문 중 「故將通於九變之利者 知用兵矣 將不通于九變之利者 雖知地形 不能得地之利矣」 부분에 대한 주(注)에서 「앞서 말한 구사 [上九事]」를 말한다고 했다. 「구변」이 본 편의 「圮地無舍~君命有所不受」의 10개 항 중 마지막 「君命有所不受」를 제외하고 「地有所不爭」까지 9개 항을 말한 것으로 본 것이다.
- 본 편 제목을 청(淸)의 등연라(鄧延羅)는 ≪병경비고(兵镜备考)≫의 부록 손자집주(孫子集注)에서 왕석(王晳)과 같은 맥락에서 「군변(軍變)」으로 고쳤고, 자일스(Giles)는 「전술의 변화(Variations in Tactics)」로 번역했다.

I. 각 지역별 작전 요령

용병의 원칙에 의하면 장수가 군주로부터 군권을 위임받아 병력을 집결시켜 출전한 이후에 비지(圮地) <저지대>에서는 멈추지 말아야 하고, 구지(衢地) <사통(四通) 지역>에서는 인접국과 연합해야 하고, 절지(絶地) <막 진입한 적의 영토>에서는 오래 머물지 말아야 하고, 위지(圍地) <들어가는 길은 좁고 돌아갈 길은 먼 곳으로 소수의 적이 다수인 나의 병력을 공격하거나 포위할 수 있는 지역>에서는 계모(計謀)를 써야 하며, 사지(死地) <빠져나갈 곳이 없는 지역>에서는 싸워야 한다.

凡用兵之法 將受命於君 合軍聚衆 圮地無舍 衢地交合 絶地無留 圍地則謀 死地則戰
범용병지법 장수명어군 합군취중 비지무사 구지교합 절지무류 위지즉모 사지즉전

1) 「비지무사(圮地無舍)」의 「비지」에 대해 조조(曹操)는 "물에 휩쓸린 곳을 말한다. 의지할 곳이 없다 [水毁曰圮 無所依也]."고 했고, 이전(李筌)은 "땅이 낮은 곳을 말한다. 이런 곳은 반드시 물에 잠긴다 [地下曰圮 行必水淹也]."고 했고, 진호(陳皥)는 "낮은 곳을 말한다. 공명(孔明)은 이런 지형을 「옥(獄)」이라 했는데 중간이 낮고 사면이 높은 지역을 말한다 [圮低下也 孔明謂之地獄 獄者 中下 四面高也]."라고 했고, 맹씨(孟氏)는 "너무 낮은 지역에서는 적에게 포위될 수 있다 [太下則爲敵所困]."고 했다. 뒤의 구지(九地) 편에서는 「비지(圮地)」를 「산림, 험조, 저택 등 통과가 어려운 곳 [山林險阻沮澤 凡難行之道者]」이라고 했다. 「사(舍)」는 「지(止)」와 통하는 글자로 "멈추어 쉰다."는 뜻으로, 뒤의 구지(九地) 편에서도 "비지(圮地)에서는 멈추지 말고 계속 가야 한다 [圮地則行]."고 했다.

2) 「구지교합(衢地交合)」의 「구지(衢地)」에 대해 모든 주석가들이 「사통지지 [四通之地]」라 했고, 뒤의 구지(九地) 편에서는 「적 이외에 다른 인접국이 있어 먼저 도착하면 다른 제후국의 병력지원을 얻을 수 있는 지역」이라 했다. 「교합(交合)」에 대해 모든 주석가들이 "그 인접국과 동맹을 체결해 지원을 얻는다."는 뜻으로 보았다.

3) 「절지무류(絶地無留)」의 「절지」에 대해 이전(李筌)은 「음료수, 목축, 땔감 등이 없는 지역 [無泉井畜牧采樵之處]」이라 했고, 가림은 「계곡이 깊고 험하며 앞에 출구가 없는 지역 [谿谷坎險 前無通路]」이라 했다. 그러나 뒤의 구지(九地) 편에서는 「제후가 자신의 영토에서 싸우는

곳 [諸侯自戰其地]」을 「산지(散地)」라 하고, 「적 영토로 들어가 깊이 들어가지 않은 곳 [入人之地 不深者]」을 「경지(輕地)」라고 하고, 「국경을 넘어 적 영토로 들어가 작전하는 곳 [去國越境而師者]」을 「절지」라 했는데, 이 「절지」는 구지(九地), 즉 「산지, 경지, 쟁지, 교지, 구지, 중지, 비지, 위지, 사지」와 별도의 지역으로 구지(九地) 중의 「구지, 경지, 중지, 위지」 4개 지역과 함께 「위객지도(爲客之道)」, 즉 「적지(敵地)를 공격하는 경우」의 그 작전지역의 하나를 말한 것으로, 이 「절지」에 대한 주(注)에서 매요신은 "아직 경지에는 이르지 못하고 산지는 이미 떠난 곳으로 경지와 산지 사이의 지역을 말한다 [進不及輕 退不及散 在二地之間也]."고 했지만, 왕석은 "이는 인접국을 더 지난 지역으로 「멀리 떨어져 고립된 곳을 말한다 [此越隣國之境也 是謂孤絶之地也]."고 했고, 장예는 "이는 구지(九地) 외의 것을 말한 것으로 전국시대에 간혹 있었다 [此在九地之外而言者 戰國時間有之也]."라면서 진(秦)이 동쪽 주(周) <낙읍(洛邑)>를 지나 더 동쪽 정(鄭)을 습격했던 일을 예로 들었다. 그러나 구지(九地) 편에서는 "경지에서는 멈추지 않는다 [輕地則無止]."고 했고, 이곳에서도 "절지에서는 머물지 않는다 [絶地無留]."고 한 것을 보면 「절지」는 「경지」와 가까운 곳을 말하며 따라서 매요신의 견해가 옳을 것으로 보인다. 한편 「구지(九地)」 편은 앞에서 「산지, 경지, 쟁지, 교지, 구지, 중지, 비지, 위지, 사지」를 「구지(九地)」라고 했지만 뒤의 「위객지도」, 즉 「적지를 공격하는 경우」 부분에서는 자국 영역인 「산지」를 빼고 그 대신 절지(絶地)를 넣어 「절지, 구지, 중지, 경지, 위지, 사지」의 6개 지역에 대해서만 다시 설명하고, 이어서 다시 구지(九地)의 지역별 임기응변을 말할 때는 다시 「절지」를 빼고 「산지」를 넣어 본 절 앞부분과 같이 「산지, 경지, 쟁지, 교지, 구지, 중지, 비지, 위지, 사지」의 「구지(九地)」를 설명했다.

4) 「위지즉모(圍地則謀)」의 「위지」에 대해 가림(賈林)은 「4면이 험지로 적(敵)은 왕래가 가능하지만 나는 출입이 어려운 곳 [四險之中曰圍地 敵可往來 我難出入]」이라고 했고, 매요신(梅堯臣)은 「왕래가 험하고 먼 곳 [往返險迂]」이라고 했고, 장예(張預)는 「앞은 좁고 뒤는 막힌 곳 [前隘後固之地]」이라고 했다. 뒤의 구지(九地) 편에는 이곳과 같은 「위지즉모」라는 구절도 있고, 「위지」를 「들어가는 길은 좁고 돌아갈 길은 먼 곳으로 소수의 적이 다수인 나의 병력을 공격할 수 있는 곳 [所從由入者隘 所從歸者迂 彼寡可以擊我之衆者]」이라고 정의한 구절도 있고, 그 외에 또 "위지에서는 나는 빠져나갈 틈을 차단해 병사들의 도주를 막을 것이다 [圍地 吾將塞其闕]."라는 구절도 있다. 조조(曹操)는 뒤의 구지 편 중 「위지즉모」라는 구절에 대한 주(注)에서 「위지」를 「뒤는 막히고 앞은 좁은 곳 [背固前隘者]」이라 했다. 한편 「즉모(則謀)」에 대해 조조는 이곳 구변(九變) 편에서는 「발기계야(發奇計也)」라고 하고, 뒤의 구지(九地) 편에서는 「발기모야(發奇謀也)」라고 했다. 모두 "특별한 계모를 쓴다."는 말이다. 여타 주석가들의 견해도 대동소이하다.

5) 「사지즉전(死地則戰)」의 「사지」에 대해 이전(李筌)은 「죽을 수밖에 없는 곳 [必死之地]」이라고 했고, 매요신은 「앞뒤가 모두 막힌 곳 [戰後有礙]」이라 했고, 장예는 「빠져나갈 수 없는 곳 [走無所往]」이라 했다. 뒤의 구지(九地) 편에는 「사지즉전(死地則戰)」이라는 같은 구절도 있고, 「사지」를 정의하면서 "빠져나갈 곳이 없는 곳을 사지라 한다 [無所往者 死地也]."는 구절도 있고, "속히 싸우면 살아날 수 있고 속히 싸우지 않으면 패망하는 곳을 사지라 한다 [疾戰則存 不疾戰則亡者爲死地]."는 구절도 있다. 한편 「즉전(則戰)」에 대해 조조는 "결사적으로 싸운다 [殊死戰也]."고 했고, 이전(李筌)은 "병사들이 스스로 싸운다 [人自爲私鬪]."고 했고, 하연석(何延錫)은 "속히 결사적으로 싸우면

살지만, 꾸물대고 안 싸우면 기세는 꺾이고 식량은 떨어지는데 어찌 죽지 않겠는가?"라고 했고, 장예는 "결사적으로 싸워야 한다 [當殊死戰]."고 했다. 그 외에 또 뒤의 구지(九地) 편에는 "사지에서는 나는 빠져나갈 곳이 없음을 병사들에게 알려줄 것이다 [死地 吾將示之以不活]."라는 구절도 있고, "병력을 망지(亡地)로 몰아넣으면 생존할 수 있고, 사지(死地)로 몰아넣으면 살아날 수 있다 [投之亡地 然后存 陷之死地 然后生]."는 구절도 있다.

II. 작전 시 금기(禁忌) 5가지

길 중에는 지나가지 말아야 할 길도 있고, 적(敵) 중에는 공격하지 말아야 할 적도 있고, 성(城) 중에는 공격하지 말아야 할 성도 있고, 지역 중에는 점령하지 말아야 할 지역도 있고, 군명(君命) 중에는 따르지 못할 군명도 있다.

途有所不由 軍有所不擊 城有所不攻 地有所不爭 君命有所不受
도유소불유 군유소불격 성유소불공 지유소불쟁 군명유소불수

1) 조본학은 앞서 설명한 대로 군쟁 편 마지막 부분의 「고릉물향(高陵勿向)」 이하 8가지 항을 본 편 가장 앞으로 옮기고 이를 본 편 첫 부분의 「비지무사(圮地無舍)」 이하 5개 항 중 「절지무류(絕地無留)」와 함께 구변(九變)으로 보면서, 이곳의 「도유소부유(途有所不由)」 이하 5개 항을 「구변의 외사(外事)」라고 했다. 그러나 앞서 말했듯이 「변(變)」은 흔히 할 수 있는 일을 피하는 경우를 말하며 조본학이 말한 9개 항은 이와 성격이 달라 「변(變)」으로 볼 수 없다. 중국사회과학원의 ≪손자병법대전≫은 ≪은작산한묘죽간≫의 석문(釋文)에서 이 구

절 중 「군명유소불수(君命有所不受)」 외의 4개 항을 「사변(四變)」이라 한 것을 인용하며 이 4개 항과 본 편 첫 부분 「비지무사(圮地無舍)」 이하 5개 항과 합해서 구변이 될 수 있다 했다.

2) 「도유소불유(途有所不由)」에 대해 이전(李筌)은 "좁고 험한 길에는 매복을 만날 수 있으므로 가면 안 된다 [道有險狹 懼其邀伏 不可由也]."고만 했고, 가림(賈林)도 "불리한 길은 비록 가까워도 가면 안 된다 [道且不利 雖近不從]."고만 했지만, 조조(曹操)는 "좁고 험난한 곳은 지나가지 말아야 하지만 부득이한 때는 지나게 되고 따라서 임기응변을 하게 된다 [險難之地 所不當從 不得已從之 故爲變]."고 했고, 두우(杜佑)도 역시 같은 견해이다. 장예(張預)는 더 구체적으로 "험난한 지역은 수레가 바로 서서 지날 수 없고 기병(騎兵)이 대오를 갖추고 지날 수 없으므로 지나가서는 안 되지만 부득이 지나갈 때는 임기응변 방법을 써야 한다 [險阨之地 車不得方軌 騎不得成列 故不可由也 不得已而行之 必爲權變]."면서 그러한 예로 한신(韓信)의 정형전(井陘戰)을 들었다. 정형전이 있었던 정형구(井陘口) 일대는 태항(太行) 산맥을 가로지르는 험지로 정형전에 대해서는 앞서 「四. 군형(軍形)」 편 중 「견승부과중인지소지(見勝不過衆人之所知)」 부분에서 설명했다.

3) 「군유소불격(軍有所不擊)」에 대해 조조(曹操)와 두우(杜佑)는 "적(敵)을 공격할 수 있더라도 지세가 험해서 오래 공격하면 앞서 얻은 전과(戰果)가 무용지물이 되고 적을 격파하더라도 얻을 것이 크지 않은 경우를 말한다. 궁지에 몰린 적은 필사적으로 저항할 것이기 때문이다 [軍雖可擊 以地險難 久留之 失前利 若得之 則利薄 困窮之兵 必死戰也]."라고 했다. 두목(杜牧)은 "적의 기세가 예리할 때는 공격하면 안 되고, 철군하려는 적도 공격하면 안 되고, 궁지에 몰린 적도 공격하면 안 된다. 내가 강하고 적이 약해도 먼저 오는 적의 전군(前軍)은 이

를 공격하면 안 된다. 놀란 적이 미리 도주할 것이기 때문이다. 그런 적은 공격하지 말라는 말이다 [蓋以銳卒勿攻 歸師勿遏 窮寇勿迫 死地不可攻 或我强敵弱 敵前軍先至 亦不可擊 恐警之退走也 言有如此之軍皆不可擊].”라고 했다. 가림(賈林)은 “적을 위협해서 항복할 것 같이 보이면 공격하면 안 된다 [軍可威懷 勢將降伏 則不擊].”라고 했다. 왕석(王晳)은 조조(曹操)의 말에 덧붙여 “적이 미끼로 던진 병력, 기세가 예리한 적, 기치 질서정연한 적, 진용이 거대한 적도 공격하면 안 된다 [餌兵 銳卒 正正之旗 堂堂之陳 亦是也].”고 했다. 장예(張預)는 “그대로 두어도 손해 볼 것이 없고 격파해도 소득이 없는 적은 공격하면 안 된다. 나보다 강한 적이나, 나보다 올바른 적도 공격하면 안 된다 [縱之而無所損 克之而無所利 則不可須擊也 又若我弱彼疆 我曲彼直 亦不可擊].”면서, 후자의 예로 진(晉)과 초(楚)가 대치하고 있을 때 진(晉)의 사회(士會)가 “초인(楚人)은 너그러운 형정(刑政)과 정사(政事)와 전례(典禮)가 변함이 없으니 적대하면 안 된다 [楚人 德刑政事典禮不易 不可敵也 不爲是征].”고 한 고사(古事)를 들었다.

4) 「성유소부공(城有所不攻)」에 대해 조조(曹操)는 “작지만 견고하고 양식이 풍족한 성(城)은 공격하면 안 된다 [城小而固 糧饒 不可攻也].”면서 자신이 견고한 화현(華縣)과 비현(費縣)을 공격 않고 병력을 온전히 보전해서 서주(徐州) 깊이 진격해 40개 현(縣)을 함락시킨 일을 예로 들었다. 장예(張預)는 “함락시켜도 지킬 수 없고 그대로 방치해도 걱정될 것 없는 성(城)은 공격하면 안 된다 [拔之而不能守 委之而不爲患 則不須功也].”고 했다.

5) 「지유소부쟁(地有所不爭)」에 대해 조조(曹操)는 “얻을 것이 적고 점령해도 곧 잃을 지역은 이를 점령할 필요가 없다 [小利之地 方爭得而失之 則不爭].”고 했고, 두목(杜牧)은 “차지해도 지키기 어렵고 잃어

도 해가 될 것이 없는 지역을 말한다 [言得之難守 失之無害].”고 했다. 조조(曹操)와 장예(張預)는 그런 지역의 예로 오왕 부차(夫差)가 제(齊) 땅을 점령하려 하자 오자서(伍子胥)는 “제(齊) 땅을 얻어도 자갈밭을 얻는 것에 불과합니다.”라고 말렸지만 부차는 이 말을 듣지 않았다가 결국 월(越)에 의해 멸망한 일을 들고 있다.

6) 「군명유소불수(君命有所不受)」에 대해 조조(曹操)는 “진실로 임무 수행에 필요하면 군주의 명이라도 구애받지 않을 수 있다 [苟便於事 不拘於君命].”는 뜻이라고 했고, 가림(賈林)은 “필승의 기회에 결단을 내리는 일을 군명(君命)에 미룰 수는 없으므로 진실로 사직(社稷)을 위한 일이라면 독단적으로 처리할 수 있다 [決必勝之機 不可推於君命 苟利社稷 專之可也].”는 의미로 보았고, 두목(杜牧)은 “군대는 본래 흉기이고, 전쟁은 본래 덕(德)을 거슬리는 일이고, 장수는 인명을 좌우하는 관리로 위의 하늘이나 아래에 땅이나 앞의 적이나 뒤의 군주나 누구에게도 구속을 받지 않는다 [兵者凶器也 爭者逆德也 將者死官也 無天於上 無地於下 無敵於前 無主於後].”는 ≪울료자≫의 구절과 같은 의미라고 했고, 장예(張預)는 이 구절에 부합하는 예로 오(吳)가 초(楚)를 공격 당시 오왕 합려(闔閭)의 아우 부개(夫槩)가 자신이 선봉에서 초군을 공격하겠다고 건의했지만 합려가 허락 않자 “「의로운 신하는 명(命)을 기다리지 않는다.」는 말은 이런 때를 두고 한 말이다. 내가 죽으면 오군이 초(楚)로 들어갈 수 있다 [所謂臣義行不待命者 其此之謂也 今日我死 楚可入也].”라면서 초군 진영으로 돌진해서 그 진형(陣形)을 교란시켰고 결국 오군이 초군을 격파했던 일을 들고 있다.

한편, ≪통전≫에는 이 구절 앞에 「將在軍」 3글자를 첨부했다. 「장수가 작전 중일 때는」이라는 말이다. 앞서 말했듯이 ≪은작산한묘죽간≫의 석문(釋文)에서는 본 문구 앞의 「도유소부유(途有所不由)～지유소부쟁(地有所不爭)」 부분을 「사변(四變)」이라 하면서 이 4개 항을 본 문구와 별개의 것으로 보았는데 원문을 이렇게 볼 경우 앞에 「將在軍」 3글자를 첨부하는 것이 적절할 것이다. 또 ≪은작산한묘죽간≫의 석문(釋文)에서는 이 구절에 대해 “군주의 명(命)이 이 사변(四變), 즉 앞에 말한 「도유소불유」 등 4가지 정황에 반할 경우에는 이행하지 않을 수 있다 [君令有反此四變 卽上述途有所不由等四類情況者 則不行也].”는 의미로 보았다. 그러나 장예(張預)는 본 편에 언급된 「비지무사(圮地無舍)」부터 「지유소불쟁(地有所不爭)」까지 9개 항을 「구변(九變)」으로 보는 사람도 있고 <이전(李筌), 가림(賈林), 하연석(何延錫) 등을 말한다.> 이들은 “이 9개 항이 모두 조정의 명을 안 따르고 임기응변 하는 경우며 따라서 「군명유소불수」는 이 9개 항을 통틀어 말한 것이다 [謂此九事皆不從中覆 但臨時制宜 故統之以君命有所不受].”라고 했고, 하연석(何延錫)은 “손자가 본 편의 제목을 「구변」이라 한 데 대해 10여 명의 주석가들이 「구변」의 9개 항이 무엇인지 구체적으로 적시하지 못하는 것은 「비지무사(圮地無舍)」 이하 「군명유소불수(君命有所不受)」까지 9개 항이 아니라 10개 항이므로 혼란이 올 수밖에 없기 때문이다. 문의(文意)를 보면 이 10개 항 중 9개 항은 모두 지(地)의 이해(利害)를 말하고 있지만 「군명유소불수」는 지(地)에 관한 말이 아니다. 손자의 생각은 군주의 명을 받고 병력을 집결시킨 장수는 이 같은 지형에 대응하면서 해(害)만 있고 이(利)가 없을 경우에는 임기응변해야 하고 군주가 멈추라거나, 머물라거나, 공격하라거나, 점령하라는 명(命)을 내리더라도 이에 따르면 안 된다는 것이다. …… 그러나 군주의 명(命)이 어찌 지형(地形)에 관한 명(命)만 있겠는가? 이곳에서 다 표현되지 못한 손자의 의도는 「반드시 이길 수 있을 때는 군주가 싸우지 말라고 해도 반드시 싸워야 하고 결코 이길 수 없을 때는 군주가 싸우라고 해도 결코 싸워서는 안 된다.」고 한 뒤의 「지형(地形)」 편의 구절에 모두 표현되어 있다 [孫子以九變篇名 解者十有餘家 皆不條其九變之目者何也 蓋自圮地無舍而下君命有所不受 其數十矣 使人不得不惑 寓熟觀文意 上下止述其地之利害耳 此十事之中 君命有所不受 且非地事 昭然不類矣 蓋孫子之意 言凡受命之將 合聚軍衆 如經此九地 有害而無利 則當變之 雖君命使之舍留攻爭 亦不受也 …… 其君命豈得與地形而同算也 況下之地形篇云 戰道必勝 主曰無戰 必戰可也 戰道不勝 主曰必戰 無戰可也 厥旨盡在此矣].”고 했다.

Ⅲ. 구변(九變)의 이로움과 방법

장수는 구변(九變)의 이로움을 알아야 용병을 아는 것이다. 장수가 구변(九變)의 이로움을 모르면 비록 지형(地形)을 알아도 이를 이롭게 사용할 수 없다.

故將通於九變之利者 知用兵矣 將不通于九變之利者 雖知地形 不能得地之利矣
고장통어구변지리자 지용병의 장불통우구변지리자 수지지형 불능득지지리의

1) 본 구절 앞부분의 「故將通於九變之利者」 중 「利」가 「地利」로 되어 있는 본도 있지만, 이어지는 「장불통어구변지리자(故將通於九變之利者)」에는 이본(異本)이 없으므로 문맥상 「利」로 하는 것이 타당하다.

2) 본 구절 중의 「구변(九變)」을 이전(李筌)과 가림(賈林)은 「앞의 9개 항 [上九事]」이라 했다. 「비지무사(圮地無舍)」에서 「군명유소불수(君命有所不受)」까지 10개 항 중 마지막의 「군명유소불수」를 제외한 9개 항을 「구변(九變)」으로 본 것이다.

또한 군대를 지휘하면서 구변(九變)의 방법을 모르면 비록 지리(地利)를 알아도 병력을 자신의 의도대로 운용할 수 없다.

治兵不知九變之術 雖知地利 不能得人之用矣
치병부지구변지술 수지지리 불능득인지용의

1) 본 구절 중 「지리(地利)」는 어느 본이나 「오리(五利)」로 되어 있고, 이에 대해 조조는 "다음 오사(五事)를 말한다 [謂下五事也]."고 했고, 장예는 "조조는 「다음 오사(五事)」를 「오리(五利)」라고 했는데 이는 「구변(九變) 다음의 오사(五事)」를 말한 것이며 「뒤의 잡어이해(雜於利害) 다음의 오사(五事)」를 말한 것이 아니다 [曹公言下五事 謂五利者 謂九變之下五事也 非謂雜於利害已下五事也]."라고 했다. 뒤의 「必雜於利害～趨諸侯以利」를 말한 것이 아니라 앞의 「途有所不由～君命有所不受)」 부분을 말한다고 한 것이다. 본 구절의 「구변(九變)」에 대해 조조는 「오변(五變)」으로 되어 있는 본도 있다 했고, 가림은 오리(五利)나 오변(五變)은 구변(九變) 중 일부이고, 오변(五變)은 앞의 「途有所不由～君命有所不受」 부분을 말한다 했고, 우창은 오리(五利)를 「구리(九利)」로 고쳐 읽어야 한다고 했다.

2) 그러나 조본학은 「오리(五利)」를 앞의 구절에 맞추어 「지리(地利)」로 고쳐 읽어야 한다고 했다. "구변의 이로움을 모르면 지형을 알아도 이를 이롭게 사용할 수 없고, 구변의 방법을 모르면 지형을 이롭게 사용할 수는 있어도 병력을 자신의 의도대로 운용할 수 없다."는 순차적 의미로 본 것이다. 필자는 뒤에 이어지는 「必雜於利害～趨諸侯以利」가 「구변의 방법」을 말한 것으로 볼 수 있으므로 조본학의 견해가 문맥상 합리적일 것으로 보고 이에 따랐다.

따라서 현명한 장수는 우군 측에 유리한 요소들과 위험한 요소들을 모두 알아야 한다. 유리한 요소들을 알아야 임무를 수행할 수 있고, 위험한 요소들을 알아야 우환(憂患)을 피할 수 있다.

是故智者之慮 必雜於利害 雜於利 而務可信也 雜於害 而患可解也
시고지자지려 필잡어이해 잡어리 이무가신야 잡어해 이환가해야

1)「잡어이해(雜於利害)」에 대해 조조와 매요신은 "유리할 때 위기를 생각하고, 위험할 때 유리한 면을 생각하고, 어려울 때 임기응변을 해야 한다 [在利思害 在害思利 當難行權也]."는 의미로 보았고, 장예는 "현명한 자는 유리할 때도 위기에 대비해야 하고, 위기에 처했을 때도 유리한 측면을 생각해야 하며 이도 역시 변통(變通)이다 [智者慮思 雖處利地 必思所以害 雖處害地 必思所以利 此亦變通之謂也]."라고 했다.

2)「잡어리 이무가신야(雜於利 而務可信也)」중「신(信)」은「신(伸)」과 통하는 글자로「무가신(務可信)」은 "임무수행에 성공할 수 있다."는 뜻이다. 이 구절에 대해 조조는 "적이 오지(五地)에 의지해 나를 해할 수 없음을 알면 나는 임무를 수행할 수 있다 [計敵不能依五地爲我害 所務可信也]."는 뜻으로 보았고, 왕석은 "유리한 면을 최대한 활용하면 이길 수 있다 [曲盡其利 則可勝也]."는 뜻으로 보았고, 그리피스(Griffith)의 번역도 같은 취지이지만, 장예(張預)는 다른 각도에서 "유리할 때도 위기를 생각하고 대비해야 자신의 임무를 수행할 수 있다 [以所害而參所利 可以伸己之事]."는 뜻으로 보았고, 가림, 매요신도 같은 뜻으로 보았다. 두목은 "내가 적으로부터 이(利)를 취하려 할 때 취할 이(利)만 생각하면 안 된다. 적이 내게 가할 수 있는 해(害)를 먼저 비교한 후에라야 내가 취하려는 이(利)를 얻을 수 있음을 말한다 [言我欲取利於敵人 不可但見取敵人之利 先須以敵人害我之事 參雜而計量

之 然後我所務之利 乃可申行也].”라고 했다.

3) 「잡어해 이환가해야(雜於害 而患可解也)」에 대해 조조(曹操)는 “유리한 때도 위험한 요소를 안 잊으면 우환이 있어도 해결할 수 있다 [既參于利則亦計於害 雖有患可解也].”는 의미로 보았고, 왕석(王皙)은 “해(害)를 모두 알면 패하지 않는다 [周知其害 則不敗矣].”는 의미로 보았지만, 장예(張預)는 다른 각도에서 “위기에서도 유리한 면을 활용하면 난관을 극복할 수 있다 [以所利而參所害 可以解己之難].”는 의미로 보았고, 매요신(梅堯臣), 가림(賈林), 두목(杜牧), 장예(張預)의 견해도 같고, 자일스(Giles)의 번역도 역시 동일한 취지이다.

또한 적을 굴복시키려면 그가 저항할 경우 입을 피해를 알게 해야 하고, 적을 지치게 만들려면 그가 분주히 움직이지 않을 수 없게 만들어야 하고, 적을 유인하려면 그에게 미끼를 던져야 한다.

是故屈諸侯者以害 役諸侯者以業 趨諸侯者以利
시고굴제후자이해 역제후자이업 추제후자이리

1) 「굴제후자이해(屈諸侯者以害)」에 대해 이전(李筌)은 “적의 정사에 해를 가한다 [害其政也].”고 했고, 매요신(梅堯臣)은 “해악으로 적을 누르면 적은 굴복한다 [制之以害 則屈也].”고 했고, 가림(賈林)은 적에게 해를 가하는 수단으로 「간인 파견으로 적의 정령 파괴 [遣以姦人破其政令]」, 「속임수로 적의 군주와 신하의 이간 [爲巧詐 間其君臣]」, 미인계(美人計) 등을 언급했다. 이들은 본 구절을 “적에게 군사공격 이외의 해악을 가해 굴복시킬 수 있다.”는 의미로 본 것이다. 중국사회과학원의 ≪손자병법대전≫도 같은 취지로 본 구절을 해석했다. 그러나 조조(曹操)는 “해(害)란 적이 피하려 하는 일을 말한다 [害其所惡

也].”고 했고, 장예(張預)는 “적을 해(害)를 입을 수 있는 지역으로 끌어들이면 스스로 굴복한다 [致之於受害之地 則自屈服].”고 했고, 왕석(王晳)은 “해를 입게 될 곳에 몰아넣어 못 빠져나오게 한다 [窮屈於必害之地 勿使可解也].”고 했다. 이들은 본 구절을 “저항하면 해를 입을 수 있음을 적이 알게 하면 스스로 굴복한다.”는 의미로 본 것이다.

2) 「역제후자이업(役諸侯者以業)」에 대해 조조(曹操)는 “업(業)은 사(事), 즉 일거리를 말하며 적을 번거롭게 만들라는 것이다. 적이 들어오면 나는 나가고 적이 나가면 나는 들어오는 것 등이다 [業事也 使其煩勞 若彼入我出 彼出我入也].”라고 했다. 춘추 시대 진(晉) 도공(悼公)은 순앵(荀罃)의 계책에 따라 부국강병책(富國强兵策)으로 4개 군(軍)을 보유하자 이를 3분해서 번갈아 초(楚)의 이곳저곳을 습격해 초(楚)를 지치게 만들었고 이를 「삼분사군피초(三分四軍疲楚)」 전략 또는 「삼분사군 윤회작전(三分四軍 輪廻作戰)」이라고 한다. 후일 오(吳)가 초(楚)의 도읍 영도(郢都)를 함락시킬 때도 오왕(吳王) 합려(闔閭)는 오자서(伍子胥)의 계책에 따라 이런 장기소모전(長期消耗戰) 전략으로 6년 동안 병력을 초(楚)로 보내며 초군이 나오면 들어오고 초군이 돌아가면 나가는 방식으로 초군을 지치게 만들었다.

두우(杜佑)는 이와 다른 각도에서 “적(敵)에게 일을 벌이게 해 백성을 노역에 동원해 휴식을 취하지 못하게 할 수 있어야 한다 [能以事勞役諸侯之人 令不得安佚].”면서 그 예로 춘추 시대에 한(韓)이 진(秦)으로 사람을 보내 수거(水渠) 굴착 사업을 벌이려 했던 일을 들었다. ≪사기(史記)≫ 권29, 하거서(河渠書)에 의하면, 한왕(韓王)은 진(秦)이 일을 벌이기를 좋아 한다는 말을 듣고 진(秦)을 지치게 해서 동정(東征)에 나서지 못하게 하려고 수공(水工) 정국(鄭國)을 첩자로 진(秦)에 보내 경수(涇水)에 수거(水渠)를 만들도록 설득케 했다. 진(秦)에서 이를 알아차리고 정국을 죽이려고 했지만 정국은 "나는 한(韓)의 명운(命運)을 몇 해 연장시켜 주려 하지만 수거(水渠)가 완성되면 진(秦)은 만세(萬歲)에 이익을 누릴 것이오."라고 말해 죽음을 면하고 결국 경수(涇水) 수거(水渠)를 완성했다. 한편 두목(杜牧)은 "적에게 노역을 시켜 휴식을 취하지 못하게 하라는 말이다. 그러려면 우선 나에게 사업이 있어야 한다. 사업은 대군(大軍) 육성, 국부(國富) 축적, 인화(人和) 달성, 법령 시행 등이다 [言勞役敵人 使不得休 我須先有事業 事業者 兵衆 國富 人和 令行也]."라고 했는데 두우(杜佑)와 같은 견해인 것 같으나 사업(事業) 부분에 관한 설명이 난해하다.

3) 「추제후자이리(趨諸侯者以利)」에 대해 조조(曹操)는 "(적을 나에게) 오도록 만들라 [令自來也]."는 의미로 보았고, 두목(杜牧)과 매요신(梅堯臣)은 "미끼를 던져 적을 유인해 적이 나의 계책에 빠지게 만들라는 말이다 [言利誘之 使自來至我也 墮吾畵中]."라는 의미로 보았고, 이전(李筌), 장예(張預), 맹씨(孟氏)도 같은 견해이다. 그러나 왕석(王晳)은 "적에게 달려가는 중 나의 유리한 점을 두루 활용하라 [趨敵之間 當周旋我利也]."는 의미로 보았다.

용병의 원칙은 적이 안 올 것이라고 믿지 말고 항상 대비해야 하고, 적이 공격하지 않을 것이라고 믿지 말고 적이 나를 공격 못 하도록 대비해야 한다.

故用兵之法 無恃其不來 恃吳有以待也 無恃其不攻 恃吳有所不可攻也
고용병지법 무시기불래 시오유이대야 무시기불공 시오유소불가공야

1) 본 구절은 앞서 말한 「必雜於利害~趨諸侯以利」에 대한 부연설명으로 볼 수 있다.

2) 「恃吾有以待也」가 「恃吾有能以待之也」로 되어 있는 본도 있고, 「無恃其不攻」가 「無恃其不攻吾也」로 되어 있는 본도 있고, 「恃吾有所不可攻也」가 「不可攻也」로 되어 있는 본도 있지만 모두 의미에 차이는 없다.

3) 이 구절의 의미에 대해서는 다툼의 여지가 없다. 같은 맥락의 교훈으로 조조는 "평화 시에도 위기가 올 수 있음을 잊으면 안 된다 [安不忘危]."고 했고, 두우는 "평화 시에도 위기가 올 수 있음을 생각해야 한다 [安則思危]."고 했고, 하연석(何延錫)은 "군자는 평화 시에도 도검(刀劍)을 몸에서 멀리 놓아두면 안 된다 [君子安平之世 刀劍不離身]."는 ≪오략(吳略)≫의 구절과 "대비도 없고 무모하면 작전을 수행할 수 없다 [不備不虞 不可以師]."는 ≪좌전(左傳)≫의 구절을 인용했다.

Ⅳ. 장수의 오위(五危)

또한 장수에게는 오위(五危), 즉 다섯 가지 위험한 일이 있다. 반드시 죽으려는 장수는 적에게 죽고, 반드시 살려는 장수는 적에게 잡히고, 화를 잘 내고 조급한 장수는 적에게 조롱을 당하고, 자신의 명성에 집착하는 장수는 적에게 모욕을 당하고, 백성을 아끼기만 하려는 장수는 적에게 괴롭힘을 당한다. 이는 모두 장수의 과오(過誤)로 용병에 재앙을 초래한다. 군대가 무너지고 장수가 죽는 것은 모두 이로 인한 것임을 장수는 명심해야 한다.

故將有五危 必死 可殺也 必生 可虜也 忿速 可侮也 廉潔 可辱也 愛民 可煩也
고장유오위 필사 가살야 필생 가로야 분속 가모야 염결 가욕야 애민 가번야

凡此五者 將之過也 用兵之災也 覆軍殺將 必以五危 不可不察也
범차오자 장지과야 용병지재야 복군살장 필이오위 불가불찰야

1) 「필사 가살야(必死 可殺也)」에 대해 조조는 "용맹해도 무모하면 죽기 살기로 싸우려 할 것이니 굴복하지는 않아도 계책과 매복에 걸린다 [勇而無慮 必欲死鬪 不可曲撓 可以奇伏中之]."고 했고, 장예(張預)도 같은 취지로 해석하며 "죽음을 가볍게 여기면 이길 수 없다 [上死不勝]."는 ≪사마법(司馬法)≫, 엄위(嚴威) 편 구절을 인용했다. 두목도 같은 취지로 해석하면서 "흔히 장수의 자질로 용기를 말하지만 용기는 장수에게 필요한 자질의 일부에 불과하다. 용맹하기만 한 자는 적과 함부로 싸운다. 함부로 싸우려고 하고 이해득실을 모르는 자를 장수로 쓰면 안 된다 [凡人之論將 常觀於勇 勇之於將 乃數分之一耳 夫勇者必輕合 輕合而不知利 未可將也]."는 오자(吳子)의 말을 인용했다.

2) 「필생 가로야(必生 可虜也)」에 대해 조조는 "유리한 상황임을 알고도 겁을 내면서 공격 못하는 자를 두고 하는 말이다 [見利畏怯不進也]."라고 했고, 왕석(王晳)은 그런 자는 "위험함을 알기만 해도 바로 도주한다 [見害亦輕走矣]."고 했다. 두목(杜牧)은 그런 장수의 예로 동진(東晋)의 제위(帝位)를 찬탈한 환현(桓玄)이 장강을 거슬러 추격해오는 동진 장수 유유(劉裕)의 의군(義軍) 수천 명과 쟁영주(崢嶸洲)에서 싸울 때 대병력을 보유하고도 패할 때를 대비해 늘 경선(輕船)을 전투함 옆에 매달고 있었다는 고사(故事)를 들고 있다.

3) 「분속 가모야(忿速 可侮也)」에 대해 조조(曹操)는 "화를 잘 내고 조급한 자는 화를 돋우고 조롱함으로써 내가 원하는 곳으로 끌어낼 수 있다 [疾急之人 可忿怒侮而致之也]."는 뜻으로 보았다. 여타 주석가들도 모두 같은 견해이며, 그러한 예로 이전(李筌)은 당(唐) 태종 이세민(李世民)이 곽읍(霍邑)을 지키는 수장(隋將) 송노생(宋老生)에게 욕설을 퍼부어 송노생이 분을 못 참고 출전하자 격살 후 곽읍을 함락시킨 일을 들었고, 장예(張預)는 춘추 시대 진(晉) 문공(文公)이 성미가 급한 초

(楚)의 영윤(令尹) 자옥(子玉)이 보낸 사자 원춘(宛春)을 억류해서 자옥의 화를 돋운 후 출격한 초군을 격파한 일을 들었다.

4) 「염결 가욕야(廉潔 可辱也)」에 대해 "명성에 집착하는 자는 모욕을 주어서 내가 원하는 곳으로 끌어낼 수 있다 [廉潔之人 可汚辱致之也]."는 뜻으로 보았다. 여타 주석가들도 같은 견해이며, 그러한 예로 두목(杜牧)은 제갈량이 마지막 북벌에 나서 위수(渭水) 남안(南岸) 무공(武功)에서 사마의와 대치 중 사마의가 싸우려 하지 않자 그를 출전케 하려고 여인 모자와 복장을 선물로 보내 모욕 준 일을 들고 있다. 다만 분노한 사마의가 출전하려고 명제(明帝)에게 표(表)를 올려 나가서 싸우게 해 달라고 청했지만 명제는 위위(衛尉) 신비(辛毗)에게 장절(杖節)을 내주며 사마의에게 보내 출전을 제지했고, 제갈량이 다시 사절을 보내 전투 날짜를 통보하자 사마의는 나가 싸우려 했지만 신비가 장절을 앞세우고 군문 앞에 서서 출전을 제지했다. 두목(杜牧)은 "사마의 같은 유능한 장수도 당시 분노를 참기 힘들었는데 범인(凡人)들이야 어떻겠는가?"라고 했다. 이 대목은 나관중(羅貫中)의 ≪삼국지연의≫에서는 사마의가 처음부터 나가 싸우려 하지 않았다는 이야기로 각색되었다.

5) 「애민 가번야(愛民 可煩也)」에 대해 조조(曹操)는 "적이 반드시 달려와 구원할 곳으로 나가면 백성을 아끼는 장수는 반드시 밤낮을 가리지 않고 달려와 구원할 것이고 이로 인해 지치게 될 것이다 [出其所必趨 愛民者 必倍道兼行以救之 救之則煩勞也]."라고 했고, 장예(張預)는 "백성을 아껴야 하지만 이해득실을 살펴보아야 한다. 소수 백성이라도 반드시 구원하려 하고 아무리 멀리 있는 백성도 반드시 구하려 한다면 그가 구원 나오지 않을 수 없는 곳으로 가서 그를 끌어내 지치게 만들 수 있다 [民雖可愛 當審利害 若無微不救 無遠不援 則出其所必趨 使煩而困也]."고 했다.

제9편

행군(行軍)

行 軍

- 본 편에서는 「처군(處軍)」, 즉 「병력의 위치 선정」과 「상적(相敵)」, 즉 「적정(敵情) 관찰」에 이어 「병력지휘의 중요한 요소」를 설명하고 있다.
- 은작산죽간본에는 각 편의 차례가 「행군(行軍)」, 「군쟁(軍爭)」, 「허실(虛實)」, 구변(九變)의 순서로 되어 있으나, 여타 본에는 「허실」, 「군쟁」, 「구변」, 「행군」의 순서로 되어 있다. 장예(張預)는 여타 본의 편별 순서에 따르면서 "구지(九地)의 변화, 즉 구변(九變)을 알아야 이점을 택해 행군할 수 있으므로 이 「행군」 편을 「구변」 편 다음에 둔 것이다 [知九地之變 然後可以擇利而行軍 故次九變]."라고 했다.
- 본 편의 제목 「행군」에 대해 조조(曹操)는 "편리한 곳을 택해서 행군해야 한다 [择便利而行也]." 했고, 왕석(王晳)은 "행군 때는 편리한 자리를 차지하고 적정(敵情)을 살펴야 한다 [行軍當據地便 察敵情也]." 했다. 그러나 「행군」은 「용병」과도 통용되던 말로 삼국 시대 위(魏)의 종회(锺會)는 ≪격촉문(檄蜀文)≫에서 "옛사람의 행군은 인(仁)을 근본으로 했고 의(義)로써 다스렸다 [古之行軍 以仁為本 以義治之]."고 했다.
- 「行」이란 글자를 중국어에서는 「싱 [xíng]」으로 읽기도 하고 「항 [háng 또는 hàng]」으로 읽기도 하며, 중국에서 「싱」으로 읽을 경우 우리는 「행」으로 읽고, 「항」으로 읽을 경우 우리도 「항」으로 읽는다. 이와 관련 중국사회과학원의 ≪손자병법대전≫에서는 본 편 제목 「行軍」 중 「軍」은 「주둔」을 의미한다 했고, 「行」에 대해 이를 「항」으로 읽어야만 하고 「항렬(行列)」 또는 「진세(陣勢)」를 의미한다면서 그 근거로 ≪주례(周禮)≫, 하관(夏官) 편의 「行司馬」라는 문구에 대한 주(注)에서 정현(鄭玄)이 "「行」은 군대의 「行列」을 말한다 [行 軍行列]."고 한 점과 노자(老子)의 ≪도덕경(道德經)≫ 중 「是

謂行無行」이라는 문구에 대한 주(注)에서 왕필(王弼)이 "「行」은 「行陣」을 말한다."고 한 것을 들었다. 그러나 ≪주례≫, 하관 편의 「행사마(行司馬)」〈중사(中士) 16인〉는 「대사마(大司马)」〈경(卿) 1인〉, 「소사마(小司马)」〈중대부(中大夫) 2인〉, 「군사마(军司马)」〈하대부(下大夫) 4인〉, 「여사마(舆司马)」〈상사(上士) 8인〉와 함께 「사마」라는 정관(政官) 중에 가장 하위 직급의 명칭이며, 정현(鄭玄)의 주(注)는 "「行」이 군대에서 사마의 항렬(行列), 즉 직급 중 하나이다."라는 말이지 이곳에서 말하는 「行軍」의 「行」과는 무관한 말이다. 또한 ≪도덕경≫ 중 「是謂行無行」의 「行」이 「行陣」을 말한다는 것 역시 「行」을 「항(杭, hang)」으로 읽어야 한다는 근거가 될 수 있는지 의문이다. 이 문구는 ≪도덕경≫ 중 "용병에 관한 말 중에는 「나는 감히 선제공격에 나서지 못하고 다만 응전할 뿐이고, 감히 1치를 못 나가고 1자를 물러선다.」는 말 중 일부이다. 이는 진세(陣勢)를 갖추고도 안 갖춘 듯이 하고, 팔을 뻗되 안 뻗는 듯이 하고, 적이 있어도 없는 듯이 하고, 무기가 있어도 없는 듯이 한다는 말이다. 적을 얕보는 것보다 더 큰 재앙은 없다. 적을 얕보면 나의 중요한 것을 잃을 수 있다. 적과 싸울 때는 인명을 중시하는 측이 이긴다 [用兵有言 吾不敢爲主而爲客 不敢進寸而退尺 是謂行無行 攘無臂 扔無敵 執無兵 禍莫大於輕敵 輕敵幾喪吾寶 故抗兵相加 哀者勝矣]."는 구절의 일부이다.

병력의 위치 선정과 적정(敵情) 관찰 문제를 설명하자면

凡處軍相敵
범처군상적

1) 장예(張預)는 "「절산의곡(絶山依谷)」부터 「복간지소처(伏姦之所處)」까지는 처군(處軍)에 관한 것이고, 「적근이정(敵近而靜)」부터 「필근찰지(必謹察之)」까지는 상적(相敵)에 관한 것이다."라고 했고, 왕석(王晳)은 "처군(處軍)에 관한 항이 4개 항이고, 상적(相敵)에 관한 항이 31개 항이다."라고 했는데 같은 말이다. 처군(處軍)에 관한 4개 항

은 「처산지군(處山之軍)」, 「처수상지군(處水上之軍)」, 「처척택지군(處斥澤之軍)」, 「처평륙지군(處平陸之軍)」 4개 항이지만 이어지는 「범차사군지리(凡此四軍之利)」부터 「복간지소처(伏姦之所處)」까지도 이 4개 항에 대한 보충설명이다. 한편 상적(相敵)에 관한 항이 31개라는 것은 「적근이정자 시기험야(敵近而靜者 恃其險也)」부터 「병노이상영구이불합 우불상거 필근찰지(兵怒而相迎久而不合 又不相去 必謹察之)」까지 31개 항이지만 「병비익다야(兵非益多也)」부터 「필금어인(必擒於人)」까지도 상적(相敵)에 대한 보충설명이다. 그 이하는 「병력지휘의 중요한 요소」에 관한 것이다.

I. 처군(處軍)

I-1. 처군(處軍) 4개 항

1. 산지(山地)를 지날 때나 산지에서 싸울 때는 계곡과 가깝고 해가 잘 드는 곳을 선택해서 병력을 위치시켜야 하지만, 우뚝 높은 능선이나 고지로 올라가서 이동하거나 그런 곳에 위치한 적과 싸우면 안 된다. 이것이 병력이 산지에 있을 때의 위치 선정 원칙이다.

絶山依谷 視生處高 戰隆無登 此處山之軍也
절산의곡 시생처고 전륭무등 차처산지군야

1) 「절산의곡(絶山依谷)」에 대해 조조(曹操)는 계곡에 가까이 있어야 하는 것은 "수초가 가까워서 편리하기 때문이다 [近水草 便利也]." 라고만 했다. 이는 「의곡(依谷)」에 대한 설명이고 이 부분은 여타 주

석가들도 모두 같은 견해이다. 그러나 「절산(絶山)」의 의미에 대해서는 견해가 갈린다. 이전(李筌)은 「절산(絶山)」은 「험지를 지키는 것(守險)」이라며 "군영을 세울 때는 먼저 병력을 나누어 길목을 지켜야 한다 [夫列營壘 必先分卒守隘]."고 했다. 「절(絶)」을 "막는다."는 의미로 본 것이다. 그러나 여타 주석가들은 모두 「통과하는 것」 또는 「넘어가는 것」이라고 했다. 이곳에서는 두 가지 경우를 모두 포함하는 것으로 보는 것이 타당하다. 뒤의 각 구절도 특정 지형을 통과하는 경우와 그 지형에서 적과 싸우는 경우를 모두 언급하고 있기 때문이다.

2) 「시생처고(視生處高)」 중 「시(視)」는 「상(相)」 또는 「택(擇)」의 의미이다. 이 구절에 대해 조조(曹操)는 "「生」은 「양지」를 말한다 [生者陽也]."라고 했다. 양지쪽을 택해 병력을 위치시키라는 말이다. 두목(杜牧)은 "높은 곳에 위치해서 남쪽을 바라보라는 말이다 [言須處高而面南也]."라고 했고, 가림(賈林)은 "양지쪽에 위치하는 것을 「生」이라 하고 양지쪽을 선택해 병력을 위치시키면 해를 가리는 것이 없다 [居陽曰生 視生爲無蔽冒物也]."고 했고, 여타 주석가들의 견해도 모두 같다. 다만 진호(陳皞)는 동서 양 방향 중에는 동쪽에 위치하라고 했다. 모두 같은 말을 달리 표현한 것이다.

3) 「전륭무등(戰隆無登)」에 대해 조조(曹操)는 "높은 곳의 적과는 싸우지 않는다 [無迎高也]."고 했고, 여타 주석가들의 견해도 대부분 같다. 「융(隆)」이 「강(降)」으로 되어 있는 본도 있었다 하는데, 이때는 높은 곳에서 내려오며 싸우려는 적과 맞붙어 싸우지 말라는 의미이지만 내용상 차이가 없다. 그러나 우창(于鬯)은 "「戰」을 「단(單, dān)」으로 읽고 「홀로 우뚝 솟은 산」을 말한 것으로 보아야만 본 문구의 뜻이 명확해진다. 종래 주석가들은 「戰」이 필요한 뜻을 나타내는 글자가 없

을 때 뜻은 달라도 발음이 같은 글자를 빌려 쓰는 가차(假借) 글자임을 모르고 「적과 싸운다.」는 뜻으로 해석해서 이 문구를 앞의 군쟁(軍爭) 편에서 말한 「적이 높은 지형에서 내려오면서 공격할 때 이를 요격하면 안 된다.」는 문구와 같은 의미로 보았다. 그러나 이는 군쟁 편은 용병 방법을 말한 것이고 본 편은 병력의 위치 선정 방법을 말하고 있음을 모르고 하는 말이다 [必讀戰爲單 解爲獨孤之山 其義方明 自來注家不通假借之例 以戰敵解之 則當以說軍爭篇高陵勿向之義 不知彼用兵之法 此言處軍之道也].”라고 했다. 앞의 「절산(絶山)」에 대해서 이를 산지 통과를 말하는 것으로만 본다면 우창의 해석이 타당할 수 있다. 현대 군대에서도 산악 행군 때는 적에게 노출되지 않도록 능선이나 고지 위로 이동하는 것을 피한다. 그러나 뒤에 이어지는 각 구절에서도 특정 지형을 통과하는 경우와 그러한 지형에서 적과 싸우는 경우를 모두 언급하고 있음을 볼 때 이곳에서도 「적이 높은 지형에서 내려오면서 공격할 때 이를 요격하면 안 된다.」는 의미를 배제할 필요가 없다.

2. 하천을 건넜으면 속히 하천에서 멀리 떨어져야 한다.

絶水必遠水
절수필원수

1) 본 구절에 대해 조조(曹操)와 이전(李筌)은 “적이 하천을 건너오게 하는 것이다 [引敵使渡].”라고 했다. “내가 하천을 건넜으면 멀리 이동해서 적이 뒤따라서 건너오도록 유인하려는 것이다.”라는 뜻이다. 장예(張預)는 “하천을 건넌 후 멈추려면 강가에서 약간 떨어진 곳에서 멈추어야 하고 이는 첫째 적이 뒤따라 건너도록 유인하려는 것이고 둘

째 진퇴에 장애가 없게 하려는 것이다 [凡行軍過水 欲舍止者 必去水稍遠 一則引敵使渡 一則進退無碍].”라면서 그런 예로 위장(魏將) 곽회(郭淮)는 유비(劉備)가 한수(漢水)를 건너오려 할 때 장수들이 “중과부적이니 물가에 포진해서 막아야 한다.”고 하자 “그렇게 약한 모습을 보이면 적을 꺾을 수 없다. 강에서 떨어져 포진해서 적이 절반쯤 건너기를 기다려 요격하면 유비를 격파할 수 있다.”고 한 일을 들었다. 다만 이때 유비는 의심이 생겨 한수를 건너지 않았다. 왕석(王晳)도 “내가 하천을 건넜을 때를 말한다. 조조의 말이 맞다.”라고 했다. 두우(杜佑)의 ≪통전≫에서는 원문을 「적약절수필원수(敵若絶水必遠水)」로 고쳐 놓았다. “적이 하천을 건너려하면 반드시 멀리 떨어져 있어야 한다.”는 의미로 본 것이다. 이는 본 구절을 뒤의 「객절수이래(客絶水而來)」 이하 문구와 이어지는 구절로 본 것이다. 그러나 대부분 주석가들은 조조와 왕석의 해석에 따라 본 구절을 이하의 구절과 별개로 본다.

적이 하천을 건너올 때는 물속의 적을 요격하면 안 되고, 적이 절반쯤 물을 건너도록 기다렸다가 공격하는 것이 유리하며, 이때도 하천 가까이서 기다리다 적을 요격하려고 하면 안 되고, 시야가 트인 높은 곳에 위치해 있다가 적절한 시기에 진격해서 적을 요격해야 한다.

客絶水而來 勿迎之於水內 令半濟而擊之 利 欲戰者 無附于水而迎客 視生處高
객절수이래 물영지어수내 영반제이격지 이 욕전자 무부우수이영객 시생처고

1) 「물영지어수내(勿迎之於水內)」 중 「수내(水內)」를 장예(張預)는 「수변(水邊)」으로 보고, 매요신(梅堯臣)은 「수빈(水濱)」으로 보았다. 모두 「수내」를 「물가」로 본 것이다. 그러나 뒤에 이어지는 “적이 절반쯤은 물을

건넜을 때 공격하는 것이 유리하다 [令半濟而擊之 利].”는 문구를 볼 때 적을 공격할 장소가 오히려 「물가」가 되며 따라서 「물영지어수내(勿迎之於水內)」는 “물속에서 적을 요격하면 안 된다.”는 의미로 해석해야 옳다. 한편 두목(杜牧)은 「수내(水內)」를 「수눌(水汭)」의 오기(誤記)로 보았고, 왕석(王晳)도 「수내」를 「수눌」로 보았는데, 「수눌」은 통상 하천이 반원을 그리며 휘돌아 흐르는 곳에 강물로 둘러싸인 안쪽을 말하지만, 중국사회과학원의 ≪손자병법대전≫에서는 ≪서경(書經)≫, 우공(禹貢) 편의 「경속위눌(涇屬謂汭)」이란 구절에 대한 소(疎)에서 공영달(孔穎達)이 “정현(鄭玄)은 「눌」이 「내(內)」를 말한다고 했다 [鄭云 汭之言內也].”고 했음을 볼 때 「눌(汭)」은 「내(內)」와 같은 말이라고 했다. 이는 매우 적절한 지적이다.

2) 「영반제이격지 이(令半濟而擊之 利)」에 대해 조조(曹操)는 “절반밖에 건너지 못한 적은 전 병력이 힘을 모을 수 없으므로 격파할 수 있다 [半渡 勢不可幷 故可敗].”고 했고, 장예(張預) 역시 “적이 절반만 건넜으면 대형을 갖추지 못하고 앞뒤가 서로 호응 못 하므로 이때 공격하면 반드시 이긴다 [俟其半濟 行列未定 首尾不接 擊之必勝].” 했다.

3) 「무부우수이영객(無附于水而迎客)」중 「부(附)」를 조조, 두목, 두우, 장예는 「근(近)」의 의미로 보았다. 본 구절의 의미에 대해 이전(李筌)은 “바로 물가에서 적을 기다리면 적이 하천을 건너와 나와 싸우지 못할 것이다 [附水迎客 敵必不得渡而與我戰].”라고 했고, 여타 주석가들의 견해도 대동소이하다. 한편 매요신(梅堯臣)은 한발 더 나가 “적과 싸우려면 물에서 약간 떨어진 곳에서 기다려야 한다 [必欲戰 亦莫若遠水].”고 했고, 왕석의 견해도 이와 같다.

4) 「시생처고(視生處高)」에 대해 앞의 「처산지군(處山之軍)」 부분에서도 설명했지만, 특히 이곳에서 조조(曹操)는 “하천 주변에서도 역시

높은 지형에 위치해야 한다. 앞에는 하천을 바라보면서 뒤는 높은 지형에 의지해 위치해야 한다 [水上亦處其高也 前向水 後當依高而處之]."고 했고, 하연석(何延錫)은 "높은 곳에서 멀리 적을 관측하면 적이 나를 은밀히 기습하지 못한다 [軍處高 遠見敵勢 則敵人不得潛來出我不意也]."고 했다. 한편 왕석(王皙)은 "조조는 「하천 주변에서도 역시 높은 지형에 위치해야 한다.」고 했지만 나의 생각으로는 (조조의 말은) 하천과 가까운 높은 곳을 말한 것이 아니다. 조조(曹操)는 다음의 「무영수류(無迎水流)」 부분 주(注)에서 「적이 수공(水攻)을 가할 수 있기 때문이다 [恐溉我也]」라고 했지만 이 주(注)는 오히려 본 구절에 대한 주(注)가 되어야 옳을 것이다 [曹公曰 水上亦處其高也 晳謂非謂近水之地 下曹注云 恐溉我也 疑當在此下]."고 했다. 장예(張預)는 "물가에 포진할 경우나 물 위에 배를 정박시킬 때나 모두 해가 잘 드는 높은 곳에 위치해야 한다 [或岸邊爲陳 或水上泊舟 皆須面陽而居高]."고 했다.

5) 하연석(何延錫)은 본 구절과 관련된 전례(戰例)로 앞서 「三. 모공(謀攻)」 편의 「不知三軍之事 而同三軍之政者」 항에서 소개한 춘추 시대 송(宋) 양공의 홍수전(泓水戰)과 「七. 군쟁(軍爭)」 편의 「궁구물박(窮寇勿迫)」 항에서 소개한 오왕 합려의 청발수전(淸發水戰)을 들었다.

또한 하류 지역에서 상류 지역의 적과 싸우면 안 되고, 수전(水戰)에서도 마찬가지이다. 이상은 병력이 하천 주변이나 강물 위에 있을 때의 위치 선정 원칙이다.

無迎水流 此處水上之軍也
무영수류 차처수상지군야

1) 「무영수류(無迎水流)」에 대해 조조(曹操)는 "적이 수공(水攻)을

가할 수 있기 때문이다 [恐漑我也].”라고 했고, 가림(賈林)은 “적이 수공(水攻)을 가할 수도 있고 독약을 강물에 풀 수도 있기 때문이다 [可以漑吾軍 可以流毒藥].”라고 했고, 매요신(梅堯臣)은 “적의 수공(水攻)에 대비하려는 것이지만, 선박의 수전(水戰)에서도 하류에서 상류의 적과 싸우는 것은 역시 불편하다 [防其決灌 舳艫之戰 逆亦非便].”고 했다. 하연석(何延錫)은 적의 수공(水攻)이나 독약을 강물에 푸는 것에 대한 대비와 수전(水戰)의 경우를 모두 언급했다.

3. 해변(海邊)의 개펄이나 소택지(沼澤地)를 지날 때는 멈추지 말고 신속히 지나야 한다. 이런 곳에서 적과 조우하면 수초(水草)가 가까이 있고 기댈 숲이 있는 곳을 찾아 위치해야 한다. 이것이 해변의 개펄이나 소택지에 있을 때의 병력의 위치 선정 원칙이다.

絶斥澤 惟亟去無留 若交軍于斥澤之中 必依水草 而背衆樹 此處斥澤之軍也
절척택 유극거무류 약교군우척택지중 필의수초 이배중수 차처척택지군야

1) 진호(陳皞)는 「척(斥)」은 「소금기 많은 땅(鹹鹵之地)」을 말한다고 했고, 가림(賈林), 왕석(王晳), 장예(張預)도 역시 같은 견해이다. 그러나 매요신(梅堯臣)은 「척(斥)」은 「원(遠)」을 뜻하며 「막막하고 넓은 [曠蕩]」 땅을 말한다고 했다. 매요신의 견해에 따르면 사막도 이에 포함된다고 할 것이다.

2) 「필의수초 이배중수(必依水草 而背衆樹)」에 대해 장예(張預)는 「음료수와 땔감을 얻을 수 있고…… 기댈 험지가 되기 때문 [以便樵汲…… 以爲險阻]」이라고 했고, 이전(李筌)은 「적의 기습 위험성이 적기 때문 [無陷溺也]」이라고 했다.

4. 평원(平原)에서는 파이거나 굴곡이 없는 평탄한 곳을 찾아 위치해야 하고, 높은 곳을 오른쪽 뒤에 두고 앞은 낮고 뒤는 높은 곳에 위치해야 한다. 이것이 평원에 있을 때의 위치 선정 원칙이다.

平陸處易 而右背高 前死後生 此處平陸之軍也
평륙처이 이우배고 전사후생 차처평륙지군야

1) 「처이(處易)」에 대해 조조(曹操)는 "차전(車戰)의 편리를 위한 것이다 [車騎之利也]."라고 했고 여타 주석가들도 모두 같은 견해이다. 평원에도 함몰된 곳이 있고 굴곡이 심한 곳도 있으므로 이런 곳을 피해야 차전(車戰)을 원활히 수행할 수 있다는 의미이다.

2) 이 구절에 대해 이전(李筌)은 "사람은 오른쪽이 이용에 편해서 높은 곳을 오른쪽 뒤에 두라고 했다. 「전사(前死)」라 한 것은 「앞이 적과 싸울 곳」이라는 말이고, 「후생(後生)」이라 한 것은 「뒤가 내가 위치하는 곳」이라는 뜻이다 [夫人利用 皆便於右 是以背之 前死 致敵之地 後生 我自處]."라고 했고, 두목(杜牧)은 "군대는 왼쪽에 천택(川澤)을 두어야 하고 오른쪽에 구릉을 두어야 한다 [軍必左川澤 而右丘陵]."는 ≪육도(六韜)≫의 구절을 인용하면서 "「死」는 「낮은 곳」을 말하고, 「生」은 「높은 곳」을 말한다. 낮은 곳에서는 높은 곳의 적을 막을 수 없다 [死者 下也 生者 高也 下不可以禦高]."라고 했다. 한편 가림(賈林)은 "언덕을 「生」이라 하고 전지(戰地)를 「死」라 한다. 뒤에 언덕이 있으면 병력이 평온하게 위치할 수 있고 앞에 전지(戰地)가 있으면 용병이 편리하다. 오른쪽이 높으면 방향 전환이 수월하다 [岡阜曰生 戰地曰死 後岡阜 處軍穩 前戰地 用兵便 高在右 回轉順也]."라고 했고, 매요신(梅堯臣)은 "평탄한 지형을 택하면 차기(車騎) 운용이 편리하고 오른쪽 뒤에 구릉이 있으면 기댈 곳이 생기고 앞이 낮고 뒤가 높으면 싸우기

편하다 [擇其坦易 車騎便利 右背丘陵 勢則有憑 前低後高 戰者所便].”고 했고, 장예(張預)는 “평원에도 언덕은 있고 이를 오른쪽 뒤로 해야 의지할 곳이 생긴다. 앞이 낮고 뒤가 높아야 돌격에 편하다 [雖是平陸 須有高阜 必右背之 所以恃爲形勢者也 前低後高 所以便乎奔擊也].”고 했다.

3) 본 구절 중 「우배고(右背高)」에 대해 중국사회과학원의 ≪손자병법대전≫에서는 「우」는 주력부대를 말한다면서 따라서 “주력부대가 높은 곳을 등지도록 한다.”는 의미로 보았다. 그러나 「우배고」 부분을 정확히 이해하려면 고대전투의 특징에 대한 이해가 필요하다. 고대 전투는 전차(戰車)나 기병(騎兵)을 보조 병종(兵種)으로 이용하기는 했지만 주된 전투는 보병 밀집대형 간 전투였다. 이때 보통의 인간은 오른쪽 손발을 잘 쓰므로 왼손에 방패를 들고 오른손에 공격무기를 들고 싸웠고 이 때문에 밀집대형의 우익(右翼)이 먼저 앞으로 밀고 나가기 마련이고 이는 피아 모두 같으므로 전투가 진행되면 양측 모두 대형 우익이 앞으로 밀고 나가 원래의 오른쪽이 오른쪽 뒤로 변했다. 이때 지형의 이점을 이용하려고 동양 고대전투에서는 처음에 높은 쪽을 오른쪽 뒤에 두고 포진했다. 이렇게 하면 전투가 진행될수록 높은 지형인 원래의 오른 쪽 뒤가 이제는 완전히 뒤로 변해 높은 곳에서 낮은 곳의 적과 싸우게 되는 유리한 형세가 된다. 한편 손자 시대보다 약 1세기 전 고대 그리스 테베(Thebe)의 지휘관 에파미논다스(Epaminondas)는 이와 달리 대형 좌익을 보강 후 처음부터 약간 앞으로 나가게 사선(斜線) 대형으로 포진 후 좌익이 먼저 밀고 나가 적의 우익을 격파케 하면서 이 좌익 보강을 위해 약화된 우익은 오히려 전진을 억제시키면서 적 대형의 좌익을 견제케 했다. 이런 대형을 전사(戰史)에서는 사선전투대형(schlöge Schlachtordnung/ Oblique Order)이라 부른다. 에파미논다스는 이러한 대형으로 스파르타군을 격파했다.

4) 왕석(王晳)은 "용병 때는 항상 남쪽을 향해야 하는데 산을 등지면 앞이 「生」이고 뒤를 「死」라 해야 한다. 원문에 「生」과 「死」가 바뀐 것으로 보인다 [凡軍皆宜向陽 旣後背山 則前生後死 疑文誤也]."고 했다. 그러나 본 구절 중 「生」은 아군이 위치할 지형을 말하며 이는 남향의 지형, 즉 북쪽 지형을 말한다.

황제(黃帝)는 이상과 같은 네 가지 유리한 위치 선정으로 주변 세력들을 평정할 수 있었다.

凡此四軍之利 黃帝之所以勝四帝也
범차사군지리 황제지소이승사제야

1) 조조(曹操)는 "황제(黃帝)가 처음 일어설 당시 주변 사방의 제후들이 칭제(稱帝)했지만 황제는 이 네 가지 유리한 위치 선정으로 그들에게 이겼다 [黃帝始立 四方諸侯亦稱帝 以此四地勝之也]."고 했고, 장예(張預)의 견해도 같다. 장예(張預)도 이들과 같은 견해이지만 황제가 판천(阪泉)에서 염제(炎帝)와 싸우고 탁록(涿鹿)에서 치우(蚩尤)와 싸우고 또 훈죽(葷粥)을 북쪽으로 몰아냈다는 ≪사기(史記)≫의 기록이나 황제가 70회 전투를 치르고 천하를 평정했다는 ≪육도(六韜)≫의 기록이 바로 사방 제후들과 전투를 말한다면서 "병가(兵家)의 용병 원칙은 모두 황제(黃帝)로부터 시작된 것이므로 이런 말을 한 것이다 [兵家之法 皆始於黃帝 故云然也]."라고 했다. 그러나 매요신(梅堯臣)은 황제가 사제(四帝)를 이겼다는 기록은 없다면서 사제(四帝)는 사군(四軍)의 오기(誤記)일 수 있다고 했고, 하연석(何延錫)의 견해도 같다. 황제(黃帝)가 네 가지 지형에서 모두 이겼다는 해석이다.

I-2. 처군(處軍) 4개 항에 대한 보충설명

무릇 군대의 위치로는 높은 곳을 선호하고 낮은 지형을 기피하며, 양지를 귀하게 여기고 음지를 천하게 여긴다. 양지 바른 높은 지형에 위치해 생기(生氣)를 보전하면 질병도 생기지 않고 싸울 때마다 이길 수 있다.

凡軍好高而惡下 貴陽而賤陰 養生而處實 軍無百疾 是謂必勝
범군호고이오하 귀양이천음 양생이처실 군무백질 시위필승

1) 「호고이오하(好高而惡下)」에 대해 매요신은 "높은 곳은 쾌적해서 지내기가 편하고 전세(戰勢)에도 유리하지만 낮은 곳은 습해서 질병도 잘 생기고 싸우기도 어렵다 [高則爽塏 所以安和 亦以便勢 下則卑濕 所以生疾 亦以難戰]."고 했고, 장예는 "높은 곳은 관측도 용이하고 돌격에도 유리하지만 낮은 곳은 안전하지 않고 질병도 잘 생긴다 [居高則便於覘望 利於馳逐 處下則難以爲固 亦以生疾]."고 했다.

2) 「귀양이천음(貴陽而賤陰)」에 대해 왕석(王晳)은 "음습한 곳에 머물면 질병도 생기고 병기도 녹슨다." 했고, 장예(張預)는 "동남쪽이 양(陽)이고 서북쪽이 음(陰)이다."라고 했다.

3) 「양생이처실(養生而處實)」의 「양생」에 대해 조조는 "양생은 수초 부근에서 잡축과 전마를 방목해 키울 수 있음을 말한다 [養生 向水草 可放牧養畜乘]."고 했고 여타 해석가들의 견해도 비슷하다. 그러나 「처실」에 대해서는 조조와 두목은 "「실」은 「높은 곳」을 말한다 [實 犹高也]." 했고, 매요신은 "군량 보급에 유리하다 [利糧道]." 했고, 왕석은 "안전한 곳에 의지함을 말한다 [倚固之謂]." 했고, 장예는 "높은 곳에 의지해 위치함을 말한다 [謂倚隆高之地以居]." 했다.

구릉과 제방 부근에서도 반드시 양지쪽에 위치하되 그 구릉과 제방을 오른쪽 뒤에 있게 해야 지형의 이점을 활용할 수 있다.

丘陵堤防 必處其陽 而右背之 此兵之利 地之助也
구릉제방 필처기양 이우배지 차병지리 지지조야

1) 「우배(右背)」의 의미에 대해서는 앞서 「平陸處易 而右背高(平陸處易 而右背高)」 항에서 설명했다.

하천 상류 지역에 비가 오면 물거품이 떠내려 온다. 하천을 건너려면 물거품이 없어질 때까지 기다려 보아야 한다.

上雨 水沫至 欲涉者 待其定也
상우 수말지 욕섭자 대기정야

1) 이 구절에 대해 조조(曹操)는 "절반쯤 건넜을 때 강물이 갑자기 불어날 수 있기 때문이다 [恐半渡而水遽漲也]."라고 했고 여타 주석가들의 견해도 대동소이하다.

2) 은작산죽간본에는 「수말지(水沫至)」가 「수류지(水流至)」로 되어 있다. 「수류지」로 하면 너무 자명한 일이거나 무의미한 말이 된다.

무릇 절간(絶澗) <깊은 산속 큰 계곡물>, 천정(天井) <천연적 우물처럼 사방이 높은 절벽으로 둘러싸여 물이 고여 있는 곳>, 천뢰(天牢) <천연적 감옥같이 출입이 힘든 곳>, 천라(天羅) <천연적 그물같이 초목이 무성하게 엉켜서 자라는 곳>, 천함(天陷) <천연적 함정같이 땅이 질어 병력 이동이 어려운 곳>, 천극(天隙) <천연적 틈새같이 좁고 험한 계곡> 등의 지형을 만나면 속히 떠나야

하고 가까이 가면 안 된다. 이런 지형을 나는 멀리하고 적을 이런 지형에 가까이 있게 유인해야 하고, 나는 이런 지형을 마주보고 있고 적은 등지고 있게 만들어야 한다.

凡地有絶澗 天井 天牢 天羅 天陷 天隙 必亟去之 勿近也 吳遠之 敵近之 吳迎之 敵背之
범지유절간 천정 천뢰 천라 천함 천극 필극거지 물근야 오원지 적근지 오영지 적배지

1) 은작산죽간본에는 앞의 「凡地有絶澗」 5글자가 없고 3글자 공간만 남아 있다. 또한 「凡地有絶澗」 5글자가 ≪태평어람≫에는 「截澗過」 3글자로 되어 있고, 왕석(王晳)은 이 5글자 중 「絶澗」은 「絶天澗」 3글자로 바꾸어 읽어야 한다고 했다. 중국사회과학원의 ≪손자병법대전≫에서는 이러한 내용들과 아울러 뒤에 언급된 지형이 모두 「天」으로 시작됨을 참작해 「凡地有絶澗」 5글자를 「絶天澗」 3글자로 바꾸었다. 그러나 이럴 경우 「絶」은 앞의 「絶山」, 「絶水」 등의 경우 같이 「통과 또는 방어」를 의미하게 되지만 본 구절에서는 아예 통과해서는 안 될 지형들을 말하고 있으므로 따를 수 없다.

2) 각 지형에 대한 주석가들의 해석은 약간씩 표현이 다르기는 해도 대동소이하다.

3) 매요신(梅堯臣)은 이런 지형을 지나가면 안 되고 머무르는 것은 더욱 안 된다고 했고, 왕석(王晳)은 이런 지형에서는 기습을 당할 수도 있고 지력(智力)을 쓸 수도 없다고 했고, 장예(張預)는 "이런 지형을 만나면 멀리 떨어져서 지나가야 하고 가까이 가면 안 된다 [凡遇此地宜遠過 不可近也]."고 했다.

병력이 위치한 곳 주변에 험조(險阻) <기복이 심하고 통행이 힘든 곳>, 황정(潢井) <물이 고인 큰 웅덩이>, 가위(葭葦) <갈대나 가시덤불>, 산림(山林), 예회(翳薈) <초목이 무성한 곳> 같은 곳이 있으면 반드시 거듭 신중하게 수색해야 한다. 복병(伏兵)이나 간인(奸人)이 숨을 수 있는 장소이기 때문이다.

軍行有險阻 潢井 葭葦 林木 翳薈者 必謹愼復索之 此伏奸之所處也
군행유험조 황정 가위 임목 예회자 필근신복색지 차복간지소처야

1) 「軍行」이 「軍旁」으로 되어 있는 본도 있고, 「潢井」이 「蔣潢」으로 된 본도 있고, 「葭葦」가 「蒹葭」로 된 본도 있고, 「山林」이 「林木」으로 된 본도 있고, 「伏奸」이 「姦」으로 된 본도 있지만 모두 의미는 같다.

II. 상적(相敵)

II-1. 상적(相敵) 31개 항

1. 가까운 적이 조용하게 있는 것은 험지를 점거하고 있는 것이다.

敵近而靜者 恃其險也
적근이정자 시기험야

2. 멀리 있는 적이 도전하는 것은 우리를 유인하려는 것이다.

遠而挑戰者 欲人之進也
원이도전자 욕인지진야

1) 두목(杜牧)은 "적이 가까이 와서 도전하면 우리가 응전하지 않을 것으로 보고 멀리에서 도전하는 것이다 [若近而挑戰 則有相搏之勢 恐我不進 故遠也]."라고 했다.

2) 왕석(王晳)은 "우리를 유인하려는 것이다 [欲致人也]."라고 했다. 진호(陳皞), 매요신(梅堯臣), 장예(張預)의 견해도 동일하다.

3. 적이 평탄한 곳에 위치한 것 역시 우리를 유인하려는 미끼이다.

其所居易者 利也
기소거이자 이야

1) 은작산죽간본에는 「其所處者 居易利也」로 되어 있어 "그 위치한 곳이 평탄해 이점이 있기 때문이다."로 해석될 수 있고, 그렇다면 이 구절을 앞의 구절에 연결된 것으로 볼 수 있다. 이 때문인지 가림은 "「者」가 「易」 앞에 있어야 하는데 후대에 앞의 구절과 본 구절을 별개로 보고 억지로 「者」를 「易」 뒤로 보낸 것이다 [者字應在易字上 後人以上下文比例之 臆改在下耳]."라며 본 구절의 의미를 "적이 자신의 위치가 편리하므로 나에게 도전해서 자신에게 편한 곳으로 끌어내 싸우면 유리할 것으로 본 것이니 따라가면 안 된다 [敵之所居 地多便利 故挑我 使前就己之便 戰則易獲其利 愼勿從之也]." 했다. 두우도 가림과 같은 견해이다. 앞서 왕석은 "처군에 관한 항이 4개이고, 상적에 관한 항이 31개이다."라고 했는데 이곳에서 가림과 두우의 견해에 따르면 상적에 관한 항이 30개가 된다.

2) 그러나 본 구절에 대해 조조와 왕석은 "위치한 곳이 이롭기 때문이다 [居所利也]."라고 했고, 두목도 "적이 험지가 아닌 평탄한 곳에 있는 것은 그곳이 자신에게 유리하다고 보기 때문이다 [敵不居險阻 而

居平易 必有以便利於事也].”라고 했고, 이전은 “평탄한 곳에 위치한 것은 우리를 유인할 수 있기 때문이다 [居易之地 致人之利].”라고 했고, 장예는 “적이 험지를 버리고 평탄한 곳에 위치한 것은 분명 유리한 점이 있기 때문이다. 혹자는 「우리를 나오게 하려고 고의로 평탄한 곳에 위치해서 미끼를 던져 우리를 유인하려는 것이다.」라고 한다 [敵人捨險而居易者 必有利也 或曰敵人欲人之進 故處於平易 以示利而誘我也].”고 했다. 모두 본 구절을 앞의 구절과 별개로 본 것이다.

4. 숲이 흔들리는 것은 적이 접근 중인 것이다.

衆樹動者 來也
중수동자 내야

1) 조조(曹操)는 “나무를 베에 길을 정리 중이기 때문이다 [斬伐樹木除道也].”라고 했고, 매요신(梅堯臣)과 장예(張預) 역시 같은 견해이다.

5. 땅바닥의 풀잎을 묶어 장애물을 만들어 놓은 것은 적이 있는 것으로 우리가 의심토록 만들어 접근 못 하게 하려는 것이다.

衆草多障者 疑也
중초다장자 의야

1) 조조(曹操)는 “풀잎을 묶어서 장애물을 만들어 놓은 것은 우리가 의심을 하도록 만들려는 것이다 [結草爲障 欲使我疑也].”라고 했다.

2) 두우(杜佑)는 조조의 주(注)에 추가해서 “풀숲에 장애물을 만들어 놓은 것은 도주하려는 적이 우리의 추격을 우려해 속임수를 쓴 것으로

매복이 있는 것처럼 보이려는 것이다 [稠草中多障蔽者 敵必避去 恐追及 多作障蔽 使人疑有伏焉].”라고 했고, 두목(杜牧)은 “적이 영루(營壘)를 미처 완성하지 못했거나 은밀히 도주하려 할 때 우리의 습격이나 추격을 우려해 마치 매복이 있는 것처럼 보임으로써 우리를 의심토록 만들어서 전진하지 못하게 만들려는 것이다 [敵人或營壘未成 或拔軍潛去 恐我來追 或爲掩襲 故結草使往往相聚 如有人伏藏之狀 使我疑而不敢進也].”라고 했고, 가림(賈林)은 “풀잎을 묶어서 장애물을 만들어 놓은 것은 자신들의 병력이 부실한 것처럼 우리가 의심토록 만든 후 따로 기습을 하려는 것이니 잘 살펴서 대비해야 한다 [結草多爲障蔽者 欲使我疑之 於中兵必不實 欲別爲攻襲 宜審備之].”고 했고, 장예(張預)는 “적이 우리를 추격하려 할 때 장애물을 만들어 놓는 것은 흔적을 남기고 도주함으로써 추격을 막으려는 것이고, 우리를 공격하려 할 때 초목을 모아 지키고 있는 것같이 보이는 것은 우리가 그쪽을 대비하게 해 놓고 다른 쪽을 기습하려는 것으로 모두 우리를 의심하게 만들려는 것이다 [或敵欲追我 多爲障蔽 設有形以遁 以避其追 或欲襲我 叢聚草木 以爲人屯 使我備東而擊西 皆所以爲疑也].”라고 했다.

6. 새들이 돌연 날아오르는 것은 적의 매복이 있기 때문이다.

鳥起者 伏也
조기자 복야

1) 장예(張預)는 “새들은 평소 수평으로 날아다니는데 돌연 위로 높이 치솟는 것은 밑에 복병이 있기 때문이다 [鳥適平飛 至彼忽高起者 下有伏兵也].”라고 했다.

7. 짐승들이 놀라는 것은 적이 기습해 오는 것이다.

獸駭者 覆也
수해자 복야

1) 조조(曹操)는 "적이 양익을 펼치고 넓게 포진해서 나를 격멸하기 위해 오는 것이다 [敵廣陳張翼 來覆我也]."라고 했지만, 이전(李筌)은 "적이 불시에 오는 것을 「복(覆)」이라 한다 [不意而至曰覆]."고 했고, 두목(杜牧)도 "적이 기습을 하려면 험한 숲속의 다른 길로 올 것이므로 숨어있던 짐승들을 놀라서 흩어지게 만든다. 「복(覆)」은 기습을 말한다 [凡敵欲覆我 必有他道險阻林木之中 故驅起伏獸駭逸也 覆 來襲我也]."고 했고, 진호(陳皞)와 장예(張預)의 해석도 역시 동일하다. 진호는 「복(覆)」을 「잠래엄(潛來掩)」이라 했고, 장예(張預)는 「엄복(掩覆)」이라고 했다. 매요신(梅堯臣)은 「부근에 매복이 있는 것이다 [旁有伏]」라고 했는데 중국사회과학원의 ≪손자병법대전≫에서는 매요신은 「복(覆)」을 「복(伏)」과 같은 의미로 본 것이고 그렇다면 앞의 「조기자 복야(鳥起者 伏也)」라는 구절과 중복될 뿐 아니라 매복이 있어 짐승들이 놀란다는 것은 잘못된 일이라고 했다. 매요신이 「복(覆)」을 「복(伏)」으로 본 것과 그렇다면 앞 구절과 중복된다고 한 것은 맞는 말이지만, 「매복이 있어 짐승들이 놀란다는 것은 잘못된 일」이라고 한 것은 틀린 말이다. 매복 중인 병사가 계속 죽은 듯이 있을 수는 없고 감각이 예민한 짐승들은 조그만 움직임에도 놀랄 것이기 때문이다.

8. 흙먼지가 높게 좁은 폭으로 피어오르는 것은 적의 전차(戰車)가 오는 것이다.

塵高而銳者 車來也
진고이예자 거내야

1) 두목(杜牧)은 "전차가 빨리 달리면 반드시 일렬로 달릴 것이므로 먼지가 높게 좁은 폭으로 피어오른다 [車馬行疾 仍須魚貫 故塵高而尖]."고 했고, 매요신(梅堯臣)은 "말발굽과 전차 바퀴는 무겁기 때문에 (땅을 깊이 파므로) 먼지가 높게 좁은 폭으로 피어오른다 [蹄輪勢重 塵必高銳]."고 했고, 장예(張預)는 "전차가 빨리 달리면 무거운 말발굽과 전차 바퀴가 앞의 말밥굽과 바퀴의 자국을 따라 달릴 것이므로 먼지가 높고 좁은 폭으로 똑바로 피어오른다 [車馬行疾而勢重 又轍迹相次而進 故塵埃高起而銳直也]."고 했다.

9. 흙먼지가 낮고 넓게 피어오르는 것은 적의 보병이 오는 것이다.

卑而廣者 徒來也
비이광자 도내야

1) 두목(杜牧)은 "보병은 속도가 느리고 또 여러 종대로 나뉘어서 올 수 있으므로 먼지가 낮고 넓게 피어오른다 [步人行遲 可以竝列 故塵低而闊也]."고 했다.

10. 흙먼지가 이리저리 흩어져 드문드문 피어오르는 것은 적이 땔감을 채취하고 있는 것이다.

散而條達者 樵採也
산이조달자 초채야

1) 두목(杜牧)은 “땔감을 채취할 때는 병사들이 이리저리 흩어지므로 흙먼지가 흩어진다. 「조달(條達)」은 종횡으로 종종 끊기는 모습을 말한다 [樵採者 各隨所向 故塵埃散衍 條達 縱橫斷絶貌也].”고 했고, 왕석(王晳)은 “「조달(條達)」은 미세하고 종종 끊기는 모양을 말한다 [條達 纖微斷續之貌].”고 했다.

2) 이와 달리 이전(李筌)은 「초채(樵採)」를 「신래(薪來)」로 고쳐 읽으면서 춘추시대에 진(晉) 평공(平公)이 제(齊) 평음(平陰)을 공격할 때 세(勢)를 과장하기 위해 전차에 나뭇가지를 매달고 달리게 해 흙먼지를 일으킨 것이 바로 「신래(薪來)」의 의미라고 했다. 중국사회과학원의 ≪손자병법대전≫에서는 이전(李筌)의 해석과 아울러 ≪통전≫과 ≪태평어람≫에 「초채(樵採)」가 「신채래(薪採來)」로 되어 있고, 「초(樵)」는 「신(薪)」과 같은 뜻임을 근거로 원래 「신래(薪來)」로 되어 있던 원문이 「采」가 「來」와 글자가 비슷해서 「신채(薪采)」로 잘못 쓰였다가 이것이 「초채(樵採)」로 바뀌었을 것으로 보고, 원문의 「초채(樵採)」를 「신래(薪來)」로 고쳤다. 전례(戰例)를 볼 때 개연성이 높은 추론이기는 하지만 나뭇가지를 전차에 매달고 달릴 때의 흙먼지 모습을 미세하거나 종종 끊기는 모습이라고 하는 것은 무리일 것으로 보인다.

11. 흙먼지가 이리저리 오가면서 조금씩 피어오르는 것은 적이 숙영을 준비하는 것이다.

少而往來者 營軍也
소이왕래자 영군야

1) 두우(杜佑)는 "영루(營壘)를 세울 때는 경병(輕兵)이 척후로 이리저리 오가므로 흙먼지가 조금씩 피어오른다 [欲立營壘 以輕兵往來爲斥候 故塵少也]."고 했고, 장예(張預)는 "책(柵)과 영(營)을 나눌 때는 반드시 먼저 경기(輕騎)를 사방으로 보내 지형의 험이(險易)와 광협(廣狹)을 살펴보게 하므로 흙먼지가 미세하게 피어오른다 [凡分柵營者 必遣輕騎四面 近視其地 欲周知險易廣狹之形 故塵微而來]."라고 했다.

12. 적이 어투는 공손하지만 병력과 장비를 늘이고 있는 것은 우리를 공격하려는 것이다.

辭卑而益備者 進也
사비이익비자 진야

1) 조조(曹操)는 "적의 사자(使者)가 와서 공손한 투로 말하면서 우리의 모습을 살피지만 적이 병력과 장비를 늘이는 때를 말한다 [其使來辭卑 使間視之 敵人增備也]."고 했고, 두목(杜牧)은 "적의 사자가 와서 겸손한 투로 말을 하는 한편 영루(營壘)를 보강하면서 우리를 두려워하는 것처럼 하는 것은 우리를 교만하게 만들어 대비를 소홀하게 하려는 것으로 반드시 공격해 올 것이다 [敵人使來 言辭卑遜 復增壘塗壁 若懼我者 是欲驕我使懈怠 必來攻我也]."라면서 앞의 「七. 군쟁(軍爭)」 편의 「후인발선인지(後人發 先人至)」 부분에서 소개한 전국(戰國) 시대 진(秦)과 조(趙)

의 알여전(閼與戰)을 들었다. 당시 알여를 구원 나간 조장(趙將) 조사(趙奢)는 도중 영루를 증축하고 진격하지 않으면서 진군(秦軍) 측이 사자를 보내면 반드시 겸손한 어투로 극진히 대접해서 보냈다.

2) 장예(張預)는 본 구절에 부합하는 전례(戰例)로 전국(戰國) 시대에 제(齊)의 즉묵(卽墨)을 포위한 연장(燕將) 기겁(騎劫)을 격파한 제장(齊將) 전단(田單)의 예를 들고 있다. 당시 전단은 즉묵성의 건장한 병력은 숨기고 노약자와 부녀자들만 성벽에 세워놓은 후 기겁에게 사자를 보내 투항을 약속하고, 민간의 금 1천 일(鎰)을 모아 즉묵성 부호들을 기겁에게 보내 바치게 하면서 곧 항복할 것이니 가족은 잡아가지 말라고 부탁하게 하는 등 연군(燕軍)을 교만하게 만들어 경계심을 풀게 한 후 기습 출격으로 연군을 격파했다.

13. 적이 어투도 강경하고 공격할 것 같이 함은 실은 퇴각하려는 것이다.

辭强而進驅者 退也
사강이진구자 퇴야

1) 조조(曹操)는 이는 "속임수이다 [詭詐也]."라고 했다.

2) 왕석(王晳)은 "어투가 강경하고 공격할 것 같은 태세를 취하는 것은 자신들이 떠나려는 것을 내가 모르게 하려는 것이다 [辭强而進形欲我不虞其去也]."라고 했다.

3) 두목(杜牧)은 본 구절에 부합하는 전례(戰例)로 오왕(吳王) 부차(夫差)가 진(晉) 정공(定公)과 황지(黃地)에서 회맹을 하러 북상했다가 맹주(盟主) 자리를 놓고 1개월 넘게 다투고 있던 중에 후방에서 월왕(越王) 구천(句踐)이 오(吳)를 침범하자 물러날 때의 일을 들고 있다.

당시 부차는 대부(大夫) 왕손락(王孫雒)의 계책에 따라 진(晉)을 압박해 맹주 자리를 양보케 하고 신속히 본국을 구원하러 가려고 대군을 거느리고 밤을 틈타 진(晉)의 군영(軍營) 앞 1리 지점으로 가서 좌, 우, 중앙 3개 방진(方陣) <사졸(士卒) 1백 인을 1개 열(列)로 해서 1백 개 열(列)을 편성한 것이 방진이므로 1만 명이 1개 방진이었다>으로 포진했다. 중군은 모두 흰 치마, 흰 기(旗), 흰 갑옷, 흰 깃 화살을 하니 귀신같이 보였고, 좌군은 이 모든 것을 붉은색으로 하니 마치 불같이 보였고, 우군은 모두 검은색이라 마치 먹같이 보였다. 그 위세가 당당한 것을 본 진군(晉軍)은 크게 놀라 오군(吳軍)에 사절을 보내 부차가 오공(吳公) 명의로 회맹을 주관할 것을 청했고, 이로써 회맹이 성사되자 부차는 급히 회군했다.

14. 적이 뜬금없이 화친을 청하는 것은 무슨 음모가 있는 것이다.

無約而請和者 謀也
무약이청화자 모야

1) 각 본에는 모두 본 구절이 다음의「輕車先出其側者 陳也」항 다음에 있지만 당(唐) 조유(趙蕤)의 ≪장단경(長短經)≫ 중 요적(料敵) 편과 황공(黃鞏)의 ≪손자집주(孫子集注)≫에는 본 구절을「輕車先出其側者 陳也」항보다 앞에 두었고, 조본학도 "본 구절은 앞 구절의 앞에 있어야 한다. 앞의「사비이익비자 진야(辭卑而益備者 進也)」및「사강이진구자 퇴야(辭強而進驅者 退也)」부분은 본 구절과 함께 모두 적이 보낸 사자(使者)의 임무에 대한 판단이기 때문이다 [此句當在上句之上 與進也退也 三句皆謂相其使命]."라고 했다. 이 견해가 매우 합리적일

뿐 아니라 「輕車先出其側者 陳也」 부분도 뒤의 「奔走而陳兵者 期也(奔走而陳兵者 期也)」 부분과 연결된 구로 볼 수 있으므로 이곳에서도 원문의 순서를 바꾸었다.

2) 「무약(無約)」에 대해 이전(李筌)은 「인질을 보내 맹약을 체결함이 없이 [無質盟之約]」의 뜻으로 보았고, 왕석(王晳), 진호(陳皞), 장예(張預)는 「뜬금없이 [無故]」의 뜻으로 보았고, 두우(杜佑)는 「맹약 체결 제의 없이 [無要約]」의 뜻으로 보았다.

3) 중국사회과학원의 ≪손자병법대전≫에서는 「約」에 「窮」의 뜻이 있음을 들어 「무약(無約)」을 「아직 곤궁한 일이 없음에도」의 의미로 보았다.

4) 이전(李筌)은 본 구절에 부합되는 전례로 전국(戰國) 시대에 제장(齊將) 전단(田單)이 즉묵(卽墨)을 포위한 연장(燕將) 기겁(騎劫)에게 항복을 약속 후 기습으로 격파한 일과 한왕(漢王) 유방이 형양성(滎陽城)에서 장군 기신(紀信)을 한왕으로 변장시킨 후 항복을 위장해 동문으로 나가게 한 후 그 사이 자신은 서문으로 탈출해 항우를 속인 일을 예로 들었다.

5) 장예는 본 구절에 부합되는 전례로 유방(劉邦)이 역이기(酈食其) 편에 진장(秦將) 가견(賈堅)에게 큰 재물을 보내 화친을 청한 후 기습으로 진군(秦軍)을 대파한 일과 오호십륙국(五胡十六國) 시대에 진장(晉將) 이구(李矩)가 형양(滎陽)을 포위한 유한(劉漢) <전조(前趙)> 장수 유창(劉暢)에게 항복을 청한 후 유창을 기습 격파한 일을 들었다.

6) 두목은 본 구절에 부합되는 전례로 서진(西晉) 말기에 자립한 왕준(王浚)이 칭제(稱帝)하려 할 때 석륵(石勒)이 왕준에게 신복(臣服)하면서 왕준이 자신을 의심하지 않음을 알고 직접 계성(薊城)으로 가서 황제 존호를 올리겠다고 한 후 예물을 위장해 잡축 수만 마리를 몰고

계성으로 들어가 거리를 봉쇄해 복병의 기습을 차단 후 왕준을 사로잡은 일을 들었다.

15. 적의 경거(輕車)가 먼저 측익에서 나오면 이는 포진(布陣)을 끝낸 것으로 곧 공격하려는 것이다.

輕車先出其側者 陳也
경거선출기측자 진야

1) 「陳」은 「陣」과 통용되는 글자로 「포진」을 말한다. 조조는 "포진해 공격하려는 것이다 [陳兵欲戰也]."라고 했고, 두목은 이곳에서는 "경거(輕車)를 내보낸 것은 전진(戰陣)의 경계를 정하는 것이다 [出輕擧 先定戰陳疆界也]."라고 했고, 다음의 「분주이진병거자 기야(奔走而陳兵車者 期也)」 항에서는 이에 이어 "기(旗)를 세워 (전장의) 경계를 표시한다 [立旗爲表]." 했다. 전차가 옆에서 나와 전투대형의 양측 경계를 정해준다는 말인지 앞의 경계를 정해준다는 말인지 불분명하다. 그러나 가림은 "(옆에서 나온) 경거(輕車)가 앞에서 막는 것은 포진 후 공격해 오려는 것이다 [輕車前禦 欲結陣而來也]."라고 했고, 장예는 "경거(輕車)는 전차(戰車)를 말한다. 전차가 옆에서 나오는 것은 포진 후 공격하려는 것이다. 어려진(魚麗陳)에서는 먼저 뒤의 대오를 편성한다. 전차가 앞으로 온 것은 뒤의 대오 편성이 끝났다는 말이다. 따라서 공격하려면 전차가 먼저 옆에서 나온다 [輕車 戰車也 出軍其旁 陳兵欲戰也 按魚麗之陳 先偏後伍 言以車居前 以伍次之 然則是欲戰者 車先出其側也]."고 했다. 이는 옆에서 나온 전차가 앞으로 나가 전투대형 전단(前端)을 지정해준다는 말이다.

16. 적이 급히 포진하는 것은 공격개시 시간이 가까웠기 때문이다.

奔走而陳兵車者 期也
분주이진병거자 기야

1) 「진병거(陳兵車)」가 은작산죽간본, ≪통전≫, ≪태평어람≫에는 「진병(陳兵)」으로 되어 있지만 같은 의미이다.

2) 본 구절 중 「기(期)」는 「예정 시간」 또는 「공격개시 시간」을 말하고 영어의 「D-time(Departure time)」을 말한다. 본 구절에 대해 이전(李筌)은 "전투는 공격개시 시간이 있다. 이에 가까웠으므로 바쁜 것이다 [戰有期 及將用 是以奔走之]."라고 했고, 가림(賈林)은 "통상적 공격개시 시간이라면 바쁘지 않을 것이다. 멀리 있는 병력과 호응하면서 공격개시 시간이 가까웠음이 분명하고 합세해서 나를 공격하려는 것이 분명하니 속히 대비해야 한다 [尋常之期 不合奔走 必有遠兵相應 有晷刻之期 必欲合勢同來攻我 宜速備之]."고 했다. 두목(杜牧)은 "앞에서 「경거선출기측자 진야」라고 한 것은 먼저 전차가 나가 전장(戰場)의 경계를 정하면서 기(旗)를 세워 그 경계를 표시해 주는 것을 말하고 이때 병사들이 급히 이 표시가 있는 곳까지 달려가서 포진한다. 이 기(旗)가 바로 공격개시 시간을 알리는 것으로 병사들과 함께 이 기(旗) 밑으로 가기로 기약해 놓은 것이다. ≪주례≫, 대수(大蒐) 항에서는 「전차와 보병이 급히 달려 나가다 표(表)에 이르면 멈춘다.」고 한 것이 바로 이를 말한다 [上文輕車先出其側者 陳也 蓋先出車定戰場界 立旗爲表 奔走赴表 以爲陳也 旗者 期也 與民期於下也 周禮大蒐曰 車驟徒趨 及表乃止 是也]."고 했고, 매요신(梅堯臣), 왕석(王晳), 장예(張預)의 견해도 두목(杜牧)과 대동소이하다.

17. 적이 전진과 후퇴를 반복하는 것은 나를 유인하려는 것이다.

半進半退者 誘也
반진반퇴자 유야

1) 은작산죽간본에는 「반진반퇴자(半進半退者)」가 「반진자(半進者)」로 되어 있다. 원문을 전자로 하면 "전진과 후퇴를 반복한다."는 의미로 해석될 수 있고, 원문을 후자로 하면 "전진하는 시늉만 한다."는 의미로 해석될 수 있다.

2) 「반진반퇴자(半進半退者)」를 두목(杜牧)은 「거짓으로 난잡하고 질서 없는 모습을 보이는 것」이라고 보았고, 여타 주석가들의 견해도 모두 대동소이하다.

18. 적병들이 창이나 지팡이를 짚고 있는 것은 모두 굶주려 있다는 징후이다.

仗而立者 飢也
장이립자 기야

1) 「仗」이 「杖」으로 되어 있는 본도 있지만, 의미의 차이는 없다.

2) 장예(張預)는 이 구절의 의미에 대해 "사람은 굶주리면 지치고 따라서 병장기를 짚고 서있는 것이다. 식사는 상하가 모두 같은 때 하므로 1인이 굶주려 있는 것이 보이면 삼군(三軍)이 모두 그러하다는 징후이다 [凡人不食則困 故倚兵器而立 三軍飮食 上下同時 故一人飢則三軍皆然]."라고 했다.

19. 물을 긷는 적 병사가 자신부터 먼저 물을 마시는 것은 적이 모두 갈증에 시달리고 있다는 징후이다.

汲役先飮者 渴也
급이선음자 갈야

1) 「급역선음자(汲役先飮者)」는 은작산죽간본, ≪통전≫, ≪태평어람≫에 따른 것이다. 여타 본에는 「급이선음자(汲而先飮者)」로 되어 있다. 원문을 전자로 보아야 의미가 명확해지므로 이에 따랐다. 원문을 후자로 되어 있을 경우에도 주석가들은 그 의미를 전자와 같이 보았다. 장예(張預)는 이 구절의 의미에 대해 "물을 길으러 간 병사가 귀영 전에 먼저 그 물을 마시는 것은 삼군(三軍)이 모두 갈증에 시달리고 있다는 징후이다 [汲者未及歸營 而先飮水 是三軍渴也]."라고 했고 여타 주석가들의 견해도 대동소이하다.

20. 적이 진격하면 유리함을 알고도 진격 않는 것은 지쳐 있기 때문이다.

見利而不進者 勞也
견리이부진자 노야

1) 조조(曹操)는 "사졸들이 지쳐 있기 때문이다 [士卒疲勞也]."라고 했고, 장예(張預)는 "사졸들이 지치면 싸우게 할 수 없고 이럴 때는 비록 유리한 것을 알아도 장수는 진격할 수 없다 [士卒疲勞 不可使戰 故雖見利 將不敢進也]."고 했다.

21. 적의 군영(軍營)에 새들이 모여드는 것은 그곳에 적이 없다는 징후이다.

鳥集者 虛也
조집자 허야

1) 이전(李筌)은 "성벽 위에 새가 앉아 있는 것은 적군이 도주했다는 징후이다 [城上有鳥 師其遁也]."라고 했고, 두목(杜牧)은 "적이 지키고 있는 흔적을 남겨 놓고 도주한 것이다 [設有形而遁]."라고 했다.

22. 적 병사가 밤중에 큰소리를 내는 것은 모두 겁을 내고 있기 때문이다.

夜呼者 恐也
야호자 공야

1) 조조(曹操)는 "군사들이 밤에 소리를 지르는 것은 장수가 용맹하지 않을 때이다 [軍士夜呼 將不勇也]."라고 했지만, 두목(杜牧)은 "두렵고 불안하므로 밤에 소리를 질러 용맹한 척하는 것이다 [恐懼不安 故夜呼而自壯也]."라고 했고, 진호(陳皞)와 맹씨(孟氏)는 "10인 중 1인이 용맹하면 나머지는 겁이 많아도 용맹한 1인을 믿고 안심할 수 있다. 군사들이 밤에 소리를 지르는 것은 장수가 용맹하지 않기 때문이다. 조조의 말이 맞다 [十人中一人有勇 雖九人怯懦 恃一人之勇 亦可自安 今軍士夜呼 蓋是將無勇 曹說是也]."라고 했다.

23. 적의 군영(軍營)이 소란한 것은 적장(敵將)이 진중하지 못하고 위엄이 없기 때문이다.

軍擾者 將不重也
군요자 장부중야

1) 진호(陳皞)와 매요신(梅堯臣)은 "장수의 법령이 엄하지 못하고 언행이 경솔하면 사졸들이 소란해진다 [將法令不嚴 威容不重 士因以擾亂也]."라고 했다.

24. 적의 정기(旌旗)가 정연하지 못한 것은 군영(軍營)에 질서가 무너진 것이다.

旌旗動者 亂也
정기동자 난야

1) 장예(張預)는 "정기는 병력을 정렬시키는 수단인데 정연하지 못하고 어지러운 것은 그 대오(隊伍)가 난잡하기 때문이다 [旌旗所以齊衆也 而動搖無定 是部伍雜亂也]."라고 했다.

25. 간부들이 장수에게 화를 자주 내는 것은 고달프기 때문이다.

吏怒者 倦也
이노자 권야

1) 가림(賈林)은 "사람은 고달프면 화를 잘 낸다 [人困則多怒]."고 했다.

2) 두목(杜牧)은 "모든 병력이 고달프기에 (간부가 장수를) 두려워

하지 않고 화를 내는 것이다 [衆悉倦弊 故吏不畏而忿怒也].”라고 했고, 진호(陳皥)는 “장수가 불요불급한 노역을 시켜 모두가 고달픈 경우를 말한다 [將興不急之役 故人人倦弊也].”라고 했고, 매요신(梅堯臣)은 “고달픈 간부들이 (장수가) 화를 내도 두려워 피하지 않는 경우를 말한다 [吏士倦煩 怒不畏避也].”라고 했고, 장예(張預)는 “정령이 통일되지 않아 모두 고달프게 되어 간부들이 자주 화를 내는 것이다 [政令不一 則人情倦 故吏多怒也].”라고 했다. 이들 모두 간부들이 장수에게 화를 내는 것으로 본 구절을 해석했다.

26. 적이 말에게 양곡을 먹이고, 병사들은 육식(肉食)을 하고, 군영(軍營) 내에 취사도구가 걸려 있지 않고, 막사로 돌아가지 않는 것은 궁지에 몰린 적이 결사적으로 싸우려는 것이다.

粟馬肉食 軍無懸缻 而不返其舍者 窮寇也
속마육식 군무현부 이불반기사자 궁구야

1) 「부(缻)」는 ≪십일가주손자≫에 따른 것으로 「취사용 질그릇」을 말하지만, 「추(甀)」 <물 긷는 항아리>, 「관(缶)」 <물 긷는 동이>, 「단(簞)」 <도시락용 소쿠리> 등으로 되어 있는 본도 있다.

2) 두목(杜牧)은 「속마(粟馬)」는 「양곡을 말에게 먹이는 것 [以糧穀秣馬也]」을 말하고, 「육식(肉食)」은 「소나 말을 잡아 병사들을 먹이는 것 [殺牛馬饗士也]」을 말하고, 「무현부(無懸缻)」는 「모두 부수고 더는 취사를 하지 않을 것을 보여주려는 것 [悉破之 示不復炊也]」이고, 「불반기사(不返其舍)」는 「주야로 전투대형을 유지하고 있기 때문 [晝夜結部伍也]」이라고 했다. 여타 주석가들의 해석도 대동소이하다.

27. 적 병사들이 여기저기 모여 수군대는 것은 장수가 인심을 잃었음을 말한다.

諄諄翕翕 徐與人言者 失衆也
순순흡흡 서여인언자 실중야

1) 「서여인언자(徐與人言者)」가 ≪통전≫에는 「서언인입자(徐言人入者)」로 되어 있고, ≪태평어람≫과 황공(黃鞏)의 ≪손자집주(孫子集注)≫에는 「서언입입자(徐言入入者)」로 되어 있다. 모두 같은 의미이다.

2) 조조(曹操)는 "「순순(諄諄)」은 어투를 말하고 「흡흡(翕翕)」은 자신이 없는 모습을 말한다 [諄諄 語貌 翕翕 失志貌]."고 했다.

3) 가림(賈林)은 "「순순(諄諄)」은 은근히 의논하는 어투를 말하고 「흡흡(翕翕)」은 불안한 모습을 말한다. 남과 천천히 말하는 것은 서로 묻는 모습을 말한다. 이는 분명 마음이 산란하고 그 대오도 흩어진 것이다 [諄諄 竊議貌 翕翕 不安貌 徐與人言 遞相問貌 如此者 必散失部曲也]."라고 했다. 대오가 흩어져 부하들이 불안해하고 있다는 말이다.

4) 장예(張預)는 "「순순(諄諄)」은 어투를 말하고 「흡흡(翕翕)」은 모여 있는 모습을 말하고 서(徐)는 느리다는 말이다. 사졸들이 모여 은밀히 수군대는 것은 윗사람을 못마땅하게 여기는 것이고 이는 (윗사람이 사졸들의) 인심을 잃은 것이다 [諄諄 語也 翕翕 聚也 徐 緩也 彥士卒相聚私語 低緩而言 以非其上 是不得人心也]."라고 했다. 부하들이 수군대는 것은 장수를 불신하기 때문이라는 말이다. 왕석(王晳)과 하연석(何延錫)의 해석도 이와 유사하다.

5) 이전(李筌)은 "「순순흡흡」은 귓속말을 하는 모습이다. 사졸들이 두려워하고 있어 윗사람들이 부하들에게 조용히 말하고 있는 것으로 병력이 흩어진 것을 말한다 [諄諄翕翕 竊議貌 士卒之心恐 上則私語而

言 是失衆也].”라고 했다. 장수가 부하들에게 큰소리를 못 내고 있다는 말이다. 두목(杜牧)과 매요신(梅堯臣)의 견해도 이와 유사하다.

28. 적의 군중(軍中)에서 빈번히 사졸들에게 상(賞)을 내리는 것은 세력이 궁색해졌기 때문이다.

數賞者 窘也
수상자 군야

1) 이전(李筌)은 “궁색해지면 빈번히 사졸들에게 상(賞)을 내려 진격을 권한다 [窘則數賞以勸進].”고 했다.

2) 두목(杜牧)은 “세력이 궁색해지면 사졸들이 반란을 일으킬 것을 우려해 빈번히 상(賞)을 내려 사기를 올려준다 [勢力窘窮 恐衆爲叛 數賞而悅之].”고 했고, 매요신, 왕석 장예의 해석도 두목과 같다.

3) 맹씨는 “보급이 궁해지면 사졸들이 게을러질 것을 우려해 따로 작은 상(賞)을 내린다 [軍實窘也 恐士卒心怠 故別行小惠也].” 했다.

29. 적의 군중에서 빈번히 징벌을 가하는 것은 사졸들이 지쳐 있기 때문이다.

數罰者 困也
수벌자 곤야

1) 이전(李筌)은 “사졸들이 지치면 빈번히 징벌을 가해 독려한다 [困則數罰而勵士].”고 했다.

2) 두목(杜牧)은 “사졸들이 지치면 형벌을 두려워 않기 때문에 더욱

빈번히 징벌을 가해 형벌을 두려워하게 만든다 [人力困弊 不畏刑罰 故數罰而懼之].”고 했다.

3) 매요신(梅堯臣)은 “사졸들이 지쳤을 때는 명(命)을 감당 못하므로 빈번한 징벌로 위엄을 세운다 [人弊 不堪命 屢罰而立威].”고 했다.

4) 왕석(王晳)은 “사졸들이 지치면 긴장하지 않으므로 빈번히 징벌을 가해 위협하게 된다 [衆困而不精勤 則數罰而脅之].”고 했다.

30. 먼저 적을 얕보고 거칠게 나가다가 나중 적의 병력이 많은 것을 알고 두려워하는 것은 적정(敵情) 판단이 지극히 미숙한 것이다.

先暴而后畏其衆者 不精之至也
선폭이후외기중자 부정지지야

1) 조조(曹操)는 “먼저 적을 얕보다가 나중에 적 병력이 많은 것을 알고 두려워하는 것을 말한다 [先輕敵 後聞其衆 則心惡之也].”고 했고, 두목(杜牧)은 “적정 판단이 극히 미숙한 것이다 [料敵不精之甚].”라고 했다. 이전(李筌), 장예(張預)의 견해도 유사하다.

2) 조조 등과는 달리 매요신(梅堯臣)은 “처음에는 병력을 엄격하고 난폭하게 다루다가 나중 병사들의 이반을 두려워하는 것은 병력통제가 극히 미숙한 것이다 [先行乎嚴暴 後畏其衆離 訓罰不精之極也].”라고 했다. 두우(杜佑), 가림(賈林), 왕석(王晳)의 견해도 유사하다. 앞의 상벌(賞罰)에 관한 문구와 연결된 문구로 본 것이다.

31. 적의 사자(使者)가 위축된 자세로 사과하는 것은 휴식을 취하려는 것이다. 적이 노한 기세로 대치하고 있지만 오래 교전도 하지 않고 물러서지도 않을 때는 기병(奇兵)이나 복병(伏兵)이 없는지 잘 살펴보아야 한다.

來委謝者 欲休息也 兵怒而相迎 久而不合 又不相去 必謹察之
내위사자 욕휴식야 병노이상영 구이부합 우불상거 필근찰지

1) 「위사(委謝)」에 대해 이전(李筌)은 「앞에서는 느리지만 뒤에서는 서두르는 것 [徐前後疾]」을 말한다고 했지만 의미가 통하지 않는다. 두목(杜牧)과 매요신(梅堯臣), 장예(張預)는 「인질을 맡기면서 사과하는 것 [委質來謝]」을 말한다고 했지만, 휴식을 취하려 한다는 것은 다시 싸울 의사가 있다는 말로 인질을 맡긴다는 것은 불합리하다. 가림(賈林)은 「위축되어 사과하는 것 [氣委而言謝]」을 말한다고 했다.

2) 「병노이상영(兵怒而相迎)」이 「병노이상근(兵怒而相近)」으로 되어 있는 본도 있지만 의미는 같다.

3) 「필근찰지(必謹察之)」에 대해 조조(曹操)는 "기병(奇兵)이나 복병(伏兵)에 대비해야 한다."는 의미로 보았고, 여타 주석가들의 견해도 모두 같다.

4) 앞서 장예(張預)는 "「적근이정(敵近而靜)」부터 「필근찰지(必謹察之)」까지는 상적(相敵) <적정(敵情) 판단>에 관한 것이다."라고 했고, 왕석(王晳)은 "상적(相敵)에 관한 항이 31개이다."라고 했고, 이곳에서 매요신(梅堯臣)도 "이곳까지가 적정(敵情) 판단에 관한 내용이다 [此以上論敵情]."라고 했다.

II-2. 상적(相敵) 31개 항에 대한 보충설명

병력은 많을수록 좋은 것만은 아니다. 무모하게 진격하려고 하지 말고 잘 훈련한 병력을 집중 운용하면서 적정(敵情)을 잘 살펴서 적을 이기면 되는 것이다.

兵非益多也 惟無武進 足以并力 料敵 取人而已
병비익다야 유무무진 족이병력 요적 취인이이

1) 「병비익다야(兵非益多也)」가 「병비귀익다야(兵非貴益多也)」로 되어 있는 본도 있지만 뜻은 같다. 조조(曹操)는 "세력이 같으면 된다는 뜻이다 [權力均也]."라고 했다.

2) 「유무무진(惟無武進)」에 대해 조조(曹操)는 "득이 될 것이 없다 [未見便也]."라고 했고, 장예(張預)는 "「무(武)」는 「빈틈없이 강건함」을 말한다. 빈틈없이 강건하지 못하고 함부로 진격하면 이롭지 못하다 한다 [武 剛也 未能用剛武以輕進 謂未見利也]."고 했다.

3) 「족이병력(足以并力)」에 대해 조조(曹操)는 "잘 훈련된 병력이면 족하다 [厮養足也]."고 했고, 두목(杜牧)은 "적과 내가 병력이 대등하면 된다는 말이다 [言我與敵人兵力皆均]."라고 했고, 진호(陳皞), 매요신(梅堯臣), 장예(張預)의 견해도 이와 대동소이하다. 이 구절과 앞의 「병비익다야」라는 구절과 관련해서 진호는 "굳이 타국에 병력 지원을 요청할 필요가 없다 [不必他國 乞師]."라고 했고, 두목(杜牧)과 장예(張預)도 같은 견해이다.

4) 「취인(取人)」에 대해 이전(李筌)은 「득인(得人)」의 의미로 보았다. 「인(人)」을 「인재(人材)」의 의미로 본 것이다. 진호(陳皞)의 해석도 같다. 그러나 두목(杜牧)은 「취승(取勝)」의 의미로 보았다. 「인(人)」을 「적(敵)」의 의미로 본 것이다. 조조, 가림, 매요신, 왕석, 장예의 해석도 두

목과 대동소이하다. 뒤에 「고합지이문 제지이무 시위필취(故合之以文 齊之以武 是謂必取)」라는 구절에 비추어 두목(杜牧)의 해석이 타당하다.

적정(敵情)을 깊이 살펴보지 않고 적을 얕보면 적에게 사로잡힌다.

夫惟無慮而易敵者 必擒於人
부유무려이역적자 필금우인

1) 진호(陳皞)는 "깊은 생각 없이 적을 얕보면 적에게 잡힌다는 말이며 단지 용기만 말한 것이 아니다. 좌전(左傳)에 「벌과 전갈에게도 독이 있는데 하물며 국가인데야」라는 말이 있듯이 소국(小國)이라도 얕보면 안 된다 [此言殊無遠慮 但輕敵者 必爲其所擒 左傳曰 蜂蠆有毒 而況國乎 則小敵亦不可輕]."고 했고, 여타 주석가들의 견해도 대동소이하다.

Ⅲ. 병력지휘의 중요한 요소

사졸들이 아직 장수를 따르지 않는데 징벌을 가하면 사졸들이 불복하고 불복하는 사졸들은 전투에서 쓰기 어렵다. 사졸들이 장수를 따른다고 과오에 대해 징벌을 가하지 않아도 전투에서 쓸 수 없다.

卒未親附而罰之則不服 不服則難用也 卒已親附而罰不行 則不可用也
졸미친부이벌지즉부복 불복즉난용야 졸이친부이벌불행 즉불가용야

1) 두목(杜牧)은 "은신(恩信)을 미흡하게 베풀고 형벌로 다스리면 안 된다 [恩信未洽 不可以刑罰齊之]."고 했고, 장예(張預)는 "새로 장수에 취임한 후 사졸들에게 은신(恩信)을 베풀기 전에 서둘러 형벌로 다스리려 하면 화를 내도 사졸들을 부릴 수 없다 [驟居將帥之位 恩信

未加於民 而遽以刑法齊之 則怒恚而難用].”고 했다.

2) 조조(曹操)는 “은신(恩信)을 흡족하게 베푼 후에도 과오에 대해 형벌을 가하지 않으면 교만하고 나태해져서 부리기 힘들어진다 [恩信已洽 若無刑罰 則驕惰難用也].”고 했다.

따라서 「인(仁)」과 「은(恩)」으로 부하들을 따르게 한 다음에 「위(威)」와 「벌(罰)」로써 과오를 다스리면 반드시 적을 이길 수 있다.

故合之以文 齊之以武 是謂必取
고령지이문 제지이무 시위필취

1) 「합지이문(合之以文)」은 은작산죽간본과 ≪태평어람≫에 따른 것이다. 여타 본은 모두 「영지이문(令之以文)」으로 되어 있다. 후자를 원문으로 보면 「문(文)」과 「무(武)」를 병용하라는 의미가 되고 따라서 매요신은 “은(恩)과 위(威)를 병행하면 반드시 이길 수 있다 [恩威並著則能必勝].” 했고 여타 주석가들의 견해도 같다. 그러나 앞의 「졸미친부이벌지즉불복(卒未親附而罰之則不服)」 이하의 구절을 보면 「문(文)」을 선행한 다음 「무(武)」로 다스린다고 해야 타당하므로 「합지이문(合之以文)」을 원문으로 보는 것이 옳다. 매요신은 본 구절과 관련해 ≪서경≫, 윤정(胤征) 편에 “위엄이 은애(恩愛)보다 앞서면 이길 수 있지만 은애가 위엄보다 앞서면 이길 수 없다 [威克厥愛 允濟 愛克厥威 允罔功].”라는 구절이 있음에도 손무(孫武)가 애(愛)를 선행해야 한다고 한 이유에 대해 “≪서경(書經)≫에서 말한 것은 인인(仁人)이 다스리는 병력을 말한 것으로 왕(王)이 된 자 <즉, 인인(仁人)>는 평소 은덕을 후하게 베풀어 이미 병사들이 따르고 있으므로 이 병력을 전투에 쓸 때는 위엄을 세우는 것이 중요했다. 그러나 손무가 말한 것은 전국시대

의 병력이며 패권을 다투는 제후들은 평소 병력을 엄한 법령으로 다스리므로 인심이 이반되기 쉽고 따라서 이들을 전투에 쓸 때는 은신(恩信)이 미흡하지 않도록 하는 것이 중요했다 [書之所稱 仁人之兵也 王子之於民 恩德素厚 人心已附 及其用之 惟患乎寡威也 武之所陳 戰國之兵也 覇者之於民 法令素酷 人心易離 及其用之 惟患乎少恩也].”라고 했다.

2) 조조(曹操)는 「문(文)」은 「인(仁)」, 「무(武)」는 「법(法)」을 말한다고 했고, 이전(李筌)은 「문(文)」은 「인은(仁恩)」, 「무(武)」는 「위벌(威罰)」을 말한다고 했다.

군령(軍令)이 평소 시행되고 있을 때 병사들에게 명(命)을 내리면 복종하지만 군령(軍令)이 시행되지 않고 있을 때는 명(命)을 내려도 불복한다. 군령(軍令)이 평소 시행되고 있는 것은 장수와 병사들이 의기가 투합한 것이다.

令素行以敎其民則民服 令素不行以敎其民則民不服 令素行者 與衆相得也
영소행이교기민즉민복 영소불행이교기민즉민불복 영소행자 여중상득야

1) 장예(張預)는 “장수가 병사들을 믿고 부리고 병사들이 장수를 믿고 복종하는 것이 상하 간에 의기가 투합한 것이다 [上以信使民 民以信服上 是上下相得也].”라고 했다.

제10편

지형(地形)

地 形

- 본 편 내용 중 지형에 관한 부분은 「통형(通形), 괘형(挂形), 지형(支形), 애형(隘形), 험형(險形), 원형(遠形)」 6개 지형에 관한 일부뿐이고, 나머지는 패배의 6가지 유형인 「주(走), 이(弛), 함(陷), 붕(崩), 난(亂), 배(北)」에 이어 「상장(上將)의 임무」 및 「지피지기(知彼知己)」와 에 관한 것이다.
- 조조(曹操)는 "싸우려고 할 때는 지형을 보고 승리할 수 있는 계책을 세워야 한다 [欲战 审地形以立勝也]."고 했고, 이전(李筌)은 "군대가 출동한 후에는 반드시 지형의 변화가 있다 [軍出之後 必有地形變動]."고 했다.
- 장예(張預)는 "출전 후 언제나 우선 50리 이내 산천 형세를 보고 병사들을 보내 적의 복병이 있는지 정찰케 한 후 장수 자신이 직접 가서 지세(地勢)를 보고 이를 그림으로 그려놓고 그 험이(險易)를 숙지해야 한다. 타국 영역에서 용병 때는 지형을 보고 승리할 수 있는 계책을 세워야 하므로 본 편을 행군(行軍) 편 다음에 둔 것이다 [凡軍有所行 先五十里內山川形勢 使軍士伺其伏兵 將乃行視地之勢 因而圖之 知其險易 故行師越境 审地形以立勝 故次行軍]."라고 했다.

I. 6개 지형(地形)

지형에는 통형(通形), 괘형(挂形), 지형(支形), 애형(隘形), 험형(險形), 원형(遠形)의 6가지가 있다.

地形有通者 有挂者 有支者 有隘者 有險者 有遠者
지형유통자 유괘자 유지자 유애자 유험자 유원자

1. 통형(通形) <사통팔달의 지형>은 나도 갈 수 있고 적도 올 수 있는 지형이다. 높고 양지 바른 곳을 먼저 점거하고 양도(糧道)를 유지하면 전투에 유리하다.

我可以往 彼可以來 曰通 通形者 先居高陽 利糧道 以戰則利
아가이왕 피가이래 曰通 통형자 선거고양 이양도 이전즉리

1) 매요신(梅堯臣)은 「사방의 도로가 교차하는 곳 [道路交達]」을 말한다고 했다. 이런 지형을 통상 「사전지지(四戰之地)」라고 부른다. 사방에서 적이 공격해 올 수 있는 곳이라는 말이다.

2) 조조(曹操)와 왕석(王晳)는 이런 곳에서는 "적을 내 의도대로 끌고 가야지 내가 적의 의도대로 끌려가면 안 된다 [寧致人 無致于人]." 고 했다.

3) 두목(杜牧)은 "양도(糧道)를 유지하려면 나루터, 협로 등 적이 올 길목에 영루(營壘)를 쌓고 용도(甬道)를 만들어 보호해야 한다 [每於津阨或敵人要衝 則築壘或作甬道 以護之]."고 했다. 용도(甬道)는 도로에 가림막을 설치해 적의 관측을 차단해 놓은 도로를 말한다.

2. 괘형(挂形) <들어가기는 쉬워도 빠져나오기는 어려운 지형>은 갈 수는 있어도 돌아오기는 어려운 지형이다. 적이 선점했어도 대비가 없을 때는 출전해서 이길 수 있지만, 적이 선점해서 대비하고 있으면 출전해서 이기기 못할 때 돌아오기 어려우므로 불리하다.

可以往 難以返 曰挂 挂形者 敵無備 出而勝之 敵若有備 出而不勝 則難以返 不利
가이왕 난이반 왈괘 괘형자 적무비 출이승지 적약유비 출이불승 즉난이반 불리

1) 「괘(卦)」는 「매달리다」 또는 「내걸리다」는 뜻을 지녔다.

2) 매요신(梅堯臣)은 "그물 같은 곳을 말하며, 들어가면 반드시 붙들려 그물에 걸려 매달리는 형세가 된다 [網羅之地 往必掛綴]."고 했고, 두목(杜牧)은 "험하고 막힌 곳으로 적과 이런 곳에 함께 있을 때 개의 이빨처럼 서로 얽혀서 움직이면 장애물에 걸리게 된다. 이런 곳으로 가서 공격할 때 적이 대비가 없으면 반드시 이길 수 있고 험하고 막힌 곳이 얽혀 있어도 적은 이미 패한 이후에는 나의 귀로를 차단할 수 없다. 그러나 적이 대비가 있을 때는 내가 못 이기면 적이 험지를 지키면서 나의 귀로를 차단하므로 돌아오기 어렵다 [險阻之地 與敵共有 犬牙相錯 動有掛礙也 往攻敵 敵若無備 攻之必勝 則雖與險阻相錯 敵人已敗 不得復邀我歸路矣 若往攻敵人 敵人有備 不能勝之 則爲敵人守險阻 邀我歸路 難以返也]."고 했고, 진호(陳皡)는 "부득이 이런 곳에 들어갔을 때는 지구전을 펴야 하고 적의 식량을 약탈해서 지내다가 적절한 틈을 노려 공격해야 한다 [不得已陷在此 則須爲持久之計 掠取敵人之糧 以伺利便而擊之]."고 했다.

3. 지형(支形) <양측이 점거한 험지의 중간 지형>은 내가 먼저 출전해도 불리하고 적이 먼저 출전해도 불리한 지형이다. 적이 유인해도 나가면 안 되고, 위장 퇴각하다가 적이 현 위치에서 절반쯤 나왔을 때 반격하면 유리하다.

我出而不利 彼出而不利 曰支 支形者 敵雖利我 我無出也 引而去之 令敵半出而擊之 利
아출이불리 피출이불리 왈지 지형자 적수이아 아무출야 인이거지 영적반출이격지 이

1) 「지(支)」는 「대치」의 뜻이며, 「지형(支形)」은 양측이 마주보고 있는 두 험지를 각기 차지하고 대치하고 있을 때 그 중간 지역을 말한다.

2) 매요신(梅堯臣)은 「서로 대치할 수 있는 지형 [相持之地]」을 말한다면서, "피차가 모두 험지를 점거하고 있어 먼저 현 위치에서 나가는 측이 반드시 패한다. 적이 유인해도 끌려 나가면 안 되고 위장 퇴각으로 적을 끌어내 적이 반쯤 나왔을 때 반격해야 한다 [各居所險 先出必敗 以利誘我 我不可愛 僞去引敵 半出而擊]."고 했다.

3) 진호(陳皥)는 "피차 현 위치에서 적측으로 나가기에 불편한 지형으로 적이 퇴각하는 척 유인해도 추격하면 안 되고, 내가 퇴각하면서 적이 그대로 있으면 그만이지만 만약 추격해 오면 적이 반쯤 현 위치에서 나오기를 기다려 급히 반격해야 한다 [彼此出軍 地形不便 敵若設利誘我而去 我愼勿追之 我若引去 敵止則已 若來襲我 候其半出 則擊之]."고 했다.

4. 애형(隘形) <좁은 통로 지형>에서는 내가 먼저 전 지형을 모두 점거하고 적을 기다려야 하고, 적이 먼저 점거했을 때는 적이 전 지형을 모두 점거하고 있으면 진입하면 안 되고, 모두 점거하고 있지 않으면 진입해도 된다.

隘形者 我先居之 必盈之 以待敵 若敵先居之 盈而勿從 不盈而從之
애형자 아선거지 필영지 이대적 약적선거지 영이물종 불영이종지

1) 매요신(梅堯臣)은 「양 옆이 산인 계곡 통로 [兩山之間通谷]」를 말한다고 했다.

2) 「영(盈)」을 두우는 「만(滿)」, 이전은 「평(平)」, 조조는 「제(齊)」, 가림은 「실(實)」의 의미로 각각 보았다. 모두 병력을 입구까지 가득 채운다는 의미로 본 것이다. 두우는 "입구까지 병력을 가득 채우는 것을 말하다. 그릇에 물을 가득 채우면 입구까지 물이 차오르는 것

과 같다 [謂齊口 亦滿也 如水之滿器 與口齊也]."고 했고, 조조는 "두 산 사이의 계곡 통로를 말한다. 적이 나를 교란 못하게 하려면 내가 먼저 점거하고 입구까지 병력을 채워 포진해서 지키면서 적을 기습해야 하고, 적이 먼저 점거하고 입구까지 포진해 있으면 진입해서는 안 되고 적이 통로의 반쯤만 점거하고 있을 때는 진입해서 지형의 이점을 적과 나누어 차지해야 한다 [兩山之間通谷也 敵勢不得撓我也 我先居之 必前齊隘口 陳而守之 以出奇也 敵若先居此地 齊口陳 勿從也 卽半隘陳者從之 而與敵共此地利也]."고 했다.

5. 험형(險形) <험준한 지형>에서는 내가 먼저 이를 점거하고 높고 양지바른 곳을 차지 후 적을 기다려야 하고, 적이 먼저 점거하면 물러나야 하고 접근하면 안 된다.

險形者 我先居之 必居高陽以待敵 若敵先居之 引而去之 勿從也
험형자 아선거지 필거고양이대적 야적선거지 인이거지 물종야

1) 매요신(梅堯臣)은 「산천구릉(山川丘陵)」을 말한다고 했고, 두목(杜牧)은 「산이 높고 계곡이 깊은 곳 [山峻谷深]」이라고 했고, 조조(曹操)는 「험하고 좁은 곳 [地險隘]」이라고 했고, 장예(張預)는 「험하고 막힌 곳 [險阨之所]」이라고 했다.

2) 조조는 "지형이 험하고 좁은 곳에서는 적에게 끌려가면 안 된다 [地險隘 尤不可致于人]." 했고, 장예는 "평지라도 먼저 점거해야 하는데 험하고 막힌 곳에서 어찌 적에게 끌려 다닐 수 있겠는가? 먼저 높고 양지 바른 곳을 점거하고 편히 앉아서 지친 적을 기다리면 이길 수 있다. 적이 이런 곳을 먼저 점거하고 있으면 속히 물러나야 하며 싸우면 안 된다. …… 높고 양지 바른 곳을 점거하면 싸우기도 유리할 뿐

아니라 급작스런 물길에 휩쓸릴 염려도 없다 [平陸之之地 尙宜先據 況險阨之所 豈可以致於人 故先處高陽 以佚待勞 則勝矣 若敵已據此之 宜速引退 不可與戰 …… 居高陽不惟戰便 亦無水潦之患也].”고 했다.

3) 「험형(險形)」 지형을 자일스(Giles)는 「가파른 고지(precipitous heights)」로 번역했고, 그리피스(Griffith)는 「가파른 지역(precipitous ground)」으로 번역했다.

6. 원형(遠形) <상호 멀리 떨어진 지형>에서는 피아 지세(地勢)가 대등하며, 따라서 도전하기 어렵고 공격하면 불리하다. 이상 6가지는 지형의 전투에 대한 영향이다. 이를 살펴보는 것은 장수의 중요임무임을 명심해야 한다.

遠形者 勢均 難以挑戰 戰而不利 凡此六者 地之道也 將之至任 不可不察也
원형자 세균 난이도전 전이부리 범차육자 지지도야 장지지임 불가불찰야

1) 원형(遠形)을 두목(杜牧)은 「적의 영루와 멀리 떨어진 곳 [與敵營壘相遠]」이라 했고, 두목은 「나라에서 먼 곳 [去國遠也]」이라 했고, 장예(張預)는 「영루가 서로 먼 곳 [營壘相遠]」이라고 했다. 모두 나와 적이 멀리 떨어져 있을 때를 말한다.

2) 「세균(勢均)」을 두목(杜牧)와 두우(杜佑)는 「지세(地勢)가 대등하다.」는 의미로 보았고, 이전(李筌), 진호(陳皞), 장예(張預), 맹씨(孟氏)는 「병력이 대등하다.」는 의미로 보았다. 두우 등은 「세균」을 앞 문구에 붙여서 본 구절을 “원형(遠形)은 양측의 지세(地勢)가 대등하며, 도전하기 어렵고 공격하는 측이 불리하다.”는 의미로 본 것이고, 이전 등은 「세균」을 뒤의 문구들에 붙여서 “원형(遠形)에서는 양측 병력이 대등하면 도전하기 어렵고 공격하는 측이 불리하다.”는 의미로 본 것

이다. 이곳의 「세균」은 이를 두목, 두우와 같이 앞 문구에 붙은 문구로 보고 「지세(地勢)가 대등하다.」는 의미로 보는 것이 합리적이다.

3) 두목(杜牧)은 "내가 적과 30리 떨어져 있을 때 적루(敵壘)로 가서 적과 싸우려면 나는 지치고 적은 예리할 것이니 내가 불리할 것이고, 적이 우리 영루로 와서 우리와 싸우려면 우리는 편하고 적은 지쳐 있을 것이니 적이 불리할 것이므로 세(勢)가 대등하다고 한 것이다. 그렇다면 어찌할 것인가? 반드시 싸우려면 사전에 적과 가까이 있어야 한다 [譬如我與敵壘相去三十里 若我來就敵壘 而延敵欲戰者 是我困敵銳 故戰不利 若敵來就我壘 延我欲戰者 是我佚敵勞 敵亦不利 故言勢均 然則如何 曰欲必戰者 則移相斤也]."고 했다.

4) 진호(陳皞)는 "적의 영루와 멀리 떨어져 있고 병력도 적과 대등하면 도전하기 어렵고 싸우면 불리하다. 이 때문에 뒤에서 「세(勢)가 대등한데 10배의 적을 공격하면 도주할 수밖에 없다.」고 한 것이다 [夫與敵營壘相遠 兵力又均 難以挑戰 戰則不利 故下文云 勢均以一擊十 曰走]."라고 했다. 그러나 진호가 인용한 뒤의 구절은 「부세균 이일격십 왈주(夫勢均 以一擊十 曰走)」라는 구절을 말하며 이 구절에서 「세균(勢均)」은 「병력수를 제외한 여타의 세(勢)가 대등할 때」라는 말이 분명함에도 불구하고 이곳에서는 그 구절을 인용하면서도 「세균」을 「병력수가 대등할 때」라는 말로 보았다. 이는 착오이다.

II. 패배의 6가지 유형

용병에는 주(走) <패주(敗走)>, 이(弛) <조직 이완>, 함(陷) <함몰>, 붕(崩) <붕괴>, 난(亂) <와해>, 배(北) <패배>의 6가지 재앙이 있다. 이는 천재(天災)가 아니라 장수의 과실로 인한 것이다.

故兵有走者 有弛者 有陷者 有崩者 有亂者 有北者 凡此六者 非天之災 將之過也
고병유주자 유이자 유함자 유붕자 유난자 유배자 범차육자 비천지재 장지과야

1) 이 6가지 재앙을 뒤에서는「패배의 길 [敗之道]」이라고 했고, 가림(賈林)은「대소 각종 패배의 변형된 명칭 [敗壞大小變易之名]」이라고 했다.

1. 병력수를 제외한 양측의 여타 세(勢)가 같을 때는 자신보다 10배나 되는 적을 공격하면 그 결과는 패주하는 길밖에 없다. 이런 재앙을 주(走)라 한다.

夫勢均 以一擊十 曰走
부세균 이일격십 왈주

1) 장예(張預)는 "세균(勢均)은 장수의 지용(智勇), 병력 훈련 등 일체가 적과 대등함을 말한다 [勢均 謂將之智勇 兵之利鈍 一切相敵也]." 고 했다. 문맥상 양측 병력수는 제외된다.

2) 조조(曹操)는 "자신의 힘을 모르는 것이다 [不料力也]."라고 했고, 이전(李筌)은 "자신의 힘을 모르는 것이다. 그러나 유리한 지형을 차지하면 복병을 설치해서 싸울 수는 있다 [不量力也 若得形便之地 用奇伏之計 則可矣]."라고 했고, 두목(杜牧)은 "10배나 되는 적을 공격하려

면 우선 장수의 지용(智勇), 병력의 훈련 정도, 천시(天時)와 지리(地利), 배불리 먹었는지의 여부, 충분한 휴식을 취했는지의 여부 등에서 내가 10배가 우월하면 병력을 분발시켜 공격할 수 있다. 그러나 여타 세(勢)에서 적과 대등할 뿐인데 10배의 적을 공격하면 그 결과는 도주하게 될 수밖에 없고 막사로 돌아올 수도 없다 [夫以一擊十之道 先須敵人與我將之智謀 兵之勇怯 天時地理 飢飽勞佚 十倍相懸 然後可以奮一擊十 若勢均力敵 不能自料 以我之一擊敵之十 則須奔走 不能返舍復爲駐止矣]."고 했다.

2. 사졸들은 강해도 장리(將吏)가 약하면 부대는 조직이 이완된다. 이런 재앙을 이(弛)라 한다.

卒强吏弱 曰弛
졸강이약 왈이

1) 조조(曹操)는 "장리(將吏)들이 사졸들을 통솔할 수 없으므로 조직이 이완되어 패한다 [吏不能統卒 故弛壞]."고 했고, 여타 주석가들의 견해도 대동소이하다.

3. 장리(將吏)가 강해도 사졸들은 약하면 부대는 패망의 길로 함몰된다. 이러한 재앙을 함(陷)이라 한다.

吏强卒弱 曰陷
이강졸약 왈함

1) 조조(曹操)는 "장리(將吏)가 싸우고자 해도 사졸들이 나약하면 쉽게 함몰되어 패한다 [吏强欲進 卒弱輒陷 敗也]."고 했다.

2) 장예(張預)는 "장리(將吏)가 강직하고 용맹해서 싸우려 해도 사졸들이 평소 훈련되어 있지 않으면 함께 용맹하게 싸울 수 없으므로 그들과 함께 싸우더라도 패망의 길로 함몰될 수밖에 없다 [將吏剛勇欲戰 而士卒素乏訓練 不能齊勇同奮 苟用之 必陷於亡敗]."고 했다.

4. 대장이 휘하 장수를 격분시킨 결과 휘하 장수가 분노를 못 누르고 적을 만났을 때 자신의 능력도 모르고 독단적으로 싸우면 군대는 붕괴된다. 이런 재앙을 붕(崩)이라 한다.

大吏怒而不服 遇敵懟而自戰 將不知其能 曰崩
대리노이불복 우적대이자전 장부지기능 왈붕

1) 본 구절에서는 특히 「불복(不服)」의 의미가 불분명하고, 「대리(大吏)」와 「장(將)」의 관계가 난해하고, 주석가들의 견해 역시 난해하다. 필자는 조조(曹操)의 해석을 기본으로 하면서 원문에 가깝게 해석했다. 조조는 「불복」을 「분노를 못 누르고」라는 뜻으로 보고, 「대리」를 「소장(小將)」, 즉 하급 장수라고 하면서도 「장(將)」을 같은 의미로 보았다.

2) 조조(曹操)는 "대리(大吏)는 하급 장수이다. 대장이 이들을 격분시켜 이들이 분노를 못 참고 홧김에 적에게 돌진하면서 경중(輕重)을 헤아리지 않으면 군대는 반드시 붕괴된다 [大吏 小將也 大將怒之 心不壓服 忿而赴敵 不量輕重 則必崩壞]."고 했다.

3) 이전(李筌)은 "(하급) 장수가 적에게 격분해서 강약을 안 따지고 (대장의) 명대로 사졸들을 몰고 나가면 반드시 붕괴된다 [將爲敵所怒 不料强弱 驅士卒如命者 必崩壞]."고 했다.

4) 진호(陳皡)는 "대장이 무리해서 하급 장수를 격분시키고 참을 수 없게 만든 결과 물불 가리지 않고 적과 싸우도록 만든 결과 대패하는

경우이다 [此大將無理而怒小將 使之心內懷不服 因緣怨怒 遇敵使戰 不顧能否 所以大敗也].”라고 했다.

5) 가림(賈林)은 “위에서부터 무너져 내리는 것을 붕괴라 한다. 대리(大吏)인 하급 장수가 승복 않고 홧김에 적을 만났을 때 붕괴할 것을 돌아보지 않고, 장수도 자신의 능력을 헤아려보지 않고 사졸들의 훈련 상태도 모르고 무작정 적과 싸워 스스로 적해(賊害)를 초래하면 어찌 위에서부터 무너지지 않겠는가 [自上墮下 曰崩 大吏小將 不相壓伏 遇敵怨懟而不顧崩壞之道 將又不量己之能否 不知卒之勇怯 强與敵鬪 自取賊害 豈非自上而崩乎]?”라고 했다.

6) 매요신(梅堯臣)은 “하급 장수가 분노를 참지 못하고 적을 만나 자신을 돌아보지 않고 스스로 붕괴를 초래하는 것은 장수가 자신의 능력을 모르기 때문이다 [小將心怒而不服 遇敵怨懟而不顧 自取崩敗者 蓋將不知其能也].”라고 했다.

7) 왕석(王晳)은 “장수가 이유 없이 화를 내고 하급 장수들의 능력을 헤아려보지 않고 그들의 분노를 촉발시키면 산이 무너지는 듯이 무너진다 [將怒不以理 且不知裨佐之才 激致其兇懟 如山之崩壞也].”고 했다.

8) 장예(張預)는 “장수들이 한마음이 되어 삼군(三軍)이 협력하면 적을 이길 수 있지만, 본 구절은 하급 장수가 격분해 대장의 명(命)에 불복하고 적을 만나 승산을 따져보지 않고 이판사판으로 싸운다는 것으로 붕괴될 수밖에 없다 [大凡百將一心 三軍同力 則能勝敵 今小將恚怒 而不服於大將之令 意欲俱敗 逢敵便戰 不量能否 故必崩覆].”고 했다.

9) 두목은 별도의 설명 없이 본 구절에 부합하는 전례(戰例)를 들었다. 춘추 시대 초(楚) 장왕(莊王) 당시 진(晉)과 필전(邲戰)에 앞서 초(楚)의 오삼(伍參)은 “새로 진(晉)의 정사를 맡은 순림보(荀林父)는 사

람들을 장악 못하고, 그를 보좌하는 선곡(先穀)은 강퍅한 성미에 고집이 세어서 순림보의 명(命)에 따르지 않고 삼군(三軍) 원수들도 멋대로 행동하니 병사들은 누구를 따를지 모르고 있소. 이 싸움은 진군(晉軍)이 패할 수밖에 없소."라고 평가했고 결국 초군(楚軍)이 진군(晉軍)을 격파했다. 당시 진장(晉將) 위기(魏錡)는 공족(公族)이 되려다 좌절되고 조전(趙旃)은 경(卿)이 되려다 좌절된 것에 격분해 있던 자들로 주전론자인 선곡 편에 서 있으면서 강화론을 주장하는 순림보의 공(功)을 초군을 끌어들여서 무산시킬 생각으로 초군에게 도전하겠다고 청했지만 순림보가 허락하지 않자 그러면 초군 진영으로 가서 화친을 청해보겠다고 했고, 이에 순림보는 마지못해 허락했다. 위기와 조선은 사실은 여전히 초군에게 도전하려는 것이었고, 순림보는 이들의 의도를 알고도 더 말릴 수 없었던 것이다. 먼저 출발한 위기는 초군에게 도전하다 패했고, 이어 초군 진영으로 돌입해 소란을 일으킨 조전도 초군에게 잡혔고, 이후 진군의 중군(中軍)과 하군(下軍)도 초군에게 패했다. 다만 상군(上軍) 원수 사회(士會)와 부원수 극극(郤克)은 초군에게 기습의 틈을 주지 않게 대비하자고 했다가 선곡이 반대하자 상군 병력만으로 오산(敖山) 앞 일곱 곳에 매복을 설치해서 대비했으므로 패하지 않았을 뿐이다. 이 전례를 본 구절에 따라 분석해 보면 하급 장수는 선곡, 위기, 조전이고, 화를 못 참은 것도 이들이고, 위기와 조전을 격분시킨 대장은 선곡이다. 그러나 선곡, 위기, 조전은 또한 순림보의 명을 거역했다.

5. 장수가 나약해 위엄이 없고 명령과 지침도 분명하지 않고, 간부나 사졸들은 생각이 달라 멋대로 포진하면 군대는 어지러워진다. 이런 재앙을 난(亂)이라 한다.

將弱不嚴 敎道不明 吏卒無常 陳兵縱橫 曰亂
장약불엄 교도부명 이졸무상 진병종횡 왈난

6. 장수가 적을 모르고 소병력으로 대병력을 공격하거나, 약한 병력으로 강적을 공격하거나, 정예 병력을 선봉에 안 세우면 패한다. 이런 재앙을 배(北)라 한다.

將不能料敵 以少合衆 以弱擊强 兵無選鋒 曰北
장불능료적 이소합중 이약격강 병무선봉 왈배

1) 이전(李筌)은 "군대가 패하는 것을 배(北)라 하며 적을 모르기 때문이다 [軍敗曰北 不料敵也]."라고 했다.

2) 하연석은 "사졸들은 용맹한 자 지친 자를 함께 편성하면 안 된다. 용맹한 자도 열심히 싸우지 않고 지친 자는 다른 사람도 그러려니 하고 안 싸우므로 패한다. 병법에 「군대는 엄선된 선봉이 없으면 패한다.」고 한다. 과거 제(齊)의 기(伎), 위(魏)의 무졸(武卒), 진(秦)의 예사(銳士), 한(漢)의 삼하협사(三河俠士)와 검객기재(劍客奇材), 오(吳)의 해번(解煩), 제(齊)의 결명(決命), 당(唐)의 도탕(跳盪)이 모두 정예 선봉의 명칭이었다. 군대가 이기기 위해 이보다 더 중요한 것이 없다. 병력이 집결되면 대장은 각 군영에 명해 민첩하고 건장하고 무예가 출중한 정예병을 선발케 해 별도 부대를 편성했고 대략 10명 중 1인, 1만 명 중 1천 명을 선발했고 이들에게는 잡무를 부과하지 않고 중요한 일만 시켰고, 심복들 중에서 건장한 장수를 택해 이들을 통솔케 하면서

대장의 친병(親兵), 전봉(前鋒), 기병(奇兵) 등으로 운용했다 [夫士卒疲勇 不可混同爲一 一則勇士不勸 疲兵因有所容 出而不戰 自敗也 故兵法曰 兵務無選鋒曰北 昔齊以伎擊强 魏以武卒奮 秦以銳士勝 漢有三河俠士 劍客奇材 吳謂之解煩 齊謂之決命 唐謂之跳盪 是皆選鋒之兵名也 兵之勝術 無先於此 凡軍衆旣具 則大將勒諸營 各選精銳之士 須趫健出衆 武藝軼格者 部爲別隊 大約十人選一人 萬人選千人 所選務寡 要在必當 擇腹心健將統率 自大將親兵 前鋒 奇伏之類 皆品量配之也].”고 했다.

3) 장예는 “소수 병력을 분발시켜서 다수 병력을 공격하고 약졸을 몰고 강적을 상대하게 하면서 정예병을 선발해 선봉에 세우지 않으면 반드시 패한다. 전투 시에 반드시 정예병을 전봉에 세우는 것은 첫째 우리의 기세를 높이고 둘째 적의 기세를 꺾으려는 것이다. 따라서 ≪울료자≫에서는 「무사(武士)」를 선발하지 않은 군대는 강하지 않다고 했다. 조조가 장요(張遼)를 선봉에 세워 선비를 격파하고, 동진 사현(謝玄)이 유뢰지(劉牢之)에게 정예병을 이끌고 부견을 막게 한 것은 이 때문이다 [設若奮寡以擊衆 驅弱以敵强 又不選驍勇之士 使爲選鋒 兵必敗北也 凡戰 必用精銳爲前鋒者 一則壯吾志 一則挫敵威也 故尉繚子曰 武士不選 則衆不强 曹公以張遼爲先鋒而敗鮮卑 謝玄以劉牢之領精銳而拒苻堅是也].”라고 했다.

4) 두목(杜牧)은 “당(唐) 이정(李靖)의 병법에 전봉대(戰鋒隊)에 관한 말이 있는데 결사대를 모집해 언제나 선봉에 세우는 것을 말한다. ≪사마법(司馬法)≫에 「선량차병 익인지강(選良次兵 益人之强)」이라는 구절이 있는데 그 주(註)에서 「용맹하고 민첩한 자가 전공을 세우지 못하면 다음 전투에서는 반드시 이들을 선발해 앞에 세워 예기(銳氣)를 조장해야 한다.」고 했다. 동진(東晋) 대장군 사현(謝玄)은 북쪽 광

릉(廣陵)을 지킬 때 부견(苻堅)이 강성했지만 용맹한 자를 모집하자 유뢰지(劉牢之), 하겸(何謙), 제갈간(諸葛侃), 고형(高衡), 유궤(劉軌), 전락(田洛), 손무종(孫無終) 등이 응모했고, 이에 유뢰지에게 정예 병력을 이끌고 선봉에 서게 해서 백전백승했고 이들을 북부병(北府兵)이라고 불렀는데 가는 곳마다 이겼고 적이 두려워했다 [衛公李靖兵法 有戰鋒隊 言揀擇敢勇之士 每戰皆爲先鋒 司馬法曰 選良次兵 益人之强 註曰 勇猛勁捷 戰不得功 後戰必選於前 當以激致其銳氣也 東晋大將軍謝玄北鎭廣陵時 苻堅强盛 玄多募勇勁 劉牢之 何謙 諸葛侃 高衡 劉軌 田洛 孫無終等 以驍猛應募 玄以牢之領精銳 爲前鋒 百戰百勝 號爲北府兵 敵人畏之 所向必克也].”고 했다.

5) 시저의 로마군도 갈리아 원정 당시 가장 용맹한 센츄리온(Centurion) <백부장(百夫長)>들을 제1코호르트(Cohort) <대대(大隊)급 부대>의 센튜리온으로 승진시켜 이들을 「프리미 오르디네스(Primi Ordines)」라고 불렀고, 이들이 바로 선봉을 지휘했다.

이상 여섯 가지 재앙이 패배로 가는 길이다. 이를 잘 살펴보는 것은 장수의 중요한 임무임을 명심해야 한다.

凡此六者 敗之道也 將之至任 不可不察也
범차육자 패지도야 장지지임 부가부찰야

1) 장예(張預)는 이상 6가지가 「필패의 길 [必敗之道]」이라고 했다.

2) 진호(陳皥)는 “적 병력수의 간과, 형덕(刑德)의 근본적 결핍, 훈련 부족, 이유 없는 분노, 법령 미시행, 정예병 미선발을 말하며, 이를 「육패(六敗)」라 한다.”고 했다.

Ⅲ. 상장(上將)의 임무

지형(地形)은 용병의 보조수단이다. 적정(敵情)뿐 아니라 험한 지형과 전장까지 거리를 살펴 승리를 달성해야 하는 것이 상장(上將)의 임무이다. 이를 알고 용병에 이용하면 반드시 이기고 그렇지 못하면 반드시 패한다.

夫地形者 兵之助也 料敵制勝 計險厄遠近 上將之道也. 知此而用戰者必勝 不知此而用戰者必敗
부지형자 병지조야 요적제승 계험액원근 상장지도야. 지차이용전자필승 부지차이용전자필패

1) 「계험액원근(計險厄遠近)」이 ≪통전≫과 ≪태평어람≫은 「계극험이이해원근(計極險易利害遠近)」으로 되어 있다. 의미는 대동소이하다.

2) 두목(杜牧)은 "용병의 1차 요소는 인의(仁義)와 절제(節制), 즉 지휘이다. 유리한 지형을 얻는 것은 이를 보조할 수 있는 수단일 뿐이다."라고 했고, 장예(張預)는 "지형을 살피는 것은 용병의 보조수단이며 끝일 뿐이며 적정을 살펴 승리를 달성하는 것이 용병의 근본이다[能審地形者 兵之助也 乃末也 料敵制勝者 兵之本也]."라고 했고, 왕석(王晳)은 "용병의 도(道)는 사람에 있다 [用兵之道 在人也]."고 했다.

또한 반드시 이길 수 있을 때는 군주가 싸우지 말라고 해도 반드시 싸워야 하고 결코 이길 수 없을 때는 군주가 싸우라고 해도 결코 싸워서는 안 된다.

故戰道必勝 主曰無戰 必戰可也 戰道不勝 主曰必戰 無戰可也
고전도필승 주왈무전 필전가야 전도불승 주왈필전 무전가야

1) 이 구절은 앞의 「八. 구변」 편에서 말한 「군명유소불수(君命有所不受)」와 같다.

2) 두목(杜牧)은 이 구절과 관련해 "군대가 출전하면 장수에게 재량권이 있고 그 진퇴를 조정에서 통제하면 승리하기 어렵다. 이에 성군(聖君)과 명주(明主)는 (군대가 출전할 때) 무릎을 꿇고 수레바퀴를 밀면서 「전장에서의 일은 장군이 알아서 하시오」라고 말한다 [出軍行師 將在自專 進退內御 則功難成 故聖主明王 跪而推轂曰 閫外之事 將軍裁之]."는 ≪황석공삼략(黃石公三略)≫의 구절을 인용했다. ≪삼략≫의 저자가 진(秦) 말기의 은사(隱士) 황석공이라는 설도 있고, ≪육도(六韜)≫의 저자인 태공망 여상(呂尙)이라는 설도 있고, 이 때문에 ≪육도≫와 ≪삼략≫을 묶어 ≪육도삼략≫이라 부르기도 하고 ≪삼략≫을 ≪육도≫와 별개로 ≪황석공삼략≫이라 부르기도 한다. 황석공에 관한 기록은 한(漢)의 장량(張良)에 관한 기록인 ≪사기(史記)≫, 유후세가(留侯世家)에서 장량이 황석공으로부터 ≪태공병법≫이라는 책을 받았다는 기록이 유일하고 이 ≪태공병법≫이 바로 ≪삼략≫이다.

3) 장예(張預)는 이 구절과 관련해 "군주의 명을 따르다 패하기보다는 명을 어기더라도 승리해야 한다. 이 때문에 「군중(軍中)에서는 천자의 조서를 받지 않는다.」는 말이 있다 [與其從令而敗事 不若違制而成功 故曰 軍中不聞天子之詔]."고 했다.

때로는 자신의 명예가 아니라 국가와 백성을 위해 진격하고 처벌을 두려워 않고 퇴각해 백성을 보호함으로써 진정으로 군주를 보좌하는 장수는 나라의 보배이다.

故進不求名 退不避罪 惟人是保 而利合於主 國之寶也
고진불구명 퇴불피죄 유인시보 이리합어주 국지보야

1) 「유인시보(惟人是保)」가 「유민시보(惟民是保)」로 되어 있는 본도 있다.

2) 두목(杜牧)은 "승리의 명예를 위해 진격하는 것이 아니고 퇴각하면서 항명죄(抗命罪)를 피하지 않는다는 말로 이런 장수가 나라의 보배라 함은 얻기가 어렵다는 말이다 [進不求戰勝之名 退不避違令之罪也 如此之將 國之珍寶 言共少得也]."라고 했다.

평소 사졸을 어린아이 돌보듯이 보살펴주면 이들과 함께 위험한 깊은 계곡 속으로도 들어갈 수 있고, 평소 사졸을 어린 아들같이 사랑하면 이들과 함께 전장에서 죽음을 무릅쓰고 싸울 수 있다.

視卒如嬰兒 可以與之赴深溪 視卒如愛子 可與之俱死
시졸여영아 가이여지부심계 시졸여애자 가여지구사

1) 두목(杜牧)은 이 구절과 부합하는 예로 전국(戰國) 시대 오기(吳起)의 유명한 일화를 들고 있다. ≪사기(史記)≫, 손자오기열전(孫子吳起列傳)에 의하면 오기는 장군이 되자 말단 사졸들과 같은 옷을 입고 식사도 함께 했고, 잘 때는 자리를 깔고 자지 않았으며, 행군할 때도 사졸들과 함께 걸었고 자신의 식량을 직접 휴대하고 다녔다. 어느 날 병사 하나가 독한 종기가 나자 오기가 그 종창을 입으로 빨아주었다. 그 병사의 어머니는 이 일을 듣고 통곡했는데 그 연유를 묻자 "예전에 오공(吳公)께서 그 아이 아버지의 종창도 빨아준 적이 있는데, 그이는 물러설 줄 모르고 용감하게 싸우다가 전사하고 말았지요. 오공이 지금 내 자식의 종창을 또 빨아주었으니 이제 그 애가 언제 죽을지 모르게 되었습니다."라고 했다 한다.

2) 매요신(梅堯臣)은 "장수가 사졸을 위무하고 보살피면 사졸들이 장수를 떠나지 않고, 아끼고 격려해 주면 의심하지 않는다 [撫而育之

則親而不離 愛而勗之 則信而不疑].”고 했다.

3) 장예(張預)는 “장수가 사졸을 아들로 보면 사졸은 장수를 아비로 본다. 아비가 위험할 때 목숨을 아끼는 아들은 없다 [將視卒如子 卒視將如夫 未有父在危難 而子不致死].”고 했다.

그러나 사졸을 너그럽게만 대하고 부리지는 못하고, 아끼기만 하고 가르치지는 못하고, 제멋대로 굴어도 다스리지 못하면 버릇없는 자식같이 쓸모가 없어진다.

厚而不能使 愛而不能令 亂而不能治 譬若驕子 不可用也
후이불능사 애이불능령 난이불능치 비약교자 부가용야

1) 조조는 “은혜만 베풀어도 안 되고 징벌만 가해도 안 된다. 버릇없는 자식이 멋대로 굴게 하면 눈앞의 해(害)가 되고 쓸모없는 자식이 된다 [恩不可專用 罰不可獨任 若驕子之喜怒對目 還害而不可用也 若驕子之喜怒 對目還害 而不可用也].”고 했다.

2) 이전(李筌)은 “사졸들을 너그럽게 대하고 아껴도 가르치지 않아서 버릇없는 자식 같이 되면 반발심만 생겨 쓸모가 없어진다 [雖厚愛人 不令如驕子者 有勃逆之心 不可用也].”고 했다.

3) 두목은 “황석공의 ≪삼략(三略)≫에 「사졸에게도 자신을 낮추어야 하지만 멋대로 굴게 만들면 안 된다.」는 말이 있다. 은혜를 베풀고 친절하게 대해야 하므로 자신을 낮추라고 한 것이고 법으로 통제해야 하므로 교만하게 만들지 말라고 한 것이다. 또 ≪음부(陰符)≫에는 「해(害)는 은혜를 베풀면서 생긴다.」는 말이 있다 [黃石公曰 士卒可下而不可驕 夫恩以養士 謙以接之 故曰可下 制之以法 故曰不可驕 陰符曰 害生於恩].”고 했다.

4) 하연석은 "은혜만 베풀면 안 된다는 말이다. 은혜만 베풀면 그 해(害)가 자신에게 돌아온다 [言恩不可純任 純任則還爲己害]."했다.

5) 이정(李楨)은 "옛날 병력 지휘에 능했던 장수는 10명의 사졸 중 3명을 죽일 수 있었고 그다음 장수는 10명의 사졸 중 1명을 죽일 수 있었다. 10명의 사졸 중 3명을 죽일 수 있으면 그 위세가 적국을 진동시킬 수 있고 10명의 사졸 중 1명을 죽일 수 있으면 삼군(三軍)에 군령이 선다. 이를 보면 장수를 두려워하는 사졸은 적을 두려워 않고 적을 두려워하는 사졸은 장수를 두려워하지 않음을 알 수 있다 [古之善爲將者 必能十卒而殺其三 次者 十殺其一 十殺其三 威振於敵國 十殺其一 令行於三軍 是知畏我者 不畏敵 畏敵者 不畏我]."고 했다.

Ⅳ. 지피지기(知彼知己)

나의 병력이 적을 공격할 능력이 있음을 알아도 적이 나의 공격을 이겨낼 능력이 있음을 모르면 승산(勝算)은 절반뿐이다.

知吳卒之可以擊 而不知敵之不可擊 勝之半也
지오졸지가이격 이부지적지부가격 승지반야

1) 조조(曹操)는 "승산(勝算)은 절반뿐이라는 것은 이길 수 있을지 미리 말 수 없다는 말이다 [勝之半者 未可知也]."라고 했다.

2) 매요신(梅堯臣)은 "나를 알고 적을 모르는 것이다 [知己而不知彼也]."라고 했다.

적이 나의 공격을 감당할 능력이 없음을 알아도 나의 병력에게 적을 공격할 능력이 없음을 모르면 역시 승산(勝算)은 절반뿐이다.

知敵之可擊 而不知吳卒之不可以擊 勝之半也
지적지가격 이부지오졸지불가이격 승지반야

1) 매요신(梅堯臣)은 "적을 알고 나를 모르는 경우이다 [知彼而不知己也]."라고 했다.

2) 두목(杜牧)은 "「가격(可擊)」은 용감하고 죽음을 무릅쓰고 싸운다는 말이고, 「불가이격(不可擊)」은 겁약하다는 말이다 [可擊者 勇敢輕死也 不可以擊者 頓弊怯弱也]."라고 했고, 진호(陳皞)는 "틀린 말이다. 「가격」과 「불가이격」은 소위 「어느 쪽의 병력이 강한가? 어느 쪽의 사졸(士卒)이 훈련되어 있는가? 어느 쪽의 상벌(賞罰)이 엄명한가?」를 말한 것이다 [此說非也 可擊不可擊者 所謂兵衆孰强 士卒孰練 賞罰孰明也]."라고 했다.

적이 나의 공격을 감당할 능력이 없음을 알고 나의 병력에게 적을 공격할 능력이 있음을 알고 있다고 해도 싸울 수 없는 지형임을 모르면 역시 승산(勝算)은 절반뿐이다.

知敵之可擊 知吳卒之可以擊 而不知地形之不可以戰 勝之半也
지적지가격 지오졸지가이격 이부지지형지불가이전 승지반야

1) 매요신(梅堯臣)은 "나를 알고 또 적을 알았어도 지형(地形)의 이점을 활용 못 하면 전승을 거둘 수 없다 [旣知彼而又知己 但不得地形之助 亦不可全勝]."고 했다.

용병을 아는 장수는 확신을 갖고 움직이고 움직인 후 궁지에 빠지는 일이 없다. 나를 알고 적을 알면 승리하는 일은 있어도 위기에 처하는 일은 없고, 천시(天時)와 지리(地利)까지 알면 언제나 승리할 수 있다.

故知兵者 動而不迷 擧而不窮 故曰 知己知彼 勝乃不殆 知天知地 勝乃可全
고지병자 동이불미 거이부궁 고왈 지기지피 승내불태 지천지지 승내가전

1) 「궁(窮)」은 「곤(困)」 또는 「곤궁(困窮)」의 뜻이다.

제11편

구지(九地)

九 地

- 본 편은 체계가 다소 복잡하다. 「구지(九地)에 대한 정의」, 「구지(九地)의 각 지역별 작전」, 「장수의 병력 지휘」 및 「위객지도(爲客之道)」, 즉 「적지(敵地)를 공격하는 경우」에 대한 설명에 이어 「구지(九地)의 각 지역별 임기응변」에 대한 부연설명이 있고, 또 「장수의 전투 지휘 및 군주의 전쟁 지도」에 관한 설명이 두서없이 섞여 있다.
- 조조는 "전장(戰場)에 9가지가 있다 [欲战之地有九]."고 했고, 왕석은 "용병 지역에는 9가지의 이해(利害)가 있다 [用兵之地 利害有九也]."라고 했고, 장예는 "용병 지역에는 9가지 지세(地勢)가 있고 본 편은 그 지세를 다루므로 지형 편 다음에 둔 것이다 [用兵之地 其勢有九 此論地勢 故次地形]."라고 했다.
- 「구지(九地)」를 자일스(Giles)는 「9가지의 상황(Nine Situations)」으로, 그리피스(Grifffith)는 「9가지의 다양한 지역(Nine Varieties of Ground)」으로 각각 번역했다.

1. 구지(九地)에 대한 정의

전장(戰場)으로는 산지(散地), 경지(輕地), 쟁지(爭地), 교지(交地), 구지(衢地), 중지(重地), 비지(圮地), 위지(圍地), 사지(死地)의 9가지가 있다.

用兵 有散地 有輕地 有爭地 有交地 有衢地 有重地 有圮地 有圍地 有死地
용병 유산지 유경지 유쟁지 유교지 유구지 유중지 유비지 유위지 유사지

1) 「用兵」은 ≪통전≫에 따른 것이다. 여타 본에는 「用兵之法」으로 되어 있다.

2) 「비지(圮地)」가 「사지(氾地)」, 범지(泛地)」 또는 「복지(覆地)」로 되어 있는 본도 있지만 뒤에 「비지」의 설명은 있지만 「사지」, 「범지」 또는 「복지」에 관한 언급은 없다.

3) 9가지 지역 중 「비지(圮地), 구지(衢地), 위지(圍地), 사지(死地)」 4가지에 대해서는 앞서 「八. 지형(地形)」 편에서도 다룬 바 있다.

1. 자국 영역 내에서 싸우는 곳이 「산지(散地)」이다.

諸侯自戰其地 爲散地
제후자전기지 위산지

1) 조조(曹操)는 이때는 "사졸들이 가까운 고향을 그리워하므로 흩어지기 쉽다 [士卒戀土 道近易散]."고 했다.

2) 두목(杜牧)은 사졸들이 흩어지기 쉬운 것은 "집이 가까워 필사적으로 진격할 생각이 없고 물러나도 돌아갈 곳이 있기 때문이다 [近家進無必死之心 退有歸投之處]."라고 했다.

3) 두우(杜佑)의 ≪통전≫에는 이 구절과 관련된 오왕(吳王) 합려(闔閭)와 손무(孫武) 간 문답(問答)이 있다. 합려가 손무에게 "산지(散地)에서는 사졸들이 집 생각을 하므로 싸울 수 없으니 성(城)을 고수하고 출전하지 말아야 할 것인데, 적이 우리의 작은 성(城)들을 공격하면서 주변을 약탈하고 땔감을 구하러 나오지도 못하게 하고 우리의 요도(要道)를 차단 후 비어 있는 국도(國都)를 맹렬하게 공격하면 어찌해야 하오?"라고 묻자 손무는 "적이 우리 국도까지 깊이 들어오면 많은 우

리 성읍(城邑)들을 등 뒤에 둔 적의 사졸들은 군영(軍營)을 집으로 생각하고 필사적으로 싸우겠지만 국도(國都) 내의 우리 병력은 살 생각만 할 것이고 포진해도 진세(陣勢)가 견고하지 않을 것이니 나가서 싸워보았자 이길 수 없습니다. 일단 병력과 양곡 의류 등 물자를 집결시켜 성(城)과 험지(險地)를 지키면서 경병(輕兵)을 내보내 적의 양도(糧道)를 차단하고 적이 도전해도 응하지 말아야 합니다. 이렇게 하면 적은 군량보급도 끊기고 들판에 약탈할 양곡도 없어서 지치고 굶주릴 것이니 이때 그들을 유인하면 공(功)을 세울 수 있습니다. 이때 성(城)을 나가서 그들과 싸우려면 유리한 지세를 이용해야 합니다. 험지에 복병을 설치하고 험지가 없으면 야음을 이용하거나 안개가 끼었을 때나 적이 나태해졌을 때 기습해야 합니다."라고 했다.

2. 타국 영역으로 들어갔지만 깊이 들어가지 않은 곳이 「경지(輕地)」이다.

入人之地 不深者 爲輕地
입인지지 부심자 위경지

1) 조조(曹操)는 "사졸들이 쉽게 되돌아올 수 있는 곳이다 [士卒皆輕返也]."라고 했다.

2) 두목(杜牧)은 "군대가 국경을 넘어가면 배와 교량을 부수어 이기기 전에는 돌아갈 생각이 없음을 사졸들에게 보여주어야 한다 [師出越境 必焚舟梁 示民無返顧之心]."고 했다.

3) 두우(杜佑)의 ≪통전≫에는 이 구절과 관련된 오왕 합려와 손무간 문답이 있다. 합려가 손무에게 "적 지역으로 처음 들어가면 사졸들은 돌아갈 생각을 하고 진격보다는 퇴각이 쉽지만 등 뒤에 험지가 없

어서 삼군(三軍)이 모두 두려워할 때 대장은 진격하려 하고 사졸들은 퇴각하려 하고 적은 성루(城壘)를 지키면서 거기(車騎)로 우리 앞을 가로막기도 하고 우리 뒤를 공격하기도 하면 어찌해야 하오?"라고 묻자 손무는 "경지(輕地)에 도착하면 사졸들의 전투의지가 굳지 않을 때입니다. 이때는 양졸(良卒)을 나누어 매복을 설치해 놓고 곧 돌아갈 듯 적에게 보인 후 효기(驍騎)를 선발해서 은밀히 적지로 들여보내 적 우마(牛馬)와 육축(六畜)을 약탈하면 이를 본 삼군(三軍)은 두려움이 없어질 것입니다. 이때 적이 온다면 매복해 있던 병력으로 요격하고 적이 오지 않으면 그대로 계속 진격하면 됩니다."라고 했고, 이어 "적지에 들어간 후 적이 영루(營壘)를 굳게 지키고 싸우지 않아서 돌아가려 해도 돌아가기가 쉽지 않은 곳이 경지(輕地)입니다. 이때는 정예병을 선발해 요로(要路)에 매복시켜 놓고 퇴각하면서 적이 추격해 오면 요격하면 됩니다."라고 했다.

3. 내가 차지하면 나에게 유리하고 적이 차지하면 적에게 유리한 곳이 「쟁지(爭地)」이다.

我得則利 彼得亦利者 爲爭地
아득즉리 피득역리자 위쟁지

1) 조조(曹操)는 이런 곳을 차지하면 "소수 병력으로 다수 병력을 이길 수 있고 약한 병력으로 강한 병력을 공격할 수 있다 [可以少勝衆弱擊强]."고 했다.

2) 두목(杜牧)은 "반드시 선점해야 할 험요지를 말한다 [必爭之地乃險要也]."라고 했다.

3) 이 구절에 부합하는 전례(戰例)로 장예(張預)는 당(唐) 태종 이세민이 3천5백 명의 병력으로 호뢰(虎牢) 험지를 지켜 두건덕(竇建德)의 10만 대군을 격파하고 두건덕을 사로잡은 일을 들었고, 두목(杜牧)은 오호십륙국(五胡十六國) 시대 전진(前秦)의 부견(苻堅)이 죽은 후 반란을 일으켰던 양주(涼州) 자사 양희(梁熙)가 고창(高昌) 태수 양한(楊翰)의 말을 안 듣다 여광(呂光)에게 패해 죽은 일을 들었다. 부견에게 충성심이 강한 여광이 서역(西域) 정벌을 마치고 의화(宜禾)까지 돌아왔을 때 양희가 국경을 폐쇄해 여광을 막으려고 하자 양한은 "여광이 유사(流沙)로 나오면 그 기세를 상대하기 어려우니 고오(高梧) 곡구(谷口)의 험지를 먼저 지키면서 식수원을 차단해야 여광을 막을 수 있습니다. 고오 곡구가 너무 멀면 가까운 이오관(伊吾關)을 막아도 됩니다. 두 험지 중 하나를 우리가 선점하면 여광에게 장자방의 꾀가 있어도 어쩔 수 없을 것입니다."라고 했지만 양희는 안 들었다. 당시 양한이 양희에게 올린 계책을 전해들은 여광이 더 나가지 못하자 두진(杜進)이 "양희는 문인(文人) 자질은 뛰어나지만 판단력이 부족해서 양한의 계책을 쓰지 못할 것이니 걱정할 필요 없습니다. 저들이 상하 간 생각이 다를 때 속히 고창 곡구를 통과해야 합니다."라고 했다. 여광이 고창 곡구를 통과하자 양한은 투항했고, 무위(武威) 태수 팽제(彭濟)가 양희를 잡아서 투항했다.

4. 나도 갈 수 있고 적도 올 수 있는 곳이 「교지(交地)」이다.

我可以往 彼可以來者 爲交地
아가이왕 피가이내자 위교지

1) 조조(曹操)는 "도로가 상호 교차하는 곳을 말한다 [道正相交錯也]."고 했다.

2) 장예(張預)는 "길이 많아서 왕래를 차단할 수 없는 곳이다 [地有數道 往來通達而不可阻絶者]."라고 했다.

5. 적국 이외에 또 다른 국가가 인접해 있어 먼저 도착하면 그 인접국의 병력지원을 얻을 수 있는 곳이 「구지(衢地)」이다.

諸侯之地三屬 先至而得天下衆者 爲衢地
제후지지삼속 선지이득천하중자 위구지

1) 조조(曹操)는 "나와 적이 마주 대하고 있는 옆에 또 제3국이 있는 곳이다. 먼저 가면 그 제3국의 도움을 얻는 곳이다 [我與敵相當 而旁有他國也 先至得其國助也]."라고 했다.

2) 왕석(王晳)은 "먼저 도착하면 먼저 동맹을 맺을 수 있다. 천하(天下)라고 한 것은 널리 도움을 얻을 수 있으므로 결국 천하가 따르게 된다는 말이다 [先至者 交結先至也 言天下者 謂能廣助 則天下可從]."라고 했다.

3) 맹씨(孟氏)는 "춘추 시대에 북동쪽은 제(齊)와, 남쪽은 초(楚)와, 서쪽은 진(晉)과 모두 인접해 있던 작은 땅 정(鄭) 지역 같은 곳을 말한다 [若鄭界齊楚晉 是也]."고 했다.

4) 장예(張預)는 "먼저 도착한다는 것은 먼저 사절을 보내 큰 재물을 주고 제3국과 화친을 맺을 수 있고, 비록 병력은 뒤따라 와도 이미 제3국의 지원을 받을 수 있다는 말이다 [先至者 謂先遣使而重幣約和旁國也 兵雖後至 已得其國助也]."라고 했다.

5) 앞의 「八. 지형(地形)」 편 중 「구지교합(衢地交合)」 항에 대한 주

(注)에서는 「구지」에 대해 모든 주석가들이 「사통지지(四通之地)」라 했고, 뒤의 「위객지도(爲客之道)」 중 「구지(衢地)」에 대한 주(注)에서 매요신(梅堯臣)은 「대로가 사방으로 통하고 그중 한쪽에만 적국이 있는 곳 [馳道四出 敵當一面]」이라고 했고, 장예(張預)는 「적국이 한쪽에 있고 사방에 인접국들이 있는 곳 [敵當一面 旁國四屬]」이라고 했다.

6) 본문에서 「삼속(三屬)」이라 한 것을 문자 그대로 보면 뒤에 「구지(衢地)」를 「사방으로 통하는 곳 [四達者]」이라고 정의했고 그 한쪽에 적국이 있으므로 나머지 세 쪽에 다른 인접 제후국이 있다는 말이지만 다른 인접국이 꼭 3개라는 말로 볼 필요는 없다.

6. 적 영토의 많은 성읍(城邑)을 지나 깊이 들어간 곳이 「중지(重地)」이다.

入人之地深 背城邑多者 爲重地
입인지지심 배성읍다자 위중지

1) 은작산죽간본에는 뒤에 「난이반(難以返)」 세 글자가 더 있다.

2) 조조(曹操)는 「돌아오기 어려운 곳 [難返之地]」을 말한다고 했다.

3) 두목(杜牧)은 「적국 영역에 이미 깊이 들어가 많은 적의 성(城)을 지나간 곳 [入人之境已深 過人之城多]」을 말한다고 했다.

4) 두우(杜佑)는 「자국 성곽에서 이미 멀어져 적 영역 깊이 들어간 곳으로 병사들의 마음이 하나로 뭉쳐진 곳 [遠去已城郭 深入敵地 心專意一]」을 말한다고 했다.

5) 왕석(王晳)은 "군대가 이런 곳까지 가면 사세(事勢)가 중하다 [兵至此者 事勢重也]."고 했다. 「중지(重地)」의 의미를 「사세(事勢)가 중한 곳」이라는 의미로 본 것이다.

7. 산림(山林), 험조(險阻), 저택(沮澤) 등 통과가 힘든 곳이 「비지(圮地)」이다.

山林 險阻 沮澤 凡難行之道者 爲圮地
산림 험조 저택 범난행지도자 위비지

1) ≪십일가주손자≫에는 「山林」이 「行山林」으로 되어 있고, 은작산죽간본에는 「險阻」 두 글자가 없다.

2) 조조(曹操)는 이런 곳은 지세(地勢)가 "별로 견고하지 못하다 [少固也]."고 했고, 앞의 「八. 지형(地形)」 편 중 「비지무사(圮地無舍)」 항에 대한 주(注)에서는 "물에 휩쓸리는 것을 「비(圮)」라 한다. 의지할 곳이 없다 [水毁曰圮 無所依也]."고 했다.

8. 들어가는 길은 좁고 돌아갈 길은 먼 곳으로서 소수의 적이 다수인 나의 병력을 공격하거나 포위할 수 있는 곳이 「위지(圍地)」이다.

所由入者隘 所從歸者迂 彼寡可以擊我之衆者 爲圍地
소유입자애 소종귀자우 피과가이격아지중자 위위지

1) 원문을 좁게 해석하면 「위(圍)」는 적에게 포위된 곳이라는 말보다는 들어가게 되면 사방이 험지로 둘러싸인 곳이라는 말이다. 우창(于鬯)은 위지(圍地)는 "사방이 험지로 둘러싸인 곳을 말하며 적에게 포위된 곳이라는 말이 아니다 [謂地之謂 非謂被兵圍也]."라면서 "원문에서 「소수의 적이 다수인 나의 병력을 공격할 수 있는 곳」이라고 했는데, 적이 병력으로 우리를 포위하면서 어찌 소수 병력으로 다수의 우리를 포위할 수 있겠는가 [彼寡可以擊吾之衆 若兵圍我 豈能以寡圍衆乎]?"라고 했고, 두우(杜佑)는 「들어가는 곳이 험하고 돌아가는 길은 멀

어 오래 머물면 양곡이 떨어지므로 소수의 적이 다수인 우리를 공격할 수 있는 곳 [所從入阨險 歸道遠也 持久則糧乏 故敵可以少擊吾衆者]」이라고 했다. 그러나 이곳에서는 「소수의 적이 다수인 나의 병력을 공격할 수 있는 곳」이라고만 했지만 「소수의 적이 다수인 나의 병력을 포위하는 경우」를 배제할 필요가 없다. 지형의 이점을 이용하면 소수의 적이 다수인 나를 포위할 수도 있기 때문이다.

9. 속히 싸우면 살 수도 있지만 머뭇거리면 패하는 곳이 「사지(死地)」이다.

疾戰則存 不疾戰則亡者 爲死地
질전즉존 부질전즉망자 위사지

1) 조조(曹操)는 「앞에는 높은 산이 있고 뒤에는 큰 강물이 있어 진퇴가 모두 불가능한 곳 [前有高山 後有大水 進則不得 退則有碍]」을 말한다고 했다.

2) 진호(陳皞)는 "사지(死地)에 위치해 있는 것은 바닥에 구멍이 뚫린 배나 불이 붙은 집 속에 갇혀 있는 것이나 같다 [人在死地 如坐漏船 伏燒屋]."고 했다.

3) 하연석(何延錫)은 "사지(死地)에서는 결사적으로 싸우면 혹 살 수도 있지만 한구석에서 지키려 하면 죽는다 [死地力戰或生 守隅則死]."고 했다.

II. 구지(九地)의 각 지역별 작전

1. 따라서 산지(散地) <자국 영역>에서는 싸우면 안 된다.

是故 散地則無戰
시고 산지즉무전

1) 이전(李筌)은 "사졸들이 흩어져 도주할 것이 우려된다 [恐走散也]." 했고, 가림은 "이런 곳에서는 계속 싸우면 안 된다. 다만 지형에 관한 이런 평가는 일리가 있지만 호령이 엄명하고 사졸들이 명에 복종하고 죽음을 불사하면 어찌 사졸들이 흩어지겠는가 [居此地者 不可數戰 地形之說 一家之理 若號令嚴明 士卒愛服 死且不顧 何散之有]?"라고 했다.

2. 경지(輕地) <국경을 막 지난 곳>에서는 멈추면 안 되고 계속 진격해야 한다.

輕地則無止
경지즉무지

1) 이전(李筌)은 "사졸들이 도주할 수 있다 [恐逃]."라고 했고, 두우(杜佑)는 "사졸들의 전투의지가 아직 견고하지 못하므로 적을 상대할 수 없다 [志未堅 不可遇敵]."고 했다.

3. 쟁지(爭地) <먼저 차지하면 유리한 곳>는 이를 선점해야 하며, 적이 선점하고 있으면 공격하면 안 된다.

爭地則無攻
쟁지즉무공

1) 조조는 "공격하면 안 되며 먼저 도착해 유리한 위치를 차지해야 한다 [不當攻 當先至爲利也]." 했다. 적이 먼저 점거했을 때 공격하면 안 된다는 의미이다. 이전(李筌) 역시 "적이 먼저 험지를 점거했을 때는 공격하면 안 된다 [敵先居地險 不可攻]."는 의미로 보았다.

4. 교지(交地) <나도 갈 수 있고 적도 올 수 있는 곳>에서는 부대 간 연락이 끊기면 안 된다.

交地則無绝
교지즉무절

1) 조조(曹操)는 "서로 연결되어야 한다 [相及屬也]."는 의미로 보았다. 아군 대열 간 연락이 끊기면 안 된다는 의미로 본 것이다. 두목(杜牧) 역시 "거기(車騎)와 부오(部伍)의 수미(首尾)가 이어져 끊어지지 않게 해야 한다 [須車騎部伍 首尾聯屬 不可使之斷絶]."고 했다.

2) 장예(張預)는 "병력으로 길을 차단하면 안 되고 복병을 설치해 이겨야 한다 [不可以兵阻絶其路 當以奇伏勝也]."고 했다.

5. 구지(衢地) <적국 외 다른 인접국이 있는 곳>에서는 인접국과 연합해야 한다.

衢地則合交
구지즉합교

1) 앞의「八. 지형(地形)」편에는「구지교합(衢地交合)」으로 되어 있고, 모든 주석가들이 "그 인접국과 동맹을 체결해 지원을 얻는다."는 뜻으로 보았다.

2) 맹씨(孟氏)는 "그 인접국과 동맹을 체결하면 안전하고 동맹을 체결 못 하거나 동맹이 깨지면 위험하다 [得交則安 失交則危]."라고 했다.

6. 중지(重地) <적 영토 깊이 들어간 곳>에서는 약탈로 식량 등의 물자가 떨어지지 않게 해야 한다.

重地則掠
중지즉략

1) 본 구절에 대한 주(注)에서 맹씨(孟氏)는 "적의 식량을 빼앗아 쓰라 [因糧於敵]."는 의미로 보았고, 매요신(梅堯臣), 왕석(王晳), 장예(張預)의 해석 역시 맹씨와 같다. 본 구절에 대한 주(注)에서 조조(曹操)는 "군량을 축적하라 [蓄積粮食也]."고만 했고, 두목(杜牧)은 "군량을 운송해 지구전을 펼치며 적의 틈을 노려야 한다 [須運糧 爲地久之計以伺敵也]."고 했지만, 뒤의「중지 오장계기식(重地 吾將繼其食)」이라는 구절의 주(注)에서 조조는 "적의 식량을 약탈하라 [掠彼也]."는 의미라고 했고, 두목 역시 같은 견해이다.

2) 앞의「二. 작전(作戰)」편에서 "용병에 능한 장수는 본국에서 병력을 두 번 징집하지 않고 양초(糧草)도 두 번 실어 나르지 않는다. 장비는 본국에서 조달하되 양초는 적지에서 노획해서 쓰기 때문에 양초가 부족해지는 일이 없다 [善用兵者 役不再籍 糧不三載 取用于國 因糧於敵 故軍食可足也]."고 한 말과 같은 맥락의 말이다.

3) 이전(李筌)은 “적지로 깊이 들어간 후 의롭지 못한 행위로 인심을 잃으면 안 된다. 한(漢) 고조 유방(劉邦)은 진(秦) 땅에 들어간 후 이렇게 부녀자를 범하지 않고 보화(寶貨)를 취하지 않아 인심을 얻었다 [深入敵境 不可非義 失人心也 漢高祖入秦 無犯婦女 無取寶貨 得人心如此].”면서 원문의 「掠」을 「無掠」으로 고쳐야 한다고 했다. 그러나 이는 손자의 용병 사상과는 부합되지 않는 말이다. 손자는 「부전이굴인지병(不戰而屈人之兵)」을 최선의 용병으로 보았지만 원정(遠征)에서는 「인량어적(因糧於敵)」을 강조하고 있다.

7. 비지(圮地) <산림(山林), 험조(險阻), 저택(沮澤) 등 통과가 어려운 곳>에서는 멈추지 말고 계속 진격해야 한다.

圮地則行
비지즉행

1) 앞의 「八. 구변(九變)」 편에는 「비지무사(圮地無舍)」로 되어 있다.

2) 조조(曹操)는 이런 곳에서는 “머물면 안 된다 [無稽留也].”고 했다.

3) 하연석(何延錫)은 이런 곳에는 “성루(城樓)와 해자(垓字)를 만들 수 없으니 속히 떠나야만 한다 [不可爲城樓溝隍 宜速去之].”고 했다.

8. 위지(圍地) <들어가는 길은 좁고 돌아갈 길은 먼 곳으로 소수의 적이 다수인 나의 병력을 공격하거나 포위할 수 있는 지역>에서는 특별한 계모(計謀)를 써야 한다.

圍地則謀
위지즉모

1) 앞의 「八. 구변(九變)」 편 서두에도 이와 동일한 구절이 있고 이에 대한 주(注)에서 조조는 「발기계야(發奇計也)」라고 했고, 이곳의 주(注)에서는 「발기모야(發奇謀也)」라고 했다. 여타 주석가들의 견해도 대동소이하다. 모두 "특별한 계모를 쓴다."는 말이다.

2) 앞서 설명한 바와 같이 「위지(圍地)」는 좁은 의미에서는 적에게 포위된 곳이 아니라 사방이 험지에 둘러싸인 곳을 말하지만 사방이 험지에 둘러싸였을 때 적에게 포위된 경우를 배제할 필요가 없으며, 본 구절에 부합하는 서양의 전례(戰例)로 카르타고의 한니발(Hannibal)이 유명한 칸네(Cannae) 전투 1년 전인 기원전 217년 카실리눔(Casilinum) 협곡을 탈출할 때의 계모를 들 수 있다. 당시 이태리 반도를 침입한 한니발은 트레비아(Trebia) 전투와 트리시메노 호수(Trasimeno L.) 전투에서 로마군을 격파 후 카실리눔으로 이동 중 산중 협곡에서 파비우스(Quintus Fabius Maximus)의 로마군에게 포위되자 밤에 2천 마리 황소의 뿔에 나뭇가지를 붙들어 매고 불을 붙여 로마군이 지키는 협곡 속으로 몰아넣고 이 광경을 보고 놀란 로마군이 철수한 틈에 협곡을 빠져나갔다. 본 구절에 부합되는 사례는 아니지만 한니발의 계모와 유사한 계모를 쓴 사례로 한니발의 경우보다 62년 전인 기원전 279년에 제(齊)의 전단(田單)은 화우계(火牛計)로 즉묵(卽墨)을 포위한 연장(燕將) 기겁(騎劫)을 격파한 적이 있다. 전단은 소 1천여 마리에 화려한 용(龍) 무늬 옷을 입히고 뿔에는 날카로운 칼날을 붙이고 꼬리에 기름 적신 짚 다발을 묶어 불을 붙여 성(城) 밖으로 내몰았다. 꼬리에 불이 붙은 소떼가 연군을 향해 달려 나갈 때 장사 5천 명이 그 뒤를 따라 연군(燕軍)을 덮쳤다. 연군은 미친 듯이 달려드는 소의 뿔에 닿으면 병사들이 모두 죽자 놀라 신병(神兵)이 하강한 것으로 알고 투지를 상실했다. 이때 성(城) 내에서 북소리가 울리자 노약자들이 쳐대는 구리그릇 소리가 하늘을 울렸고 이에 크게 놀란 연군은 패주했다.

3) 뒤에는 “위지(圍地)에서는 나는 빠져나갈 틈을 차단해 병사들의 도주를 막을 것이다 [圍地 吾將塞其闕].”라는 구절도 있다.

9. 사지(死地) <속히 싸우면 살아날 수 있고 속히 싸우지 않으면 패망하는 곳>에서는 결사적으로 싸워 활로(活路)를 열어야 한다.

死地則戰
사지즉전

1) 조조는 “결사적으로 싸운다 [殊死戰也].” 했고, 가림은 앞의 「死地」에 대한 설명에서 “결사적으로 싸우면 혹 살 수도 있지만 한 구석에서 지키려 하면 죽는다 [死地力戰或生 守隅則死].” 했고, 앞의 「八. 구변」 편의 「死地則戰」 항에 대한 조조와 가림의 주(注)도 같다.

2) 장예(張預)는 “사지(死地)에 빠지면 사람은 스스로 싸운다 [陷於死地 則人自爲戰].”고 했고, 매요신(梅堯臣) 역시 “전후좌우 갈 곳이 없어 죽을 수밖에 없음을 알려주면 모든 사람이 스스로 싸운다 [前後左右 無所之 示必死 人人自戰也].”고 했다.

3) 앞의 「八. 구변(九變)」 편의 「사지즉전(死地則戰)」 항에서 이전(李筌)은 “병사들이 스스로 싸운다 [人自爲私鬪].”고 했고, 하연석(何延錫)은 “속히 결사적으로 싸우면 살지만, 꾸물대고 안 싸우면 기세는 꺾이고 식량은 떨어지는데 어찌 죽지 않겠는가?”라고 했고, 장예(張預)는 “결사적으로 싸워야 한다 [當殊死戰].”고 했다.

4) 뒤에 “사지(死地)에서는 나는 빠져나갈 곳이 없음을 병사들에게 알려줄 것이다 [死地 吾將示之以不活].”는 구절도 있고, “병력을 망지(亡地)로 몰면 생존할 수 있고, 사지(死地)로 몰면 살 수 있다 [投之亡地 然后存 陷之死地 然后生].”는 구절도 있다.

Ⅲ. 장수의 병력 지휘

이른바 옛날에 용병에 능했던 장수는 적으로 하여금 선두와 후미가 서로 연결 못하게 하고, 주력과 별동대가 서로 의지 못하게 하고, 간부와 사졸이 서로 구원 못하게 하고, 위와 아래가 서로 협력 못하게 해서 그 사졸들이 흩어져 다시 집결하지 못하게 만들고, 다시 집결하더라도 서로 질서 있게 협력 못 하도록 만들면서 유리할 때만 움직이고 불리할 때는 움직이지 않았다.

所謂古之善用兵者 能使敵人前後不相及 衆寡不相恃 貴賤不相救 上下不相收
소위고지선용병자 능사적인전후부상급 중과부상시 귀천부상구 상하부상수

卒離而不集 兵合而不齊 合於利而動 不合於而止
졸이이불집 병합이불제 합어리이동 부합어이지

1) 「不相收」가 「不相救」 또는 「不相扶」로 되어 있는 본도 있다.

2) 조조(曹操)는 "적을 기만해서 흩어지도록 만들고 교란시켜 질서를 유지 못 하게 만든 후 병력을 움직여 싸웠다 [暴之使离 亂之使不齊 動兵而戰]."는 의미로 보았고, 이전(李筌)은 "수시로 임기응변함으로써 적이 확신을 못 갖게 만들고 좌익을 구하면 우익을 공격하는 등의 방법으로 적을 교란시켜 계책을 쓸 틈이 없게 만들었고, 유리한 상황이 되면 움직이고, 적이 교란되지 않으면 움직이지 않았다 [設變以疑之 救左則擊其右 惶亂不暇計 撓之令見乃動 不亂則止]."는 의미로 보았고, 여타 주석가들의 해석도 대동소이하다.

질서 있는 대적(大敵)이 몰려오면 어찌해야 하는지를 묻는다면, 적이 아끼는 것을 내가 선점하면 적은 내 뜻대로 움직이게 될 것이라고 대답할 것이다.

敢問 敵衆整而將來 待之若何 曰先奪其所愛則聽矣
감문 적중정이장래 대지약하 왈선탈기소애즉청의

1) 조조는 "앞의 「敢問」은 「或問」의 뜻이고, 적이 믿고 있는 이점을 탈취하라는 말이며, 유리한 지형을 선점하면 내가 원하는 대로 될 것이다 [或問也 奪其所恃之利 若先据利地則我所欲必得也]."라고 했다.

2) 매요신(梅堯臣)도 "이는 가정 상황을 전제로 한 자문(自問)으로 적이 아끼는 것을 먼저 빼앗으면 내 뜻대로 될 것이니 그런 연후에 그를 교란시키면 내가 못할 것이 없다 [此設疑以自問 當先奪其所顧愛 則我志得行 然後使其驚撓散亂 無所不至也]."고 했다.

3) 「적이 아끼는 것(其所愛)」에 대해 두목은 「나에게 유리한 지형의 점거, 나의 전야(田野) 공략, 자신의 양도(糧道) 유지 3가지 [據我便地 略我田野 利其糧道 斯三者]」라 했고, 장예(張預)는 "편리한 지형과 식량뿐이다 [便地與糧食耳]."라고 했고, 진호(陳皞)는 "적이 믿고 의지하는 이점뿐만 아니라 적이 방관하지 못할 모든 것을 빼앗아야 한다 [不止所恃利 但敵人所顧之事 皆可奪也]."고 했다.

용병에서는 신속을 중시한다. 적이 손을 쓰기 전에 적이 생각 못한 길로 나가서 적의 대비가 없는 곳을 신속히 공격해야 한다.

兵之情主速 乘人之不及 由不虞之道 攻其所不戒也
병지정주속 승인지불급 유불우지도 공기소불계야

1) 조조(曹操)는 "손자는 진(陳)이 멸망할 때의 상황을 말하기 어려웠을 것이 분명하다 [孫子應難以覆陳兵情也]."고 했다. 손자는 춘추 시대 진(陳) 여공(厲公)의 아들 완(完)의 후예로 자신의 선조의 나라가 멸망할 당시의 일을 말하기 불편했을 것이라는 말로 보인다. 기원전 496년 오왕(吳王) 부차(夫差)는 진(陳)의 3개 성읍(城邑)을 탈취했고, 7년 후 다시 진(陳)을 공격하다 진(陳) 민공(湣公)이 초(楚)에 구원을 청하자 철군했고, 다시 11년 후인 기원전 478년 초(楚) 혜왕(惠王)이 진(陳)을 멸망시키고 민공(湣公)을 죽였다.

2) 진호(陳皞)는 "손자의 말은 용병에서는 빠른 속도를 중시한다는 말이다 [孫子之旨 言用兵貴疾速也]."라고 했다.

3) 하연석은 본 구절에 부합하는 전례로 위(魏)의 사마의(司馬懿)가 맹달(孟達)을 격파한 일과 당(唐)의 이정(李靖)이 강릉(江陵)의 소선(蕭銑)을 격파한 일을 들었다. 삼국시대 말기 촉장(蜀將) 맹달이 위(魏)로 투항하자 위(魏) 문제(文帝)는 그를 신성군(新城郡) 태수에 등용했지만 문제가 죽고 명제(明帝)가 즉위하자 맹달은 다시 촉(蜀)으로 돌아가려고 수차 제갈량에게 서신을 주고받았는데 한 서신에서 그는 "사마의가 있는 완성(宛城)은 낙양과 8백 리이고 이곳 신성(新城)과는 1천2백 리나 떨어져 있습니다. 제가 거사한다는 소식이 알려져도 토벌군이 오려면 1개월은 걸릴 것인데 제가 있는 곳은 매우 험한 곳이라 사마의는 결코 직접 오지 않을 것이고 다른 장수는 누가 오더라도 저는 걱정 없습니다."라고 했다. 그러나 당시 맹달과 틈이 벌어진 위흥(魏興) 태수 신의(申儀)가 맹달의 배반 정황을 명제에게 보고하자 명제는 즉시 사마의에게 맹달을 토벌케 했고, 사마의는 맹달이 거사한 지 8일 만에 병력을 이끌고 1천2백 리 떨어진 신성(新城)까지 진격했다. 이에 맹달은 제갈량에게 글을 보내 구원을 청하면서 "제가 거사한 지 8일 만에

사마의가 벌써 성(城) 밑에 왔으니 어찌 이리도 빠를 수 있습니까?"라고 했다. 사마의는 병력을 보내 오(吳), 촉(蜀)의 구원군을 막는 한편 신성(新城)을 포위해서 16일 만에 함락시키고 맹달을 죽였다. 한편 당(唐)의 이정(李靖)이 강릉(江陵)을 점거하고 칭제(稱帝)한 소선(蕭銑) 토벌에 나섰을 때 마침 가을장마가 들어 양자강의 물이 급격히 불면서 삼협(三峽) 통과가 어려워지자 소선은 당군이 결코 진격하지 못할 것이라며 병력을 쉬게 하고 당군에 대한 대비를 하지 않았다. 이때 이정의 장수들도 전진을 멈추고 강물이 줄기를 기다릴 것을 청했지만 이정은 "용병은 신속이 중요하고 기회를 놓치면 안 된다. 이제 우리 병력이 모두 집결했고 소선은 이를 모르고 있는데 물이 불어났을 이때 우리가 갑자기 저들의 성(城) 밑으로 접근하면 번개가 귀에 들리지 않듯이 접근할 수 있으니 이것이 상책이다. 저들이 우리의 접근을 알아도 갑자기 병력을 징발해 대응하지 못할 것이니 반드시 저들을 사로잡을 수 있다."라면서 바로 진격해서 소선을 사로잡았다.

무릇 공격군은 적지 깊이 들어가면 단결되므로 방어자가 이기기 어렵다. 그러나 방심하지 말고 풍요로운 들판을 약탈해서 식량이 떨어지지 않도록 하고, 휴식을 취해 힘을 비축하면서 병력 운용과 계책을 적이 예측 못 하게 해야 한다.

凡爲客之道 深入則專 主人不克 掠於饒野 三軍足食 謹養而勿勞 幷氣積力 運幷計謀 爲不可測
범위객지도 심입즉전 주인불극 약어요야 삼군족식 근양이물노 병기적력 운병계모 위불가측

1) 마지막 「測」 자가 은작산죽간본에는 「賊」으로 되어 있는데 중국사회과학원의 ≪손자병법대전≫에서는 이는 필요한 뜻을 나타내는 글자가 없을 때 뜻은 달라도 발음이 같은 글자를 빌려 쓰는 가차(假借) 글자라고 했다.

2) 장예는 본 구절에 대해 "공격자는 중지 <적 영토 깊이 들어간 곳>에 있고 방어자는 산지 <자국 영역에서 싸우는 곳>에 있기 때문이다 [客在重地 主在輕地故耳]."라고 했다.

3) 본 구절에 부합되는 전례로 진호와 장예는 진(秦) 시황(始皇) 23년 <기원전 224년> 진장(秦將) 왕전(王翦)이 초(楚)를 격멸할 당시의 용병을 들었다. 왕전은 초(楚) 영역으로 진입 후 진읍(陳邑), 상수(商水), 상채(上蔡), 평여(平輿) 선에 도달하자 돌연 전군에 정지를 명하면서 전 전선에 보루를 구축하고 수비에 전념토록 명하고 사졸들을 쉬게 하고 수십 일간 매일 전선을 순시하며 사졸들을 격려했다. 이때 초장(楚將) 항연(項燕) <항우의 할아버지>은 계속 도전해도 왕전이 응하지 않자 병력을 이끌고 동쪽으로 이동했고, 왕전은 사졸들이 유희로 투석놀이를 하고 있는 것을 보고 용맹하게 싸울 생각이 있음을 알고 비로소 전군에 추격을 명해 와하(渦河) 남쪽에서 초군을 격파하고 항연을 죽인 다음 주력을 이끌고 초(楚)의 도읍 수춘(壽春)으로 달려가서 일거에 초왕 부추(負芻)를 생포해 진(秦)으로 돌아갔다.

빠져나갈 곳이 없는 곳으로 몰고 가면 병사들은 죽을 것을 알아도 도주하지 않는다. 병사들이 죽기를 두려워 않는데 어찌 이기지 못하겠으며 어찌 병사들이 있는 힘을 다해 싸우지 않겠는가?

投之無所往 死且不北 死焉不得 士人盡力
투지무소왕 사차불배 사언부득 사인진력

1) 「死且不北」에 대해 매요신은 "죽을 것을 알아도 도주하지 않는

다 [知死而不退走].”는 의미로 보았다. 「北」를 「도주」의 의미로 본 것이다. 이전(李筌), 두목(杜牧), 장예(張預)의 해석도 대동소이하다.

2) 「사언부득(死焉不得)」에 대해 두목(杜牧)은 “병사들이 죽기를 무릅쓰고 싸우는데 이기지 않을 수가 있겠는가 [士必死 安有不得勝之理]?”라는 의미로 보았고, 장예(張預)는 “병사들이 죽기를 무릅쓰고 싸우는데 어찌 이기지 못하겠는가 [士卒死戰 安不得志]?”라는 의미로 보았다. 조본학(趙本學)은 앞의 「死」는 연문(衍文), 즉 불필요한 군더더기라고 했는데 단지 “어찌 이기지 못하겠는가?”라는 의미로 본 것이다.

3) 「사인진력(士人盡力)」에 대해 조조(曹操)는 “곤경에 처하면 마음이 하나가 된다 [在難地 心幷也].”고 했고, 매요신(梅堯臣)은 “병사들이 어찌 있는 힘을 다해 싸우지 않겠는가 [士安得不竭力以赴戰]?”라고 했고, 장예는 “함께 곤경에 처하면 어찌 함께 최선을 다하지 않겠는가 [同在難地 安得不共竭其力]?”라고 했다.

병사들은 큰 위기에 처하면 두려움이 없어지고, 빠져나갈 곳이 없으면 전투의지가 굳어지고, 적지 깊이 들어가면 일치단결하고, 달리 도리가 없으면 싸우기 때문에 강조하지 않아도 스스로 조심하고, 요구하지 않아도 스스로 행하고, 서약이나 명령이 없이도 서로 친해지고 신뢰한다. 따라서 길흉(吉凶)에 관한 점복(占卜)이나 유언비어를 금지해서 군중(軍中)에 유언비어를 없앤다면 설령 죽더라도 다른 생각을 하지 않을 것이다.

兵士甚陷則不懼 無所往則固 深入則拘 不得已則鬪 是故其兵不修而戒 不求而得
병사심함즉불구 무소왕즉고 심입즉구 부득이즉투 시고기병불수이계 불구이득
不約而親
불약이친

不令而信 是故禁祥去疑 至死無所之
불령이신 시고금상거의 지사무소지

1) 「심함(甚陷)」을 두목(杜牧)과 매요신은 「위험에 처하면 [陷於危險]」의 의미로 보았고, 왕석과 장예의 견해도 대동소이하다.

2) 「구(拘)」에 대해 매요신(梅堯臣)은 「지전(志專)」, 즉 「단결」의 의미로 보았다.

3) 「불수이계 불구이득 불약이친 불령이신(不修而戒 不求而得 不約而親 不令而信)」 4개 문구 전체에 대해 조조(曹操)는 "요구하지 않아도 스스로 잘 된다 [不求索其意 而自得也]."는 의미로 보았고, 이전(李筌)은 "필사의 지역으로 몰아넣으면 명하지 않아도 일이 된다 [投之必死 不令而得其用]."는 의미로 보았고, 두목(杜牧)은 "병사들은 사지(死地)에서는 상하가 한마음이 되어 강조하지 않아도 스스로 조심하고, 요구하지 않아도 스스로 잘 하고, 다짐이 없어도 스스로 친해지고 믿는다 [兵在死地 上下同志 不待修整而自戒懼 不待收索而自得心 不待約令而自親信也]."는 의미로 보았고, 맹씨(孟氏)는 "승리할 것을 요구하지 않아도 스스로 승리한다 [不求其勝而勝自得也]."는 의미로 보았고, 장예(張預)는 "위난 지역에서는 사졸들이 서로 협력하고, 강조하지 않아도 스스로 조심하고, 요구하지 않아도 투지가 생기고, 통제하지 않아도 윗사람을 따르고, 호령이 없어도 목숨을 바칠 각오를 한다. 오인(吳人)과 월인(越人)은 비록 원수지간이나 같은 배를 타고 강을 건너다 폭풍을 만나면 어찌 마음을 합해 서로 협력하지 않을 수 있겠는가라는 말이다 [危難之地 人自同力 不修整而自戒愼 不求索而得情意 不約束而親上 不號令而信命 所謂同舟而濟 則吳越何患乎異心也]."라고 했다.

4) 「금상거의(禁祥去疑)」에 대해 조조(曹操)는 "요상한 말들을 금해 의혹을 없애라 [禁妖祥之言 去疑惑之計]."는 의미로 보았고, 두목은 "주술과 주문(呪文)을 금하고 간부들이 점복으로 군사의 길흉을 묻지 못하게 하라 [禁巫祝 不得爲吏士卜問軍士吉凶]."는 ≪육도(六韜)≫의

구절과 같은 의미로 보았고, 매요신은 "요상한 일을 벌이지 말고 유언비어가 군중에 돌지 못하도록 하라 [妖祥之事不作 疑惑之言不入]."는 의미로 보았다.

5) 「지사무소지(至死無所之)」에 대해 두목(杜牧)은 "죽어도 다른 생각을 하지 않는다 [至死無有異志]."는 의미로 보았고, 매요신(梅堯臣)은 "죽어도 포기하지 않는다 [死而後已]."는 의미로 보았고, 장예는 "죽어도 다른 염려를 하지 않는다 [至死無他慮]."는 의미로 보았다. 한편 이전(李筌)은 "죽어도 재앙이 없다 [至死無所災]."는 의미로 보았다.

사졸들이 여분의 재물을 모두 태워버리고 죽기를 무릅쓰고 싸우는 것은 재물이 싫어서도 아니고 사는 것이 싫어서도 아니고, 달리 방법이 없기 때문이며,

吾士無餘財 非惡貨也 無餘命 非惡壽也
오사무여재 비오화야 무여명 비오수야

1) 본 구절의 의미를 조조(曹操)는 "모두가 재물을 태워버리는 것은 재물이 많음을 싫어하기 때문이 아니고 재물을 태워버리고 죽기를 무릅쓰고 싸우는 것은 부득이하기 때문이다 [皆燒焚財物 非惡貨之多也 棄財致死者 不得已也]."라고 했고, 두목(杜牧)은 "사졸들에게 재물이 남아 있으면 아까워 구차하게 살 궁리를 하고 죽기를 무릅쓰고 싸우려 하지 않는다 [若有財貨 恐士卒顧戀 有苟生之意 無必死之志也]."라고 했고, 매요신(梅堯臣)은 "부득이 재물을 모두 없애는 것이고, 부득이 죽기를 무릅쓰고 싸우는 것이다 [不得已 竭財貨 不得已 盡死戰]."라고 했고, 왕석(王晳)은 "당장 쓸 재물만 있으면 된다. 재물이 많으면 사졸들

은 어떻게 하든지 살아남으려 한다. 또 죽음을 무릅쓰고 싸워야 한다. 사졸들은 살 길을 모색하면 투지가 없어진다 [足用而已 士財富則媮生 死戰而已 士顧生路 則無鬪志矣].”라고 했고, 장예(張預)는 “누구나 재화와 목숨을 아낀다. 재화를 태워버리고 목숨을 포기할 각오를 하는 것은 재화와 목숨을 미워하기 때문이 아니라 부득이하기 때문이다 [貨與壽 人之所愛也 所以燒擲財寶 割棄性命者 非憎惡之也 不得已也].”라고 했다.

이들은 출전 명령이 하달되면 모두 눈물을 흘리며 앉아 있을 때는 눈물이 옷깃을 적시고 누워 있을 때는 눈물이 뺨을 적신다.

令發之日 士卒坐者涕沾襟 偃臥者涙交頤
영발지일 사졸좌자체첨금 언와자누교신

1) 장예(張預)는 “감격해서 눈물을 흘리는 것이다. 이를 위해 전투에 앞서 「이제 모든 일이 이번 전투에 달려 있다. 필사적으로 싸우지 않는다면 우리 몸뚱이는 들판 위에서 짐승들의 먹이가 될 것이다.」라고 다짐하기도 한다. 혹자는 「무릇 행군에 나설 때 병사들을 위해 술자리를 마련 후 일어서 검무(劍舞)를 추기도 하고 씨름판을 벌이거나 무예를 겨루며 환호하는 것은 기세를 올리려는 것인데 다짐을 하면서 눈물을 흘린다면 오히려 그 기세가 꺾인다.」고 하지만, 먼저 필사적으로 싸울 각오를 한 후 그 기세를 올린다면 싸울 때마다 이길 것이다. 필사적으로 싸울 각오가 없다면 아무리 기세가 올라도 이길 수 없다 [感激之 故涕泣也 未戰之日 先令曰 今日之事 在此一擧 若不用命 身膏草野 爲禽獸所食 或曰 凡行軍 饗士使酒 拔劍劍舞 作朋角抵 伐鼓叫呼 所以增其氣 約令涕泣 無乃挫其壯心乎 答曰 先決其死力 後激其銳氣 則無不勝 儻無必死之心 其氣雖盛 何由克之].”고 했다. 장예가 「혹자(或

者)」라고 한 것은 두우(杜佑)를 말한다. 두우는 ≪통전≫, 병전(兵典)편에서 "소리로 사람의 감정을 돋을 수 있다. 장사들에게 향연을 베풀어 격려할 때 술기운이 돌면 검무(劍舞)를 추기도 하고 씨름판을 벌이거나 무예를 겨루며 환호하는 것은 기세를 올리려는 것이다. 이때는 슬픈 곡조를 연주해서 병사들을 처량하게 만들어 예기(銳氣)를 꺾으면 안 된다. 사기(士氣)를 꺾어 놓으면 적에게 이기기 어렵다 [夫聲感人 享宴將士 以激勵于衆 酒酣 使拔劍起舞 作朋角抵 伐鼓叫呼 以增其气 絲竹哀怨之聲不可奏 使人凄愴 損銳气 挫壯心 則難胜敵]."면서 유방(劉邦)이 항우(項羽)와 최후 결전 때 전 병력에 명해 사방에서 초가(楚歌)를 부르게 하자 항우의 초군(楚軍)은 고향생각에 눈물을 흘리다 결국 무너졌던 예를 들었다. 그러나 장예는 앞서의 말에 이어서 전국(戰國)시대 말기 연장(燕將) 형가(荊軻)가 진(秦) 시황(始皇)을 암살하러 떠날 때 역수(易水)에서 그를 배웅하러 나온 장사들이 모두 눈물을 흘렸고 이때 고점리(高漸離)가 축(筑)이라는 악기로 장중한 우성(羽聲) 곡조를 연주하는 속에 형가는 "바람은 소슬하고 역수(易水) 물은 차가운데 한번 떠난 장사(壯士)는 다시 돌아오지 않는다. 호랑이굴과 교룡(蛟龍)둥지로 들어가면서 하늘을 향해 큰 숨을 내 쉬니 흰 무지개가 되었네 [風蕭蕭兮易水寒 壯士一去兮不復還 探虎穴兮入蛟宮 仰天呼气兮成白虹]."라는 노래를 부르자 모두 눈을 부릅뜨고 머리털이 곤두서서 관(冠)을 찔렀다는 고사(故事)를 들었다.

이와 같이 빠져나갈 곳이 없는 곳으로 사졸을 몰아넣으면 모두가 춘추전국 시대의 전제(專諸)나 조귀(曹劌)같이 용맹해진다.

投之無所往者 諸劌之勇也
투지무소왕자 제귀지용야

1) 전제(專諸)는 전국(戰國) 시대 오(吳)의 공자(公子) 광(光) <즉, 합려(闔閭)>의 심복으로 광(光)의 지시대로 오왕 요(僚)를 죽였다. 당시 오자서(伍子胥)가 공자 광(光)에게 오왕 요(僚)의 심복들을 외정(外征)에 내보내도록 만든 후 왕을 죽일 것을 권하자 광(光)은 요(僚)에게 초(楚)의 국상(國喪)을 틈타 공격토록 권한다. 왕은 동모제(同母弟)인 심복 공자(公子) 엄여(掩餘)와 촉용(燭庸)을 장수로 삼아 초(楚)를 공격하게 했고 이때 광(光)은 일부러 전차에서 떨어져 발을 다쳐 출병을 피했다. 출정 나간 엄여와 촉용이 초군에게 포위되자 요(僚)는 또 아들 경기(慶忌)를 보내 구원하게 했고, 이로써 요(僚)의 심복들이 모두 출정에 나간 틈에 광(光)은 요(僚)를 음연(飮宴)에 초대해 놓고 전제에게 죽이게 한 후 왕위에 올랐다. 당시 전제는 음식상 위의 물고기 요리 뱃속에 단도(短刀)를 숨겼다가 이 칼로 요(僚)를 찔러 죽인 후 요(僚)의 근위병에게 난도질당해 죽었다.

2) 조귀(曹劌) <일명 조말(曹沫)>는 춘추(春秋) 시대 노(魯) 장공(莊公)의 대부(大夫)로 제(齊) 환공(桓公)이 노(魯) 땅을 빼앗자 노(魯) 장공(莊公)은 제(齊) 환공에게 비무장 회맹(會盟)을 제의 후 회맹 석상에 조귀와 함께 칼을 차고 나가서 제(齊) 환공에게 빼앗은 노(魯) 땅을 반환하라고 위협했고, 제(齊) 환공은 부득이 허락했다. 이후 제(齊) 환공이 이 약속을 파기하려 하자 관중(管仲)은 제후들에게 신의를 잃으면 안 된다면서 말렸다.

한편 용병에 능한 장수는 솔연(率然)과 같다. 솔연은 상산(常山)에 사는 뱀으로 그 머리를 때리면 꼬리로 대들고 그 꼬리를 때리면 머리로 대들고 몸통을 때리면 머리와 꼬리가 함께 대든다. 군대도 이 솔연(率然)과 같이 움직일 수 있다.

故善用兵者 譬如率然 率然者 常山之蛇也 擊其首則尾至 擊其尾則首至 擊其中則首尾俱至 敢問 兵可使如率然乎 曰可
고선용병자 비여솔연 솔연자 상산지사야 격기수즉미지 격기미즉수지 격기중즉수미구지 감문 병가사여솔연호 왈가

1) 「상산(常山)」이 은작산죽간본에는 「항산(恒山)」으로 되어 있다. 중국사회과학원의 ≪손자병법대전≫에서는 한(漢) 문제(文帝) 유항(劉恒) 아니면 송(宋) 진종(眞宗) 조항(趙恆)의 휘호(諱號) 때문에 「恆」을 후대에 「常」으로 바꾸었을 것으로 보았다.

2) 「擊其中」이 「擊其中身」이나 「擊其腹」으로 되어 있는 본도 있다.

3) 매요신(梅堯臣)은 "뱀이란 것은 때리면 안 되는 짐승이다. 이를 때리면 갑작이 대든다 [蛇之爲物也 不可擊 擊之 則率然相應]."고 했다.

4) 「솔연(率然)」은 원래 「재빨리」라는 부사(副詞)로 뱀의 형상이 이와 같이 민첩해 붙인 이름이다. 장예(張預)는 "「率」은 「速」과 같은 뜻이다. 때리면 재빨리 대든다는 것은 진법(陳法)을 비유한 것이다. 팔진도(八陣圖) 설명문에 의하면, 「뒤를 앞으로 삼고, 앞을 뒤로 삼고, 머리가 넷이고 꼬리가 여덟이며, 건드리는 곳이 모두 머리가 되고 적이 중앙을 공격하면 머리와 꼬리가 함께 중앙을 구원한다.」고 한다 [率猶速也 擊之則速然相應 此喩陣法也 八陣圖曰 以後爲前 以前爲後 四頭八尾 觸處爲首 敵衝其中 首尾俱救]."고 했다.

또한 오인(吳人)과 월인(越人)은 서로 미워하는 사이이지만 한 배를 타고 강을 건너다 폭풍을 만나면 서로 좌우 두 손과 같이 협력하게 될 것이다.

夫吳人與越人相惡也 當其同舟而濟 遇風 其相救也 如左右手
부오인여월인상오야 당기동주이제 우풍 기상구야 여좌우수

1) 장예(張預)는 "오(吳)와 월(越)은 원수 사이였다. 원수라도 공동 위난에 처하면 두 손이 서로 돕듯 협력할 것인데 원수가 아닌 사이라면 솔연(率然) 같이 서로 호응할 것이 아닌가 [吳越仇讎也 同處危難 則如相救如兩手 況非仇讎者 豈不猶率然之相應乎]?"라고 했다.

2) 이 구절이 그 유명한 「오월동주(吳越同舟)」라는 말의 기원(起源)이다. 그러나 당시 오(吳)와 월(越)이 실제 협력한 일은 없다. 손자는 원수 사이라도 공동의 재난에 처하면 서로 협력할 수밖에 없듯이 사졸들은 사지(死地)에 몰리면 서로 긴밀히 단결된다는 의미로 이런 비유를 한 것이다. 오왕(吳王) 합려(闔閭)는 기원전 496년 월(越)을 공격하다가 취리(檇李)에서 월왕(越王) 구천(句踐)에게 패한 후 큰 부상을 입고 죽었다. 이후 오왕에 즉위한 부차(夫差)는 편한 잠자리를 피해 장작더미 위에서 자면서 복수를 다짐하다 2년 후인 기원전 494년 월왕 구천이 오(吳)를 공격하자 부초(夫椒)에서 구천을 격파 후 월(越)의 국도(國都) 회계(會稽)까지 추격해서 회계성을 격파했고, 회계산으로 도주한 구천이 오국(吳國)으로 들어가 오(吳)의 신하가 되겠다고 청원하자 수락 후 철군했다. 이후 구천은 문종(文種)에게 나라를 지키게 하고, 자신은 범려(范蠡) 등 3백 명과 함께 오(吳)로 들어가 오왕의 신하가 되어 3년간 천역(賤役)을 하다 풀려났고, 귀국한 구천은 짐승 쓸개를 씹으며 복수를 다짐하면서 국력을 키운 후 기원전 482년 부차가 오(吳)의 국도 고소(姑蘇)를 비워놓고 북상해서 진(晉)과 장황지(長黃池) 쟁탈전을 벌이고 있는 틈에 고소로 들어가 오(吳)의 태자 우(友)를 잡아갔고, 4년 후인 기원전 478년 다시 오(吳) 정벌에 나서 5년 후인 기원전 473년 오(吳)를 멸망시켰다.

말을 묶고 수레바퀴를 땅에 묻고 도주 못하게 하듯이 병사들을 사지(死地)에 몰아넣는 것만으로 모든 문제가 해결될 수는 없다.

是故 方馬埋輪 未足恃也
시고 방마매륜 미족시야

1) 「방마매륜(方馬埋輪)」이 「방마이륜(放馬理輪)」으로 되어 있는 본도 있다. "말을 풀어서 없애 버리고 수레바퀴를 움직이지 못하도록 통제한다."는 뜻이다.

2) 장예(張預)는 「방마(方馬)」를 「박마(縛馬)」, 즉 "말을 묶어놓는다."는 의미로 보고, "앞에서 사졸들을 사지(死地)에 몰아넣어 필사항전 의지를 굳히도록 계속 강조했지만 이것만으로는 충분하지 않다. 위지(危地)에 몰아넣은 후에도 반드시 임기응변의 지혜를 발휘해 사졸들이 좌우 두 손같이 서로 협력하게 만들어야만 이길 수 있다. 따라서 말을 묶어 놓고 수레바퀴를 땅에 묻어 놓는 것만으로는 승리를 보장할 수 없고 사졸들이 일체가 되어 서로 협력하게 만들어야 한다 [上文歷言置兵於死地 使人心專固 然此未足爲善也 雖置之危地 亦須用權智 使人令相救如左右手 則勝矣 故曰須縛馬埋輪 未足恃固以取勝 所可必恃者要使士卒相應如一體也]."고 했다. 「말을 묶어 놓고 수레바퀴를 땅에 묻어 놓는 것」을 사졸들을 사지(死地) 또는 위지(危地)에 몰아넣는다는 의미로 보았지만 이것만으로 부족하다고 본 것이다.

3) 한편 조조(曹操)는 "「방(方)」은 말을 묶어 놓는다는 것이고, 수레바퀴를 땅에 묻는다는 것은 물러서지 않겠다는 의지를 보인 것에 불과하다. 그러나 본 구절은 사졸들을 오로지 곤경에 처하도록 만드는 것보다 중요한 것이 임기응변이라는 말이며 따라서 말을 묶어 놓고 수레바퀴를 땅에 묻는 것만으로는 충분치 못하다고 한 것이다 [方

縛馬也 埋輪 示不動也 此言專難不如權巧 故曰方馬埋輪 不足恃也].”라고 했고, 왕석(王晳)은 “이는 사졸들이 난지(難地)에 처하면 서로 돕는다는 의미일 뿐이다. 뱀의 머리와 꼬리나 사람의 좌우 두 손은 모두 서로 민첩하게 돕는 것을 비유해서 말한 것이고 같은 배를 타고 강을 건너다 위기를 만나면 오인(吳人)과 월인(越人)도 한 마음이 될 것인데 하물며 삼군(三軍)이야 어떻겠는가? 따라서 사졸들을 난지(難地)에 몰아넣어 서로 협력하게 만드는 것이 말을 묶어놓고 수레바퀴를 땅에 묻는 것보다는 더욱 믿을 수 있는 것이다. 조조의 해석이 옳다 [此謂在難地自相救耳 蛇之首尾 人之左右手 皆猶相救之敏也 同舟而濟 在險難也 吳越猶無異心 況三軍乎 故其足恃甚於方馬埋輪 曹公說是也].”고 했고, 이전, 두목, 매요신, 진호도 본 구절의 의미를 사졸들을 사지(死地)에 몰아넣으면 모두 좌우 두 손과 같이 협력하게 된다는 의미로 해석했다. 이들은 모두 「말을 묶어 놓고 수레바퀴를 땅에 묻는 것」을 사졸들을 사지(死地), 난지(難地) 또는 험난(險難)에 몰아넣어 지세(地勢)를 이용하는 것이 아니라 어느 지역에서건 그저 곤경에 처하도록, 즉 도주 못 하게 만든다는 의미로만 본 것이다. 다음 구절에서 “강졸(强卒)이나 약졸(弱卒) 모두 필사적으로 싸우게 되는 것은 지세(地勢)의 이치 때문이다 [剛柔皆得 地之理也].”라고 한 것을 볼 때 이런 해석이 타당하다.

일치단결해서 용기를 내도록 만드는 것이 병력 지휘의 요점이며, 강졸(强卒)이나 약졸(弱卒) 모두 필사적으로 싸우게 하려면 지세(地勢)의 이치를 이용해야 한다. 용병에 능한 장수가 사졸들이 서로 손 잡고 한 사람같이 움직이게 만들 수 있는 것은 그렇게 할 수밖에 없는 지세(地勢)의 이치를 이용하기 때문이다.

齊勇如一 政之道也 剛柔皆得 地之理也 故善用兵者 携手若使一人 不得已也
제용여일 정지도야 강유개득 지지리야 고선용병자 휴수약사일인 부득이야

1) 「제용여일 정지도야(齊勇如一 政之道也)」에 대해 장예(張預)는 "사졸들을 위지(危地)에 몰아넣은 후 또 그들이 서로 돕게 만들면 삼군(三軍) 병력이 마치 한 몸같이 협력한다. 이렇게 할 수 있어야 병력지휘의 요점을 터득한 것이다 [既置之危地 又使之相救 則三軍之衆 齊力同勇如一夫 是軍政得其道也]."라고 했고, 진호(陳皥)는 "정령(政令)이 엄명하면 용감해도 홀로 전진하지 못하고 겁이 많아도 홀로 물러서지 못하고 삼군(三軍) 병사들이 한 사람같이 움직인다 [政令嚴明 則勇者不得獨進 怯者不得獨退 三軍之士如一也]."고 했다.

2) 「강유개득(剛柔皆得)」에 대해 조조(曹操)는 "강졸이나 약졸 모두 한 사람같이 되는 것이다 [强弱一勢也]."라고 했고, 「강유개득 지지리야(剛柔皆得 地之理也)」에 대해 이전(李筌)은 "강졸이나 약졸 모두 한 사람같이 되게 하려면 반드시 지역의 특징을 이용해서 사졸을 통제해야 한다 [强弱之勢 須因地形而制之也]."고 했고, 매요신(梅堯臣)은 "강졸이나 약졸 구분 없이 모두 필사적으로 싸우게 할 수 있는 것은 지세(地勢) 때문이다 [兵無强弱 皆得用者 是因地之勢也]."라고 했고, 왕석(王晳)과 장예(張預)의 견해도 매요신과 같다.

장수의 병력지휘는 속마음을 감추고 냉정해야 하고, 엄정히 질서를 유지해야 하고, 사졸들의 눈귀를 가려 다른 것을 생각 않고 오직 명(命)만 따르게 해야 하고,

將軍之事 靜以幽 正以治 能愚士卒之耳目 使之無知
장군지사 정이유 정이치 능우사졸지이목 사지무지

1) 「정이유 정이치(靜以幽 正以治)」에 대해 조조는 "냉정하고 속마음을 드러내지 않고 엄정함을 말한다 [謂淸淨幽深平正也]."고 했고, 왕석은 "냉정하면 흔들림이 없고, 속마음을 드러내지 않으면 그의 속셈을 헤아릴 수 없고, 엄정하면 간교한 짓을 못하고, 질서가 잡히면 어지러워지지 않는다 [靜則不撓 幽則不測 正則不媮 治則不亂]."고 했다.

2) 「능우사졸지이목 사지무지(能愚士卒之耳目 使之無知)」에 대해 조조는 "「우(愚)」는 속이는 것이다. 사졸들은 승리의 결과를 즐길 수 있게 하고 작전계획에는 신경을 쓰지 못하게 해야 된다 [愚 誤也 民可与樂成 不可与慮始]."고 했고, 장예는 "사졸들은 아무것도 모르고 명(命)에만 따르게 해야 한다 [士卒懵然無聞見 但從命而已]."고 했다.

하던 일을 바꾸고 처음 계획을 바꾸어도 병사들이 이를 눈치 채지 못하게 해야 하고, 주둔지를 바꾸고 행군로를 바꾸어도 병사들이 그 이유를 모르게 해야 하고,

易其事 革其謀 使人無識 易其居 迂其途 使人不得慮
역기사 혁기모 사인무식 역기거 우기도 사인부득려

1) 장예(張預)는 본 구절에 대해 "용병에서 속임수를 중시하지만 이는 적을 속이는 데 그치지 않고 나의 사졸까지 속이라는 말로서 사졸들을 따라오게 하되 그 이유를 알지 못하게 해야 한다 [兵貴詭道者 非止詭敵也 抑詭我士卒 使由之而不使知之也]."는 태백산인(太白山人)의 말을 인용했다. 「사유지이불사지지야(使由之而不使知之)」는 ≪논어(論語)≫, 태백(泰伯) 편에도 있는 말이다. 그러나 ≪논어≫의 이 구절에 대해서는 통상 "우매한 백성에게는 무슨 일을 시킬 수 있을 뿐 그 이유를 설명하기 어렵다."는 의미로 본다. 한편 장예는 본 구절과 관련

된 전례(戰例)로 당(唐) 초기의 배행검(裵行儉)이 군영(軍營) 설치를 끝낸 후 돌연 고지대로 군영을 옮기도록 명하자 모두 불평했지만 그날 밤 폭우가 내려 앞서 세웠던 군영 자리에 물이 1장(丈)이 넘게 차오른 것을 보고 모두 놀라서 "어찌 폭우가 내릴 것을 알았습니까?"라고 묻자 배행검이 웃으며 "이제부터 내 명(命)에 따르기만 하면 된다. 내가 어찌 알았는지 물을 필요가 없다 [自今但依吾節制 何須問我所由知也]."고 했던 일을 들고 있다.

사졸들과 함께 출전할 때는 높은 곳에 올라간 다음 사다리를 치워 버리듯이 해야 하고, 사졸들과 함께 적지(敵地) 깊이 들어갈 때는 쇠뇌를 발사하듯이 또는 배를 물속에 가라앉히고 솥을 부수고 떠나듯이 다시 돌아오지 않을 것 같은 각오로 들어간 다음 양 떼를 몰듯이 이리저리 몰고 다녀도 사졸들은 어디로 가는지 모르면서도 명(命)대로 따라다니게 해야 한다.

帥與之期 如登高而去其梯 帥與之深入諸侯之地而發其機 焚舟破釜 若驅群羊 驅
수여지기 여등고이거기제 수여지심입제후지지이발기기 분주파부 약구군양 구
而往 驅而來
이왕 구이래

莫知所之
막지소지

1) 은작산죽간본에는 「분주파부(焚舟破釜)」 네 글자가 없고, 조본학(趙本學)은 "「분주파부(焚舟破釜)」 네 글자가 「機」 다음에 더 있는 본도 있지만 이는 옳지 않다 [一本 機下有焚舟破釜四字 非是]."고 했다.

2) 장예(張預)는 본 구절의 의미에 대해 "사다리를 치우는 것은 진격만 있고 후퇴는 없다는 말이고 쇠뇌를 발사한다는 것은 가면 다시

돌아오지 않겠다는 말이다. 항우(項羽)가 강을 건넌 후 배를 물속에 가라앉힌 것과 같은 말이다 [去其梯 可進而不可退 發其機 可往而 不可返 項羽濟河沉舟之類也].”라고 했다.

이와 같이 삼군(三軍) 병력을 집결시킨 후 위험 속에 몰아넣는 것이 장수의 병력 지휘이며, 구지(九地)의 변화에 따라 공격과 방어의 이해(利害)가 변하고 인간심리도 변함을 명심해야 한다.

聚三軍之衆 投之於險 此謂將軍之事也 九地之變 屈伸之力 人情之理 不可不察
취삼군지중 투지어험 차위장군지사야 구지지변 굴신지력 인정지리 불가부찰

1) 조조(曹操)는 「인정지리(人情之理)」에 대해 “인간의 심리는 유리할 때는 나서려 하고 불리할 때는 물러나려 한다 [人情 見利而進 遭害而退].”고 했다.

2) 「구지지변(九地之變)」 이하에 대해 두목(杜牧)은 “나가고 물러서는 것의 이해(利害)와 통상적인 인간 심리는 모두 구지(九地)에 따라 변하는 것이다. 이제 다시 구지(九地)를 거론하려고 지금 이런 말로 다시 운을 뗀 것이다 [屈伸之利害 人情之常理 皆因九地以變化 今欲下文重擧九地 故於此重言 發端張本也].”라고 했다.

Ⅳ. 위객지도(爲客之道)

무릇 위객지도(爲客之道) <적지(敵地) 공격 시의 특징>는 적지 깊이 들어가면 사졸들이 단결하고 깊이 들어가지 않으면 사졸들이 흩어진다.

凡爲客之道 深則專 淺則散
범위객지도 심즉전 천즉산

1) 「심즉전(深則專)」은 앞서 언급한 구지(九地) 중 「중지(重地)」의 경우를 말하며, 「천즉산(淺則散)」은 「산지(散地)」가 아닌 「경지(輕地)」의 경우를 말한다.

2) 본 구절 이하에 대해 장예(張預)는 "이하는 구지(九地)의 지역별 무상(無常)한 것이다 [此而下言九地之變也]."고 했고, 매요신(梅堯臣)은 "손자는 이하에서 또다시 구지(九地)를 거론하면서 구변(九變)을 열심히 설명하고 있다 [此而下重言九地者 孫子勤勤於九變也]."고 했다. 매요신이 말한 「구변」은 장예가 말한 「구지지변」, 즉 「구지(九地)의 지역별 임기응변」을 말하며, 앞의 「八. 구변(九變)」 편에서 말하는 「구변(九變)」과는 약간 다른 의미이다. 이 점은 「八. 구변(九變)」 편 제목에 대한 주(注)에서 설명했다.

3) 한편 본 편의 앞부분에서는 「산지(散地), 경지(輕地), 쟁지(爭地), 교지(交地), 구지(衢地), 중지(重地), 비지(圮地), 위지(圍地), 사지(死地)」를 구지(九地)라 했지만, 이하에서는 「위객지도(爲客之道)」, 즉 「적지(敵地)를 공격할 경우」를 말하면서 자국 영역인 「산지(散地)」를 빼고 그대신 「절지(絶地)」를 넣어 「절지(絶地), 구지(衢地), 중지(重地), 경지(輕地), 위지(圍地), 사지(死地)」의 6개 지역에 대해서만 다시 설명하고, 이어서 다시 구지(九地)의 지역별 임기응변을 말할 때는 다시 「절지(絶地)」를 빼고 「산지(散地)」를 넣어 본 절 앞부분과 같이 「산지(散地), 경지(輕地), 쟁지(爭地), 교지(交地), 구지(衢地), 중지(重地), 비지(圮地), 위지(圍地), 사지(死地)」의 「구지(九地)」를 설명했다.

4) 앞의 「구변(九變)」 편의 「위객지도(爲客之道)」 부분에는 「구지(衢地), 경지(輕地), 중지(重地), 위지(圍地), 절지(絶地)」 5개 지역만을 언급했고, 「사지(死地)」는 없다.

국경을 넘은 군대가 적 영토로 막 진입한 곳이 「절지(絶地)」이고, 사방으로 통하는 곳이 「구지(衢地)」이고, 적지(敵地) 깊이 들어간 곳이 「중지(重地)」이고, 깊이 들어가지 않은 곳이 「경지(輕地)」이고, 뒤는 험하고 앞은 좁은 곳이 「위지(圍地)」이고, 빠져나갈 곳이 없는 곳이 「사지(死地)」이다.

去國越境而師者 絶地也 四達者 衢地也 入深者 重地也 入淺者 輕地也 背固前隘者 圍地也 無所往者 死地也
거국월경이사자 절지야 사달자 구지야 입심자 중지야 입천자 경지야 배고전애자 위지야 무소왕자 사지야

1) 「절지(絶地)」에 대해 매요신(梅堯臣)은 "아직 경지(輕地)에는 이르지 못하고 산지(散地)는 이미 떠난 곳으로 경지(輕地)와 산지(散地) 사이의 지역을 말한다 [進不及輕 退不及散 在二地之間也]."고 했다. 이와 달리 왕석(王晳)은 "이는 인접국을 더 지난 지역으로 「멀리 떨어져 고립된 곳」이라 한다 [此越隣國之境也 是謂孤絶之地也]."고 했고, 장예(張預) 역시 "이는 구지(九地) 외의 것을 말한 것으로 전국시대에 있던 일이다 [此在九地之外而言者 戰國時間有之也]."라면서 진(秦)이 동쪽 주(周) <낙읍(洛邑)>를 지나 더 동쪽 정(鄭)을 습격한 일을 예로 들었고, 조본학(趙本學)도 "「거국(去國)」은 자국을 떠나는 것이고 「월경(越境)」은 타국 영토를 지나친 것을 말한다. 「절(絶)」은 절망의 의미이다. 본 편에는 절지(絶地)에 관한 추가 설명이 없는데 이는 「자국 영역 내에서 싸우는 것이 산지(散地)이다.」라는 앞의 「구변(九變)」 편 구절과 달리 타국 영역에서 싸우는 경우를 말한 것이다 [去國 去已之國 越境 越人之境 絶 絶望之意 此篇無絶地之文 此特因上文諸侯自戰其地爲散地之句 而反言申之也]."라고 했다. 그러나 본편 앞부분에서 "경지(輕地)에서는 멈추지 말고 계속 진격해야 한다 [輕地則無止]."고 했고, 또 앞

의 「구변(九變)」 편에서는 "절지(絶地)에서는 머물지 않는다 [絶地無留]."고 한 것에 비추어 볼 때 「절지(絶地)」는 「경지(輕地)」와 가까운 곳을 말하며 따라서 매요신의 견해가 옳다.

2) 위의 해석과 달리 앞의 「八. 구변(九變)」 편 중 「絶地無留」라는 구절에 대한 주(注)에서 이전(李筌)은 「절지」는 「음료수, 목축, 땔감 등이 없는 지역 [無泉井畜牧采樵之處]」이라고 했고, 가림은 「계곡이 깊고 험해 앞에 출구가 없는 지역 [谿谷坎險 前無通路]」이라고 했다.

3) 「구지(衢地)」에 대해 매요신은 「대로가 사방으로 통하고 그중 한 쪽이 적국인 곳 [馳道四出 敵當一面]」이라고 했고, 장예는 「적국이 한 쪽에 있고 사방에 인접국들이 있는 곳 [敵當一面 旁國四屬]」이라고 했다. 본편 앞에서는 「구지(衢地)」에 대해 「적 이외에 제3국이 인접해 있어 먼저 도착하면 제3국의 병력지원을 얻을 수 있는 곳이 구지(衢地)이다 [諸侯之地三屬 先至而得天下衆者 爲衢地]」라고 정의했다.

4) 「사달(四達)」이 은작산죽간본에는 「사철(四徹)」로 되어 있다. 중국사회과학원의 ≪손자병법대전≫에서는 「徹」은 「通」의 의미를 지닌 「徹」과 통용되던 글자로 한(漢) 무제(武帝) 당시 무제의 이름 유철(劉徹)의 「徹」에 대한 피휘(避諱)로 「達」로 고쳤을 것으로 보았다.

V. 구지(九地)의 각 지역별 임기응변에 대한 부연설명

1. 산지(散地) <자국 영역>에서는 나는 병사들이 한마음이 되어 흐트러지지 않도록 할 것이고,

是故散地 吾將一其志
시고산지 오장일기지

1) 본 구절에 대해 두목(杜牧)은 "수비에 치중하면 마음이 단결되고, 공격하면 흩어지기 쉽다 [守則志一 戰則易散]."고 했고, 장예(張預)는 "병력과 식량을 집결시켜 놓고 한마음으로 보루를 고수하다가 험지에 복병을 설치해 놓고 적을 기습해야 한다 [集人聚穀 一志固守 依險設伏 攻敵不意]."고 했다.

2) 본 편 앞에서는 "산지(散地)에서는 싸우면 안 된다 [散地則無戰]."고 했고, 이에 대한 주(注)에서 이전은 "사졸들이 흩어져 도주할까 우려되기 때문이다 [恐走散也]."라고 했고, 가림은 "이런 곳에서는 계속 싸우면 안 된다. 다만 지역 및 지형에 관한 이런 평가는 일리가 있지만 호령이 엄명하고 사졸들이 기꺼이 명령에 복종하고 죽음을 불사한다면 어찌 사졸들이 흩어지겠는가 [居此地者 不可數戰 地形之說 一家之理 若號令嚴明 士卒愛服 死且不顧 何散之有]?"라고 했다.

2. 경지(輕地) <국경을 막 지난 곳>에서는 나는 각 대오(隊伍)나 영루(營壘)가 서로 떨어지지 않도록 할 것이고,

輕地 吳將使之屬
경지 오장사지속

1) 「사지속(使之屬)」이 은작산죽간본에는 「사지누(使之僂)」로 되어 있다. 전자는 "대오가 끊어지지 않도록 한다."는 뜻이고, 후자는 "병력을 재빨리 움직이게 한다."는 뜻이다.

2) 본 구절에 대해 두목(杜牧)은 "부오(部伍)나 영루(營壘)들을 서로 가깝게 위치시키라는 것이다. 병력이 쉽게 흩어지는 경지(輕地)에서 첫째 도주를 방지할 수 있고 둘째 적이 올 경우 서로 구원하기 쉽도록

하기 때문이다 [部伍營壘密近聯屬 皆以輕散之地 一者備其逃逸 二者恐其敵至 使易相救].”라고 했고, 매요신(梅堯臣)은 “계속 진격할 때는 대열이 서로 끊어지지 않게 하고, 멈출 때는 영루(營壘)들이 서로 떨어지지 않게 하면 적이 오더라도 병력이 흩어지지 않는다 [行則隊校相繼 止則營壘聯屬 脫有敵至 不有散逸也].”고 했다.

3) 본 편 앞에서는 “경지에서는 멈추면 안 되고 계속 진격해야 한다 [輕地則無止].” 했고, 그 주(注)에서 이전(李筌)은 “사졸들이 도주할 수 있기 때문이다.”라고 했고, 두우(杜佑)는 “사졸들의 전투의지가 견고하지 못하므로 적과 싸울 수 없다 [志未堅 不可遇敵].”고 했다.

3. 쟁지(爭地) <먼저 차지하면 유리한 곳>가 있을 때 나는 적보다 나중에 떠나 먼저 도착함으로써 내가 도착 후 적은 안 오는 일이 없게 할 것이고,

爭地 吳將趨其後
쟁지 오장추기후

1) 「추기후(趨其後)」가 은작산죽간본에는 「사불류(使不留)」로 되어 있다.

2) 본 구절에 대해 이전(李筌)은 “유리한 지역은 반드시 이를 빼앗고 대비를 강화해야 한다. 이곳의 「趨」를 나는 「多」로 고쳐 읽어야 한다고 본다 [利地必爭 益其備也 此筌以趨字爲多字].”라고 했고, 조조(曹操)는 “선점하면 유리한 지역이나 지형이 앞에 있으므로 적의 뒤를 좇아 신속히 전진해야 한다 [地利在前 當速進其後也].”고 했고, 두목(杜牧)은 “선점해야 할 곳은 내가 늦게 출발했어도 속히 달려가 선점해야 한다. 늦은 것이 아니라면 말할 필요도 없다 [必爭之地 我若已後 當疾

趨而爭 況不其後哉]."고 했고, 매요신(梅堯臣)은 "적이 그 유리한 지역에 도착하지 않았지만 내가 늦게 출발한 것이라면 신속히 달려가 그 지형을 놓고 다투어야 한다 [敵未至其地 若我在後 則當疾趨以爭之]."는 의미로 보았다.

3) 그러나 진호(陳皞)는 "앞의 두 해석 <이전(李筌)의 해석과 조조, 두목, 매요신의 해석>은 모두 틀린 해석이다. 적이 선점한 유리한 지역을 내가 나중에 다투는 것은 편히 기다리는 적을 상대로 지친 내가 싸우게 되는 것이 아닌가? 본 구절은 쟁지(爭地)에서 나는 적의 뒤를 쫓아가겠다는 말이며 유리한 지역이나 지형이 앞에 있으면 먼저 정예병을 나누어 보내 이를 선점하게 하고 적이 대군을 몰고 와서 이를 빼앗으려 하면 나도 대군을 몰고 그 뒤를 쫓아가면 언제나 이길 수 있다는 말이다. 조사(趙奢)는 이와 같이 해서 진군(秦軍)을 격파했다 [二說皆非也 若敵據地利 我後爭之 不亦後據戰地而趨戰地勞乎 所謂爭地必趨其後者 若地利在前 先分精銳以據之 彼若恃衆來爭 我以大衆趨其後 無不剋者 趙奢所以破秦軍也]."고 했다. 조사(趙奢)의 진군(秦軍) 격파는 앞의 「七. 군쟁(軍爭)」 편의 「후인발 선인지(後人發 先人至)」 부분에서 소개한 알여전(閼與戰)을 말한다.

4) 한편 장예(張預)는 본 구절에 대한 주(注)에서 "쟁지(爭地)가 있으면 속도가 중요하다. 그러나 선두가 먼저 도착해도 후미가 도착하지 않으면 안 된다. 따라서 후미에게 급속히 가게 해서 전 병력이 동시에 도착해야 된다 [爭地貴速 若前驅至而後不及 則未可 故當疾進其後 使首尾俱至]."는 의미로 보면서 "혹자는 「추기후(趨其後)」는 나중 출발하고도 먼저 도착하는 것을 말한다고 한다 [或曰趨其後 謂後發先至也]." 고 했지만, 본 편 후미의 「선기소애 미여지기(先其所愛 微與之期)」 항에 대한 주(注)에서는 "작전 시 아끼는 것은 유리한 지역이다. 내가 그

곳을 선점하려면 은밀히 그 의도를 노출시켜서 적이 먼저 그곳으로 출발하게 만든 다음 적이 출발하면 나는 나중 출발하고도 먼저 도착해야 한다는 것이다. 적이 먼저 출발하도록 하는 이유는 내가 갔는데 적은 오지 않는 일이 없게 하려는 것이다. 따라서 앞에서는 「쟁지(爭地)가 있을 때 나는 적보다 나중에 떠날 것이다.」라고 했던 것이다 [兵所愛者 便利之地 我欲先據 當微露其意 與之相期 敵方趨之 我乃後發而先至也 所以使敵先趨者 恐我至而敵不來也 故曰爭地 吾將趨其後].”라고 했다. 장예의 이런 해석이 가장 타당하다.

5) 본 편 앞에서는 “쟁지(爭地)는 선점해야 하며, 적이 선점하고 있으면 공격하면 안 된다 [爭地則無攻].”고 했고, 이에 대한 주(注)에서 조조는 “공격하면 안 되며 먼저 도착해서 유리한 위치를 차지해야 한다 [不當攻 當先至爲利也].”고 했고, 이전 역시 “적이 먼저 험지를 점거했을 때는 공격하면 안 된다 [敵先居地險 不可攻].”는 의미로 보았다.

4. 교지(交地) <나도 갈 수 있고 적도 올 수 있는 곳>에서는 나는 수비를 강화할 것이고,

交地 吳將謹其守
교지 오장근기수

1) 「근기수(謹其守)」가 은작산죽간본과 ≪통전≫에는 「고기결(固其結)」로 되어 있다. 원문을 「고기결(固其結)」로 할 경우 의미가 통하지 않는다.

2) 본 구절에 대해 두목(杜牧)은 “벽루를 엄히 지킨다 [嚴壁壘也].”는 의미로 보았고, 장예(張預)는 “그 길을 차단하면 안 되고 벽루를 엄

히 지키면서 복병을 설치해 놓고 적이 오면 기습해야 한다 [不當阻絶其路 但嚴壁固守 候其來 則設伏擊之].”는 의미로 보았다.

3) 본 편 앞에서는 “교지(交地)에서는 부대 간 연락이 끊기면 안 된다 [交地則無絶].”고 했고 이에 대한 주(注)에서 조조(曹操)는 “서로 연결되어야 한다 [相及屬也].”는 의미로 보았고, 두목(杜牧) 역시 “거기(車騎)와 부오(部伍)의 수미(首尾)가 이어져 끊어지지 않게 해야 한다 [須車騎部伍 首尾연속 不可使之斷絶].”고 했지만, 장예(張預)는 “병력으로 길을 차단하면 안 되고 복병을 설치해 이겨야 한다 [不可以兵阻絶其路 當以奇伏勝也].”고 했다.

5. 구지(衢地) <(적 이외에 또) 여러 제후국들이 인접해 있어서 먼저 도착하면 다른 제후국의 병력지원을 얻을 수 있는 곳>에서는 나는 인접 제후국들과 굳게 연합할 것이고,

衢地 吳將固其結
구지 오장고기결

1) 「고기결(固其結)」이 은작산죽간본에는 「근기시(謹其恃)」로 되어 있고, ≪통전≫에는 「근기시(謹其市)」로 되어 있다. 원문을 「근기시(謹其恃)」 또는 「근기시(謹其市)」로 할 경우 의미가 통하지 않는다.

2) 앞에서는 “구지(衢地)에서는 인접국과 연합해야 한다 [衢地則合交].”고 했고, 구변(九變) 편에도 같은 의미의 「구지교합(衢地交合)」이라는 구절이 있다.

3) 본 구절에 대해 매요신(梅堯臣)은 “인접 제후국과 굳게 연합하고 적이 먼저 연합하지 못하게 해야 한다 [結諸侯使之堅固 勿令敵先].”고

했고, 장예(張預)는 "재물로 인접 제후국을 유혹하고 서약을 통해 연합을 굳게 하면 우리를 분명 도울 것이다 [財幣以利之 盟誓以要之 堅固不渝 則必爲我助]."라고 했다.

6. 중지(重地) <적지(敵地) 깊이 들어간 곳>에서는 나는 (적의 식량을 약탈해서) 식량이 떨어지지 않도록 할 것이고,

重地 吳將繼其食
중지 오장계기식

1) 「계기식(繼其食)」이 은작산죽간본에는 「추기후(趣其後)」로 되어 있다. 원문을 「추기후(趣其後)」로 할 경우 의미가 통하지 않는다.

2) 본 구절에 대해 조조(曹操)는 "적의 식량을 약탈하라 [掠彼也]."는 의미로 보았고, 매요신(梅堯臣)은 "길이 이미 멀고 끊어져서 본국으로 돌아가 식량을 얻을 수 없으니 적의 식량을 약탈해서 써야 한다 [道旣遐絶 不可歸國取糧 當掠彼以食軍]."고 했고, 장예(張預)의 견해 역시 같다. 그러나 가림(賈林)은 "군량 공급이 끊이지 않게 해야 한다 [使糧相繼而不絶也]."고 했고, 두우(杜佑)의 견해도 이와 같다.

3) 본 편 앞에서는 "중지(重地)에서는 약탈로 식량 등 물자가 떨어지지 않게 해야 한다 [重地則掠]."고 했고, 이에 대한 주(注) 에서 조조(曹操)는 "군량을 축적하라 [蓄積粮食也]."고 했고, 두목(杜牧)은 "군량을 운송해 지구전을 펼치며 적의 틈을 노려야 한다 [須運糧 爲地久之計以伺敵也]."고 했고, 맹씨(孟氏)는 "적의 식량을 빼앗아 쓰라 [因糧於敵]."는 의미로 보고, 매요신(梅堯臣), 왕석(王晳), 장예(張預)의 해석 역시 모두 이와 같다.

7. 비지(圮地) <산림(山林), 험조(險阻), 저택(沮澤) 등 통과가 어려운 곳>에서는 나는 신속히 계속 진격할 것이고,

圮地 吳將進其途
비지 오장진기도

1) 「비지(圮地)」가 「사지(汜地)」, 「범지(泛地)」 또는 「복지(覆地)」로 되어 있는 본도 있다.

2) 본 구절에 대해 조조(曹操)는 "속히 통과해야 한다 [疾過也]."고 했고, 여타 주석가들의 해석도 모두 대동소이하다.

3) 본 편 앞에서는 「비지즉행(圮地則行)」이라고 했고, 이에 대한 주(注)에서 조조(曹操)는 이런 곳에서는 "머물면 안 된다 [無稽留也]."고 했고, 하연석은 이런 곳에는 "성루(城樓)와 해자(垓字)를 만들 수 없으니 속히 떠나야만 한다 [不可爲城樓溝隍 宜速去之]."고 했다. 앞의 「구변(九變)」 편에도 같은 의미의 「비지무사(圮地無舍)」라는 구절이 있다.

8. 위지(圍地) <들어가는 길은 좁고 돌아갈 길은 먼 곳으로서 소수의 적이 다수인 나의 병력을 공격하거나 포위할 수 있는 지역>에서는 나는 빠져나갈 틈을 차단해 병사들의 도주를 막을 것이고,

圍地 吳將塞其闕
위지 오장새기궐

1) 본 구절의 의미에 대해 조조(曹操)와 이전(李筌)은 "병사들을 단합시키려는 것이다 [以一其心也]."라고 했고, 두우(杜佑)는 "빠져나갈 틈을 차단해서 도주하지 않으려는 것이다 [塞其闕 不欲走之]."라고 했고, 매요신(梅堯臣)과 왕석(王皙)의 견해도 두우와 같다. 그러나 두목

(杜牧)은 "병법에 「적을 포위할 때는 빠져나갈 틈을 남겨두어야 한다 [圍師必闕]」는 말이 있다. 살길이 있는 것처럼 보여줌으로써 적이 필사적으로 싸우지 않게 만든 다음 공격하라는 말이다. 이제 내가 위지(圍地)에 있다면 적은 활로를 열어 놓고 우리 사졸들을 유인할 것이므로 나는 오히려 사졸들을 필사적으로 싸우게 하라는 것이다 [兵法 圍師必闕 示以生路 令無死志 今若我在圍地 敵開生路 以誘我卒 我返自塞之 令士卒有必死之志]."라면서 본 구절에 부합하는 전례(戰例)로 남북조 시대 북위(北魏) 말기 고환(高歡) <후일의 북제(北齊) 신무제(神武帝)>이 한릉산(韓陵山) <일명 남릉산(南陵山)>에서 이주조(爾朱兆) 등의 정예병력 20만에게 포위되었을 때의 일을 들고 있다. 당시 고환의 병력은 마병(馬兵) 2천과 보병 3만 미만이었고 이주조 등의 포위망 일부가 열려 있자 고환은 소와 노새를 서로 묶어 열려 있는 틈을 막아 병사들이 결사적으로 싸우게 만든 다음 결국 이주조 등을 격파했다.

2) 맹씨(孟氏)는 본 구절에 대해 "포위를 강습 돌파하려면 먼저 도주하지 않고 현 위치를 고수할 것 같이 보여 적을 속이라 [意欲突圍 示以守固]."는 의미로 보았다.

3) 본 편 앞에서는 「위지(圍地)에서는 특별한 계모(計謀)를 써야 한다 [圍地則謀]」고 했고, 구변(九變) 편에도 같은 구절이 있다.

9. 사지(死地) <속히 싸우면 살 수 있고 속히 안 싸우면 패망하는 곳>에서는 나는 빠져나갈 곳이 없음을 병사들에게 알려줄 것이다.

死地 吳將示之以不活
사지 오장시지이불활

1) 본 구절에 대해 조조(曹操)와 이전(李筌)은 "사졸들을 격려하려는 것이다 [勵士心也]."라고 했고, 가림(賈林)은 "재물을 태우고 양식을 버리고 우물을 메우고 부엌을 부수어 필사적으로 싸우겠다는 의지를 보이는 것이다 [焚財棄糧 堙井破竈 示必死也]."라고 했다.

2) 뒤에는 "병력을 망지(亡地)로 몰면 생존할 수 있고, 사지(死地)로 몰면 살 수 있다 [投之亡地 然后存 陷之死地 然后生]."는 구절이 있다.

3) 본 편 앞에서는 「사지즉전(死地則戰)」이라 했고, 이에 대한 주(注)에서 조조는 "결사적으로 싸운다 [殊死戰也]."고 했고, 가림은 "사지(死地)에서는 결사적으로 싸우면 혹 살 수도 있지만 한구석에서 지키려 하면 죽는다 [死地 力戰或生 守隅則死]."고 했고, 장예(張預)는 "사지(死地)에 빠지면 사람은 스스로 싸운다 [陷於死地 則人自爲戰]."고 했고, 매요신도 "전후좌우 갈 곳이 없어 죽을 수밖에 없음을 알려주면 모든 사람이 스스로 싸운다 [前後左右 無所之 示必死 人人自戰也]."고 했고, 하연석은 "속히 결사적으로 싸우면 살지만, 꾸물대고 안 싸우면 기세는 꺾이고 식량은 떨어지는데 어찌 죽지 않겠는가?"라고 했고, 장예(張預)는 "결사적으로 싸워야 한다 [當殊死戰]."고 했다.

4) 앞의 구변(九變) 편에도 「사지즉전(死地則戰)」이라는 구절이 있고, 이에 대한 주(注)에서도 조조와 가림은 위와 같은 말을 했다.

Ⅵ. 장수의 전투 지휘 및 군주의 전쟁 지도

병사들의 심리는 포위되면 방어하고, 부득이하면 싸우고, 위기에 처하면 장수의 명(命)에 따른다.

故兵之情 圍則禦 不得已則鬪 過則從
고병지정 위즉어 부득이즉투 과즉종

1) 「병지정 위즉어(兵之情 圍則禦)」가 은작산죽간본에는 「O후지정 답즉어(O侯之情 遝則御)」로 되어 있다. 뒤의 「시고부지제후지모자 불능예교(是故不知諸侯之謀者 不能預交)」라는 구절과 연결된 구절로 보이나 의미가 통하지 않는다.

2) 「과즉종(過則從)」에 대해 장예(張預)는 "큰 위난에 처하면 사졸들은 어떤 계책에도 따른다 [甚陷於危難之地 無不從計]."면서 본 구절에 부합되는 전례로 후한(後漢) 반초(班超)가 서역(西域) 선선(鄯善)으로 가서 귀순을 권유할 당시의 일을 들고 있다. 당시 마침 후한(後漢)과 적대관계였던 북흉노의 사절도 선선으로 와서 선선 왕 광(廣)이 누구를 따를지 결정하지 못하고 있다는 것을 안 반초는 북흉노 사절단을 모두 죽이기로 하고 수행 병사들에게 "이제 선선 왕이 북흉노를 선택하면 우리는 북흉노에게 인계될 것이고 사막에 늑대 먹이로 버려지게 될 것이다."라고 하자 병사들은 "지금 죽을 위기에 처했으니 명(命)에 따르겠습니다."라고 했고 이에 반초는 수행 병력 36인을 이끌고 은밀하게 북흉노 사절 숙소로 가서 불을 지른 다음 습격해서 북흉노 사절 일행 30여 인을 죽였고 나머지 북흉노 사절 일행 1백여 명은 불타 죽었다. 이튿날 반초가 선선왕 광(廣)을 불러 놓고 북흉노 사절의 머리를 보여주자 선선 전체가 두려움에 떨었고, 이에 반초가 그들을 달래자 광(廣)은 결국 그 아들을 한(漢)에 인질로 보내고 귀순했다.

적정을 모르면 유리한 지역을 선점해 적과 접전할 수 없고, 적정을 알고 유리한 지형을 선점하려 해도 산림과 험조(險阻)와 저택(沮澤)의 지형을 모르면 기동이 불가능하고, 지형을 알아도 향도(嚮導)를 안 쓰면 지리(地利)를 활용할 수 없다.

是故不知諸侯之謀者 不能預交 不知山林險阻沮澤之形者 不能行軍 不用鄕導 不能得地利
시고부지제후지모자 불능예교 부지산림험조저택지형자 불능행군 불용향도 불능득지리

1) 이 3개 구절은 앞의 군쟁(軍爭) 편에서 한 말을 다시 반복한 것으로, 주석가들은 이 구절이 중요한 내용이므로 반복 서술된 것이라고 했지만, 조본학(趙本學)은 "이 3개 구절은 위의 문장과도 연결되지 않고 아래 문장과도 연결되지 않으므로 이곳에 잘못 끼어들어 중복된 것 같다[愚按 此一節與上文旣不相蒙 與下文又有相戾 疑重出之誤也]."고 했다.

구지(九地)의 이해(利害)를 하나라도 모르면 패왕(霸王)의 군대라 할 수 없다.

四五者 一不知 非霸王之兵也
사오자 일부지 비패왕지병야

1) 「패왕지병야(霸王之兵也)」가 은작산죽간본에는 「왕패(王霸)」 두 글자로 되어 있다.

2) 손자의 시대는 춘추 시대 말기 또는 전국 시대 초기였는데, 춘추(春秋) 시대에는 주(周) 왕조(王朝)가 있기는 해도 후기의 주(周), 즉 동주(東周)는 허울뿐인 왕조가 되고 실제 권력은 많을 때는 약 140개에 달했던 제후국 중 가장 강력한 국가의 제후가 여타 제후들과 회맹(會盟) 해서 맹주(盟主), 즉 패주(霸主)가 되었다. 이 패주는 계속 바뀌었는데 제(齊) 환공(桓公), 진(晉) 문공(文公), 초(楚) 장왕(莊王), 오왕(吳王) 합려(闔閭), 월왕(越王) 구천(勾踐)이 바로 이들이며 이들을 춘추오패(春秋五霸)라고 한다. 그러나 이후 전국(戰國) 시대 말기로 가면

수많은 제후국들이 제(齊), 초(楚), 진(秦), 연(燕), 위(魏), 한(韓), 조(趙) 7개국으로 통폐합되어 이 7개국이 동맹보다는 자국 힘으로 패권을 다투었고 이들을 전국칠웅(戰國七雄)이라 한다. 그러나 손자의 시대는 춘추 시대 말기 내지 전국 시대 초기로 이곳에서 말한 패왕은 당시의 패주(覇主)를 말한다.

3) 「일부지(一不知)」는 은작산죽간본에 따른 것이다. 여타 본에는 「부지일(不知一)」로 되어 있다.

4) 「사오(四五)」를 조조(曹操)와 장예(張預)는 「구지(九地)의 이해(利害)」라고 했다. 「4+5」가 「9」를 표현한 것으로 본 것이다. 청대(淸代) 하진익(夏振翼)의 ≪무경체주대전회해(武經體注大全會解)≫에서는 "사오(四五)는 구지(九地)를 말한 것이다. 구지(九地) 중 5개 지역은 공격군에 관한 것이고, 4개 지역은 방어군에 관한 것이므로 이를 나누어 말한 것이다 [四五指九地言 九地中五爲客兵 四爲主兵 故不合言而分言之]."라고 했다. 그러나 9개 지역을 이렇게 두 분류로 나누는 것도 근거가 미약할 뿐 아니라, 본편 중 「적지(敵地)를 공격할 경우」를 말한 「위객지도(爲客之道)」 부분에서는 「절지(絶地), 구지(衢地), 중지(重地), 경지(輕地), 위지(圍地), 사지(死地)」의 6개 지역을 말했고, 앞의 「구변(九變)」 편의 「위객지도(爲客之道)」 부분에서는 이 6개 지역에서 「사지」를 빼고 5개 지역만 언급했다. 한편, 명대(明代) 모원의(茅元儀)의 ≪손자병결평(孫子兵訣評)≫에서는 「사오자(四五者)」는 「차삼자(此三者)」의 오기(誤記)로 보았고, 근대 중국의 군사이론가 격무덕(擊楙德)과 유방기(劉邦驥)의 ≪손자천설(孫子淺說)≫에서 격무덕은 「此」는 발음이 비슷한 「四」로, 「三」은 글자 모양이 비슷한 「五」로 각각 바뀌었을 것으로 보았고, 유방기도 옛사람들이 「9」를 「4+5」로 표현한 경우는 없었다며 「四五者」를 「此三者」의 오기(誤記)로 보고 「此三者」는 앞 구

절, 즉「是故不知諸侯之謀者~不能得地利」부분을 말한다고 했다. 그러나 은작산죽간본에도「四五者」로 되어 있다.

패왕(霸王)의 군대는 대국(大國)을 공격할 때도 적이 병력을 집결시키지 못하게 만들고 또 적을 위협해서 동맹국을 얻지 못하도록 만든다.

夫霸王之兵 伐大國則其衆不得聚 威加於敵則其交不得合
부패왕지병 벌대국즉기중부득취 위가어적즉기교부득합

1) 이곳에서도「패왕지병(霸王之兵)」이 은작산죽간본에는「왕패(王霸)」로 되어 있다.

2) 조조(曹操)는 다음 구절에 대한 주(注)에서 "패자(霸者)란 천하 제후들과 연합하지 않고 오히려 그들과 연합을 끊고 천하를 제압할 위세를 차지 후 자신의 위세로 자신의 목표를 달성한다 [霸者 不結成天下諸侯之權也 絶天下之交 奪天下之權 故己威得伸而自私]."고 했다. 조조는 본 구절과 다음 구절을 전국(戰國) 시대 말기 진(秦)이 육국(六國)을 차례로 멸망시키고 천하를 통일한 과정을 말한 것으로 본 것이다. 그러나 이는 손자의 시대를 진(秦)의 천하통일 시대와 혼동한 견해이며, 앞서 말했듯이 이곳에서 말한 패왕은 춘추시대 말기 내지 전국시대 초기의 패주(霸主)를 말하며, 당시 패주들은 동맹을 바탕으로 천하 패권을 차지했고 손자 역시 동맹의 힘을 시종일관 강조하고 있다. 혹 본문의 취지가 조조의 해석과 같다면 이 본문 부분을 손자의 말이 아니라 후일 누군가에 의해 첨가된 것으로 보아야 할 것이다.

3) 본 구절에 대해 매요신(梅堯臣)은 "(패왕의 군대는) 대국(大國)을 공격할 때도 적 병력을 분산시킬 수 있고, 적 병력을 분산시키면 나는

힘에 여유가 생기고, 힘에 여유가 생기면 적을 위협할 수 있고, 적을 위협하면 인접국은 두려워하고, 인접국이 두려워하면 적은 그 인접국과 연합할 수 없다 [伐大國 能分其衆 則權力有餘也 權力有餘 則威加敵 威加敵 則旁國懼 旁國懼 則敵交不得合].”는 의미로 보았다. 그러나 진호(陳皥)는 “패왕의 군대도 대국을 공격하기에 충분한 병력을 동원할 수 없으므로 반드시 외부 지원을 얻어야 하는데, 외부 지원 없이 자신의 힘만 믿고 적을 위협하면 반드시 패한다 [雖有霸王之勢 伐大國 則我衆不得聚 要在結交外援 若不如此 但以威加於敵 逞己之强 則必敗也].”는 의미로 보았고, 장예(張預)는 “자신의 힘만 믿고 함부로 대국을 공격하면 자국 백성들이 원망하므로 병력을 집결시키지 못할 것이고, 갑병(甲兵)의 위세에서 적이 나보다 배나 되면 제후들은 두려워서 나와 동맹을 맺지 못할 것이라는 말이다. 혹자는 대국을 공격하다 패하면 소국은 그를 떠나고 다시 합세하지 않을 것이라고 한다 [恃富强之勢 而亟伐大國 則己之民衆將怨苦而不得聚也 甲兵之威 倍勝於敵國 則諸侯懼而不敢與我合交也 或曰 侵伐大國一敗 則小國離而不聚矣].”면서 “만약 진(晉)과 초(楚)가 정(鄭)과 서로 동맹을 맺으려 할 때 정(鄭)은 진(晉)이 초(楚)를 이기면 진(晉)에 붙고, 진(晉)이 패하면 진(晉)에 등을 돌렸다. 소국(小國)이 떨어져 나가면 적의 힘이 나뉘어 약해질 것이다. 나의 병위(兵威)가 적보다 아주 크면 제후(諸侯)가 어찌 적과 동맹을 맺을 수 있겠는가 [若晉楚爭霸 晉勝 則鄭附晉 敗 則鄭叛也 小國旣離 則敵國之權力分而弱矣 或我之兵威得以增勝於彼 是則諸侯豈敢與敵人交合乎]?”라고 했다. 「중부득취(衆不得聚)」를 매요신(梅堯臣)은 “적의 병력을 집결시킬 수 없게 할 수 있다.”는 의미로 보고, 진호(陳皥)와 장예(張預)는 “내가 동맹을 얻지 못하거나 자국 병력을 집결시키지 못한다.”는 의미로 보았다. 또한 「교부득합(交不得合)」을 매요신은 “적이 인접국과 연합할 수 없다.”

는 의미로 보고, 진호와 장예는 "내가 다른 제후국과 연합할 수 없다."는 의미로 보았다. 원문의 문맥상 매요신의 해석이 자연스러운 해석이며 진호와 장예의 해석은 오히려 다음 구절에 대한 해석으로 적당하다.

따라서 동맹을 얻으려고 하지 않고 천하를 다툴 계책을 발전시키지도 않고 자신의 힘만으로 적을 위협하면 오히려 자신의 성(城)을 빼앗기고 국도(國都)가 함락될 수 있다.

是故不爭天下之交 不養天下之權 信己之私 威加於敵 故其城可拔 其國可隳
시고부쟁천하지교 불양천하지권 신기지사 위가어적 고기성가발 기국가휴

1) 본 구절에 대해 진호(陳皞), 매요신(梅堯臣), 이전(李筌), 가림(賈林)은 앞서 소개한 조조(曹操)의 주(注)와 같은 맥락에서 본 구절이 패왕(霸王)의 경우를 말한 것으로 보고 패왕은 자신의 힘만으로 적의 성(城)과 국도(國都)를 함락시킬 수 있다는 의미라고 했다.

2) 그러나 두목(杜牧)은 본 구절을 "동맹을 얻으려 하지 않고 천하를 다툴 계책을 발전시키지도 않고 자신의 병위(兵威)만으로 적을 위협하면서 자신의 사욕(私慾) 달성만을 귀하게 여기는 경우를 말한다. 이렇게 하면 오히려 자신의 성(城)을 빼앗기고 국도(國都)가 함락될 수 있다 [言不結隣援 不畜養機權之計 但逞兵威 加於敵國 貴伸己之私欲 若此者 則其城可拔 其國可隳]."는 의미로 보았고, 장예(張預)도 "동맹을 못 얻으면 세(勢)가 외로워지고 도움이 약해지고, 권력을 키우지 않으면 인접국은 떠나고 나라는 약화되는데 이때 자신의 화풀이를 위해 적국에 병위(兵威)를 함부로 가하면 결국 패망한다 [不爭交援 則勢孤助寡 不養權力 則人離而國弱 伸一己之私忿 暴兵威於敵國 則終取敗亡也]."는 의미로 보았다. 특히 두목은 본 구절과 관련된 전례(戰例)로

제(齊) 환공(桓公)과 월왕(越王) 구천(句踐)의 경우를 들었다. 제(齊) 환공은 관중(管仲)의 건의에 따라 그간 노(魯)에서 빼앗은 상잠(常潛), 위(衛)에서 빼앗은 길태(吉台), 원시(原始), 칠리(柒里) 및 연(燕)에서 빼앗은 폐구(吠狗)를 모두 돌려주고 사방의 인접국과 우호관계를 수립한 다음 남쪽 초(楚)와 북쪽 산융(山戎)을 정벌하고, 동쪽으로 영지(令支)를 제압하고 고죽(孤竹)을 꺾고, 서쪽으로 유사(流沙)를 복속시키는 과정에서도 계속 인접국들과 회맹(會盟)했다. 이를 사서(史書)에서는 환공의 구합제후(九合諸侯)라고 하지만 동맹 규합을 위한 환공은 회맹은 숫자 그대로 9차례에 그친 것이 아니라 무수한 회맹을 통해 동맹을 규합함으로써 결국 패주(霸主)가 된 것이다. 또한 월왕 구천은 오왕 부차에게 패한 이후 부차가 애릉(艾陵)에서 제군(齊軍)을 격파하고, 한구(邗溝) 운하를 파서 장강(長江)과 회수(淮水)의 교통을 연결해 북으로 통하는 식량보급로를 열고, 황지(黃池)에서 진(晉)과 회맹하려 하면서 맹주(盟主) 자리를 놓고 다투고 있을 때 보복을 위한 충분한 준비를 갖춘 구천이 초(楚)의 사신 신포서(申包胥)가 월(越)로 오자 자신의 준비상황을 하나하나 알려주면서 오(吳)와 싸우겠다고 했다. 이때 신포서는 계속 말리다가 구천이 마지막에 "우리 월(越)은 지금 남쪽으로는 초(楚)와 가까이 지내고 북쪽으로는 제(齊)와 결호(結好) 해서 봄가을로 가죽과 돈과 옥백(玉帛)과 자녀들을 보내 외국을 섬기기를 거른 적이 없소."라고 하자 신포서는 그때야 비로소 "그러면 되었습니다. 더 이상은 필요한 것은 없습니다."라고 했고, 결국 구천은 오(吳)를 공격해서 멸망시켰다.

논공행상과 처벌에 관한 규정은 이를 미리 정해두지 말고 적과 싸우기 직전에 공표해야 한다. 이렇게 해야 삼군(三軍) 병력을 마치 한 사람을 부리듯 부릴 수 있다.

施無法之賞 懸無政之令 犯三軍之衆 若使一人
시무법지상 현무정지령 범삼군지중 약사일인

1) 은작산죽간본에는 「시(施)」와 「현(懸)」 두 글자가 없다.

2) 「시무법지상 현무정지령(施無法之賞 懸無政之令)」에 대해 매요신(梅堯臣)은 "공(功)을 보고 상을 주되 포상규정을 미리 정하지 말고 적과 싸우기에 앞서 공포하고 정령(政令)도 미리 내걸지 말라 [瞻功行賞 法不預設 臨敵作誓 政不先懸]."는 의미라고 했고, 왕석(王晳) 역시 "농간을 부리지 못하게 하려는 것이다 [杜姦綸也]."라면서, "(상벌에 관한) 법령(法令)을 미리 알려주지 말라 [軍法令不豫施懸之]."는 조조(曹操)의 말이나 "적을 보았을 때 논공행상에 관한 약속을 하라 [見敵作誓 瞻功作賞]."는 ≪사마법(司馬法)≫의 구절과 같은 말이라고 했다. 그러나 가림(賈林)은 "적의 성(城)을 빼앗고 국도(國都)를 함락시키려 할 때 법외(法外)의 상벌(賞罰)을 내걸고 정외(政外)의 위령(威令)을 행하라."는 의미로 "상법(常法)과 상정(常政)을 넘어서는 것이므로 무법(無法), 무정(無政)이라 한 것이다."라고 했고, 장예(張預)는 "포상은 때를 넘기지 말고 징벌은 전례와 무관하게 시행하라 [賞功不逾時 罰罪不遷例]."는 의미라고 했다. 가림과 장예 모두 본 구절을 모두 파격적인 상벌(賞罰)을 시행하라는 말로 본 것이다.

3) 「범(犯)」을 매요신과 이전(李筌)은 「용(用)」의 의미로 보았다.

따라서 병사들에게 임무를 줄 때는 그 이유를 알려주면 안 되며, 얻을 이익만 말해 병사들을 움직여야 하고, 병사들이 입을 수 있는 해(害)는 이를 알려주면 안 된다.

犯之以事 勿告以言 犯之以利 勿告以害
범지이사 물고이언 범지이리 물고이해

1) 은작산죽간본에는 「범지이리 물고이해(犯之以利 勿告以害)」가 「범지이해 물고이리(犯之以害 勿告以利)」로 되어 있다. 이하의 구절에서 "병사들을 사지(死地)에 몰아넣어야 살아날 수 있다."고 했다고 했으므로 본 구절을 뒤의 구절과 연결된 구절로 본다면 은작산죽간본의 구절을 원문으로 할 수 있지만, 필자는 본 구절을 「시무법지상(施無法之賞)」이라고 한 앞 구절과 연결된 구절로 보는 것이 타당할 것으로 보고 여타 본에 따랐다.

2) 「범지이사 물고이언(犯之以事 勿告以言)」에 대해 매요신은 "싸울 것을 명하되 계획을 말해주지 말라 [但用以戰 不告以謀]."는 의미로 보았고, 왕석(王晳)은 "기밀이 누설되면 계획이 어그러진다 [情泄則謀乖]."는 의미로 보았고, 장예(張預)의 해석도 왕석과 같다.

3) 「범지이리 물고이해(犯之以利 勿告以害)」에 대해 조조(曹操)는 "병사들이 장차 입을 수 있는 해(害)를 모르게 하라 [勿使知害]."는 의미로 보았고, 매요신(梅堯臣)은 "이익만 알게 하고 해(害)를 모르게 하라 [令知利 不令知害]."는 의미로 보았고, 왕석은 "병사들이 염려하고 두려워할 것을 염려하는 것이다 [慮疑懼也]."라고 했고, 장예(張預)는 "사람은 이익이 있음을 알면 진격하고 해(害)가 있으면 피하기 때문에 해(害)를 알게 하면 안 된다 [人情見利進 知害則避 故勿告以害也]."고 했고, 자일스(Giles)는 "밝은 전망은 이를 병사들에게 알려주고, 어두

운 전망은 이를 알려주지 말라(When the outlook is bright, bring it before their eyes; but tell them nothing when the situation is gloomy).”는 의미로 보았고, 그리피스(Griffith)는 “병사들에게 해(害)를 알려주지 말고 이익을 얻을 수 있게 하라(use them to gain advantage without revealing the dangers involved).”는 의미로 보았다.

병력을 망지(亡地)로 몰아넣으면 생존할 수 있고, 사지(死地)로 몰아넣으면 살아날 수 있다.

投之亡地 然後存 陷之死地 然後生
투지망지 연후존 함지사지 연후생

1) 본 구절에 대해 조조(曹操)는 “반드시 필사적으로 싸울 것이다. 그러나 사망(死亡)의 땅에서 패배한 자도 있다 [必殊死戰 或在死亡之地 亦有敗者].”고 했고, 매요신(梅堯臣)은 “땅에는 망지(亡地)가 있지만 힘껏 싸우면 망하지 않고, 땅에는 사지(死地)가 있지만 필사적으로 싸우면 죽지 않는다. 따라서 망지(亡地)는 생존할 수 있는 터전이고 사지(死地)는 살아남을 수 있는 터전이다 [地雖曰亡 力戰不亡 地雖曰死 死戰不死 故亡者存之基 死者生之本也].”라고 했고, 장예(張預)는 “사망의 땅에 처하면 병사들은 스스로 싸우므로 살아남을 수 있다 [置之死亡之地 則人自爲戰 乃可存活也].”고 했다.

2) 하연석은 본 구절에 부합하는 전례로 남북조 시대의 양장(梁將) 진경지(陳慶之)가 위방(韋放)과 함께 와양성(渦陽城)을 공격할 때 북위군(北魏軍)이 13개 성루(城壘)를 쌓아 퇴로를 차단하자 장수들은 모두 퇴각을 청했지만 진경지는 “내가 듣기에 병력을 사지로 몰아넣으면

살 수 있다고 했다 [吾聞置兵死地 乃可求生].”면서 야습으로 북위군 4개 성루를 함락시킨 다음 항복한 북위군 병사 30여 인을 북위군 군영으로 돌려보내고 포로들의 귀를 베어 진열해 놓아 북위군을 동요하게 만든 다음 병력을 몰고 맹공을 가해 북위군의 나머지 9개 성루도 모두 격파 후 도주하는 북위군을 추격해 섬멸시킨 전투와, 남북조 시대 북위(北魏) 말기 고환(高歡) <후일의 북제(北齊) 신무제(神武帝)>이 한릉산(韓陵山) <일명 남릉산(南陵山)>에서 이주조(爾朱兆) 등의 정예병력 20만에게 포위되었을 때의 일 <앞서 「위지 오장새기궐(圍地 吾將塞其闕)」 항에서 소개했다>, 한신(韓信)의 정형전(定陘戰) <앞서 「四. 군형」 편의 「견승불과중인지소지(見勝不過衆人之所知)」 항에서 소개했다>을 들었다. 정형전에서 승리 후 장수들이 한신에게 “병법(兵法)에서는 높은 곳을 오른쪽 뒤에 두고 왼쪽 앞에는 수택(水澤)을 둔다고 했는데 이번 전투 때 장군께서는 신(臣)들에게 그와는 반대로 물을 등지고 포진하게 하면서 「조군(趙軍)을 격파한 다음에 회식을 하자」고 하시기에 신(臣)들은 처음에 수긍하지 못했었는데 결국 우리가 이겼습니다. 이것이 무슨 전술이었습니까 [兵法 右背山陵 前左水澤 今者 將軍令臣等反背水陳 曰破趙會食 臣等不服 然竟以勝 此何術也]?”라고 묻자 한신은 “나는 병법대로 한 것인데 제군들이 몰랐을 뿐이오. 병법에 「병력을 사지(死地)로 몰아넣으면 살아날 수 있고, 망지(亡地)로 몰아넣으면 생존할 수 있다.」고 하지 않았소? 또 이번에 나는 사대부들을 데리고 싸운 것이 아니고 시인(市人)들을 데리고 싸웠기 때문에 이들을 사지(死地)에 몰아넣어 스스로 싸우도록 만들지 않고 생지(生地)에 포진시켰다면 아마도 모두 도주했을 것이오 [此在兵法 顧諸君不察耳 兵法不曰陷之死地而後生 投之亡地 而後存乎 且信非得素拊循士大夫也 此所謂驅市人而戰 其勢非置之死地 使人人自爲戰 皆走].”라고 했다.

무릇 병사들은 위험한 상황에 처해야 패배를 승리로 바꿀 수 있다.

夫衆陷於害 然後能爲勝敗
부중함어해 연후능위승패

또 용병 때는 적(敵)의 의도에 따라가는 척하다 병력을 집중시켜 1천 리 밖 적장(敵將)도 격파할 수 있어야 한다. 이렇게 할 수 있어야 잘 싸운다 할 수 있다.

故爲兵之事 在於順詳敵之意 幷敵一向 千里殺將 是謂巧能成事者也
고위병지사 재어순양적지의 병적일향 천리살장 시위교능성사자야

1) 「詳」이 옛날에는 「佯」과 통용되었다. 따라서 「순상적지의(順詳敵之意)」에 대해 조조(曹操)는 "「佯」은 「愚」, 즉 「속인다.」는 뜻이다. 혹자는 「적이 진격하려 하면 매복을 설치해 놓고 물러섰다가 적이 떠나려 할 때 일어나 공격하라」고 한다 [佯 愚也 或曰 彼欲進 設伏而退 彼欲去 開而擊之]."고 했고, 여타 주석가들도 모두 이런 조조의 해석에 따르고 있다. 이전(李筌)은 "적이 공격하려 하면 나는 수비하면서 기다리고 적이 싸우려 하면 나는 기병(奇兵)을 설치해 놓고 기다려야 한다. 물러서되 복병을 설치해 놓고 미끼를 던져 적을 유인해야 한다. 이렇게 하는 것이 모두 적의 의도에 순응하는 것이다 [敵欲功 我以守待之 退伏利誘 皆順其所欲]."라고 했고, 두목(杜牧)은 "적에게 순응하라는 것은 공격하고 싶어도 적에게 틈이 보이지 않으면 나의 군형(軍形)을 숨기고 적이 하는 대로 따라가면서 다급하게 움직이지 말아야 한다. 적이 강하면서 나를 얕보면 나는 겁을 먹을 것처럼 보이면서 매복을 설치해 놓고 강한 적에게 순응함으로써 적을 교만하게 만든 다음 적이 나태해진 틈이 보일 때 공격하고, 적이 물러나려 할 때는 포위망

을 열어주고 떠나게 해서 적의 퇴각에 순응함으로써 적이 투지를 품지 못하게 만든 다음 공격해야 한다. 이와 같이 하는 것이 모두 적의 뜻에 순응하는 것이다 [夫順敵之意 皆言我欲擊敵 未見其隙 則藏形閉跡 敵人之所爲 順之勿驚 假如强以陵我 我則示怯而伏 且順其强 以驕其意 候其懈怠而功之 假如欲退而歸 則開圍使去 以順其退 使無鬪心 遂因而擊之 皆順敵之旨也].”라고 했고, 매요신(梅堯臣)은 “겁을 내는 척, 약한 척, 어지러운 척, 패배한 척하다가 적이 경솔하게 추격해 오면 나는 이길 수 있다 [佯怯 佯弱 佯亂 佯北 敵人輕來 我志乃得].”고 했고, 진호(陳皞)와 장예(張預)의 해석 역시 대동소이하다. 그러나 중국사회과학원의 ≪손자병법대전≫에서는 이런 해석을 부인하고 「順」을 「愼」, 즉 「신중히」의 뜻으로 보고 「詳」을 「審」의 뜻으로 보면서, 「순상적지의(順詳敵之意)」를 “신중하게 적의 의도를 살피라.”는 뜻으로 보았다.

2) 「幷敵一向」이 「幷力一向」으로 되어 있는 본도 있다. 본 구절에 대해 조조(曹操)는 “병력을 집중시켜 적을 공격해서 1천 리 밖의 적장(敵將)도 사로잡아야 한다 [幷兵向敵 雖千里能擒其將也].”는 뜻으로 보았고, 여타 주석가들의 해석도 모두 대동소이하다.

3) 「시위교능성사자야(是謂巧能成事者也)」가 은작산죽간본에는 「차위교사(此謂巧事)」로 되어 있고, ≪십일가주손자≫의 주(注)에서는 「시위교공성사(是謂巧攻成事)」로 되어 있는 본도 있다고 한다.

또한 전쟁을 시작하려 할 때는 먼저 국경 관문(關門)을 폐쇄하고 통행증명서를 폐기하고 사절의 왕래를 차단한 다음에

是故 政擧之日 夷關折符 無通其使
시고 정거지일 이관절부 무통기사

1) 「정거(政擧)」에 대해 조조(曹操)는 「모정(謀定)」, 즉 「전쟁계획의 확정」이라 했고, 장예(張預)도 「국책과 전쟁계획의 확정 [廟算已定 軍謀已成]」이라고 했고, 이전(李筌)은 「정령의 집행 [政令旣行]」이라고 했다. 전쟁 자체를 결정했거나 구체적인 전쟁 계획이 확정되었음을 말하는 것이 아니라 전쟁에 대한 의지가 있음을 의미한다.

2) 본 구절의 취지에 대해 이전(李筌)은 「(적이) 국론을 저지하거나 백성과 병사들을 현혹시키지 못하게 하려는 것 [無得有所沮疑 恐惑衆士心也]」이라고 했고, 두목은 「적의 간첩이 몰래 와서 종적을 감추고 험지를 통과하거나 부절(符節)과 인신(印信)을 훔쳐 그 성명을 도용해서 우리의 실정을 염탐하는 것을 방지하고 …… 장맹담(張孟談)이나 누경(婁敬)과 같은 유능한 자가 와서 우리의 미세한 징후를 보고 내막을 정확히 판단하고 우리의 허실을 살피는 것을 방지하려는 것 [皆恐敵人有間使潛來 或藏形隱跡 由危歷險 或竊符盜信 假託姓名 而來窺我也 …… 恐有智能之士 如孟談婁敬之屬 見其微而知著 測我虛實也]」이라고 했다. 장맹담은 춘추 시대에 조(趙)의 군주 양자(襄子)를 보좌하면서 위(魏)와 한(韓)으로 잠입해 위(魏) 환자(桓子)와 한(韓) 강자(康子)를 설득 조(趙)・위(魏)・한(韓) 삼가(三家) 연합을 결성해 진(晉)의 지백(智伯)을 사로잡고 진(晉) 영역을 삼진(三晋), 즉 조(趙)・위(魏)・한(韓) 삼국(三國)이 나누어 차지했다. 누경은 한(漢) 고조(高祖) 유방(劉邦)의 명으로 흉노 땅을 다녀온 후 "신(臣)이 보니 허약한 말들만 보였는데 이는 분명 그들이 단점을 내보이며 기병(奇兵)을 숨겨놓은 것입니다. 흉노를 공격하면 안 됩니다."라고 했지만, 유방은 그의 말을 듣지 않고 흉노로 진격했다가 평성(平城)의 백등산(白登山)에서 흉노에게 포위되어 곤욕을 치렀다. 매요신(梅堯臣)과 장예(張預)는 「우리 계획이 누설되지 않게 하려는 것 [恐泄我事也]」이라고 했다. 다만 장

예는 이어서 “적의 사절이 오면 당연히 받아들여야 한다. 이 때문에 뒤의 구절에서 「적인개합 필극입지(敵人開闔 必亟入之)」라고 했다.”고 보았다. 「적인개합 필극입지(敵人開闔 必亟入之)」를 “적의 사절이 오면 속히 받아들여야 한다.”는 의미로 본 것이다.

묘당에서 승산이 있는지를 은밀히 치밀하게 따져보아야 하고,

厲於廊廟之上 以誅其事
여어낭묘지상 이주기사

1) 조조(曹操)는 「주(誅)」는 「治」의 의미라고 했다. 즉, 논의하고 결정한다는 의미로 본 것이다.

2) 두목(杜牧)은 “「여(厲)」는 「췌려(揣厲)」, 즉 「헤아려 처리하는 것」을 말하며, 묘당에서 논의 후 승산(勝算)이 있을 때 병력을 일으켜야 한다는 말이다. 「이주기사(以誅其事)」가 「이모기사(以謀其事)」로 되어 있는 본도 있다 [厲 揣厲야 言廊廟之上 誅治其事 成敗先定 然後興師 一本作以謀其事].”고 했고, 매요신(梅堯臣)은 “묘당에서 경비를 엄정히 해 놓고 승산(勝算)이 있는지를 따져보는 것은 기밀 유지 때문이다 [嚴整於廊廟之上 以計其事 言其密也].”라고 했고, 장예(張預)의 견해도 매요신과 대동소이하다.

적에게 틈이 보이면 신속히 진격해야 하며,

敵人開闔 必亟入之
적인개합 필극입지

1) 본 구절에 대해 조조(曹操)는 "적에게 틈이 보이면 신속히 적지로 진입해야 한다 [敵有間隙 當急入之也]."는 의미로 보았고, 이전(李筌)은 "적이 관문(關門)을 열 것인지 닫을 것인지 아직 결정하지 못했을 때 신속히 진격해야 한다 [敵開闔未定 必急來也]."는 의미로 보았고, 맹씨(孟氏)는 "「개합(開闔)」은 「첩자」를 말한다. 첩자가 오면 속히 들어오게 해야 한다 [開闔 間者야 有間來 則疾內之]."는 의미로 보았고, 매요신(梅堯臣)과 장예(張預)의 견해도 맹씨와 같다. 다만 장예는 혹자는 "적이 관문을 열기도 하고 닫기도 하면서 출입이 일정치 않고 진퇴를 결정하지 못하고 있을 때 신속히 진격해야 한다는 의미라고 한다 [謂敵人或開或闔 出入無常 進退未決 宜速乘之]."고도 했다.

적에게 중요한 지역이나 지형은 내가 선점해야 하지만 은밀히 그 계획을 적에게 노출시킨 다음 적보다 늦게 출발 후 먼저 도착해야 하며,

先其所愛 微與之期
선기소애 미여지기

1) 본 구절에 대해 두목은 "「微」는 「潛」의 뜻이며, 적에게 중요한 곳을 목표로 하되 은밀히 출발해 적이 모르게 하라는 말이다 [微 潛也 言以敵人所愛利便之處爲期 故潛往赴期 不令敵人知也]."라고 했다.

2) 그러나 조조(曹操)는 "유리한 지역이나 지역을 먼저 점거해야 하고 적보다 늦게 떠났어도 먼저 도착해야 한다 [據便利也 後人發 先人至]."라고 했다. 앞의 「七. 군쟁(軍爭)」 편에서 말한 「우직지계(迂直之計)」를 말한 것으로 본 것이다. 진호(陳皞)는 "내가 유리한 지역이나 지형을 선점해도 적이 오지 않는다면 무슨 소용이 있겠는가? 따라서 적에게 중요한 지역이나 지형을 선점하려면 우선 은밀히 적도 이곳으

로 가도록 유인해야 한다 [我若先奪便地 而敵不至 雖有其利 亦奚用之 是以欲取其愛惜之處 必先微與敵人相期 誤之使必至].”는 의미로 보았고, 매요신(梅堯臣)도 “은밀히 공격 목표를 노출시켜 적의 첩자가 이를 돌아가 보고하게 한 다음 적보다 늦게 출발하고도 먼저 도착해야 한다 [微露之期 使間歸告 然後 我後人發 先人至也].”는 의미로 보았고, 왕석(王晳)도 “잠시 적을 속이는 것이다. 「미(微)」는 은밀히 적에게 알려준다는 말이다. 조조(曹操)는 「적보다 먼저 도착해야 한다.」고 했다. 그러나 적보다 늦게 출발해야 하는 것은 적이 반드시 그곳으로 가게 하려는 것이고, 먼저 도착해야 하는 것은 적에게 중요한 곳을 내가 선점하려는 것이다 [權譎也 微者所以示密 曹公曰 先敵至也 後發者 欲其必赴也 先至者 奪其所愛也].”라고 했고, 장예(張預)도 “작전 시 아끼는 것은 유리한 지역이나 지형이다. 내가 그곳을 선점하려면 은밀히 그 의도를 노출시켜서 적이 먼저 그곳으로 출발하게 만든 다음 적이 출발하면 나는 나중 출발하고도 먼저 도착해야 한다는 것이다. 적이 먼저 출발하도록 하는 이유는 내가 갔는데 적은 오지 않는 일이 없게 하려는 것이다. 따라서 앞에서는 「쟁지(爭地)가 있을 때 나는 적보다 나중에 떠날 것이다.」라고 했던 것이다 [兵所愛者 便利之地 我欲先據 當微露其意 與之相期 敵方趨之 我乃後發而先至也 所以使敵先趨者 恐我至而敵不來也 故曰爭地 吾將趨其後].”라고 했다.

3) 한편 중국사회과학원의 ≪손자병법대전≫에서는 「미여지기(微與之期)」에 대해 「미(微)」를 「무(無)」의 뜻으로 보고 「기(期)」를 「교전에 대한 기약(期約)」의 뜻으로 보면서 “적과 결전을 기약하면 안 된다.”는 뜻으로 보았다. 이는 뒤에 이어지는 「적의 상황에 따라 임기응변하면서 교전을 결정하라(隨敵 以決戰事)」는 구절과 한 맥락의 구절로 본 해석으로 앞에서도 “적에게 틈이 보이면 신속히 진격해야 한다 [敵人開闔 必亟入之].”고 한 것을 볼 때 일리가 있는 해석이다.

병법의 원칙은 적정(敵情)을 보고 결전(決戰)을 벌이는 것이다.

踐墨 隨敵 以決戰事
천묵 수적 이결전사

1) ≪십일가주손자≫에서는 "「踐墨」이 「剗墨」으로 되어 있는 본도 있다."고 했다.

2) 본 구절에 대해 조조(曹操)는 "원칙을 지킨다는 것은 임기응변을 말한다 [行踐規矩 無常也]."라고 했다. 병법에서는 임기응변이 바로 원칙이라는 말이다. 두목(杜牧) 역시 "「묵(墨)」은 원칙을 말한다. 늘 법제(法制)를 굳게 지키면서 적의 군형(軍形)을 보고 틈이 보이면 출전해 결전을 벌여야 한다 [墨 規矩也 言我常須踐履規矩 深守法制 隨敵人之形 若有可乘之勢 則出而決戰也]."는 의미로 보았고, 매요신(梅堯臣)도 "거동은 늘 법도에 따라야 하며, 적정(敵情)에 따라 임기응변해야 하며 유리한 상황이 오면 결전을 벌여야 한다 [擧動必踐法度 而隨敵屈伸 因利以決戰也]."고 했고, 그리피스(Griffith)도 본 구절을 "적정(敵情)을 보고 결전을 벌여야 하는 것이 전쟁 원칙이다(The doctrine of war is to follow the enemy situation in order to decide on battle)."라고 번역했고, 자일스(Giles) 역시 "결전을 벌이기 전까지 법규를 엄수하고 적정(敵情)에 순응하라(Walk in the path defined by rule, and accommodate yourself to the enemy until you can fight a decisive battle)."고 번역했다. 이들 모두 임기응변 자체를 병법의 원칙으로 본 것이다.

3) 그러나 가림(賈林)은 "「잔(剗)」은 「제(除)」, 즉 「없이 한다.」는 뜻이고 「묵(墨)」은 「먹줄」, 즉 「원칙」의 뜻이다. 적의 계책을 보고 결전을 벌여야 하며 승리만이 중요하다. 먹줄을 그어놓고 이에 집착하듯 원칙에만 따르면 안 된다 [剗 除也 墨 繩墨也 隨敵計以決戰事 惟勝是

利 不可守以繩墨而爲].”고 했고, 왕석(王晳)도 “병법을 먹줄을 넘지 않듯 지켜야 하며, 그런 후에 적정(敵情)을 보고 결전을 벌여야 한다[踐兵法如繩墨 然後可以順敵決勝].”고 했고, 장예(張預)의 해석도 이와 같다. 이들은 모두 병법의 원칙과 임기응변을 별개의 것으로 본 것이다. 그러나 이는 손자의 일관된 병법 개념과 부합하지 않는 해석이다.

따라서 처음에는 처녀(處女)같이 약한 듯한 모습을 보여서 적이 틈을 보이도록 유도하고 나중에는 우리를 뛰쳐나간 토끼같이 재빠르게 움직여서 적이 막을 수 없게 해야 한다.

是故始如處女 敵人開戶 後如脫兎 敵不及拒
시고시여처녀 적인개호 후여탈토 적부급거

1) 조조(曹操)와 이전(李筌)은 “처녀는 약해 보이고 우리를 뛰쳐나간 토끼는 빠르다 [處女示弱 脫兎往疾也].”고 했고, 매요신은 “처음에 처녀같이 행동한다는 것은 원칙을 지키는 것을 말하고 나중에 우리를 뛰쳐나간 토끼 같다는 것은 적정에 따라 신속히 결전을 벌인다는 말이다 [始若處女 踐規矩之謂也 後若脫兎 應敵決戰之速也].”라고 했고, 장예는 “지킬 때는 처녀와 같이 약하게 보여서 적이 방심하게 만들고, 적정(敵情)에 틈을 보여 공격할 때는 우리를 뛰쳐나간 토끼처럼 재빨리 움직여서 적이 막지 못하게 하라는 말이다. 사마천(司馬遷)은 전국(戰國) 시대에 「전단(田單)이 즉묵성(卽墨城)을 지키다 기겁(騎劫)을 공격한 것이 바로 이런 것이다.」라고 했다. 그렇지 아니 한가 [守則如處女之弱 令敵懈怠 是以啓隙 攻則有脫兎之疾 乘敵倉卒 是以莫禦 太史公謂田單守卽墨攻騎劫 正如此語 不其然乎]?”라고 했다.

제12편

화공(火攻)

火 攻

- 본 편은 「수가이절 부가이탈(水可以絶 不可以奪)」까지 약 3/5만 화공에 관한 내용이고, 「부전승공취(夫戰勝攻取)」 이하는 포상(褒賞) 시기 등 「장수의 전투 지휘와 군주의 전쟁 지도」에 관한 내용이다.
- 조조는 "화공은 시일을 잘 선택해야 한다(以火攻人 當择时日也)."고 했고, 왕석은 "화공으로 승리를 도우려면 실수를 조심해야 한다 [助兵取勝 戒虛發也]."라고 했고, 장예는 "화공 때는 첩자를 몰래 보내 지리(地里)의 원근, 접근로의 험이(險易)를 먼저 숙지해야 하므로 본 편을 「구지(九地)」 편 다음에 둔 것이다 [以火攻敵 當使奸細潛行 地里之遠近 途徑之險易 先熟知之 乃可往 故次九地]."라고 했다.
- 은작산죽간본에는 본 편이 마지막이고 앞에 「용간(用間)」 편이 있다.

1. 화공(火攻)

화공은 다섯 가지가 있다. 첫째는 화인(火人) <병력에 대한 화공>이고, 둘째는 화적(火積) <양초(糧草)에 대한 화공>이고, 셋째는 화치(火輜) <치중(輜重)에 대한 화공>이고, 넷째는 화고(火庫) <부고(府庫)에 대한 화공>이고, 다섯째는 화대(火隊) <이동 중인 대오(隊伍)에 대한 화공>이다.

凡火攻有五 一曰火人 二曰火積 三曰火輜 四曰火庫 五曰火隊
범화공유오 일왈화인 이왈화적 삼왈화치 사왈화고 오왈화대

1) 「화인(火人)」에 대해 이전(李筌)은 「적의 군영에 불을 놓고 적의 사졸들을 죽이는 것」이라고 했고, 하연석(何延錫)은 “노(魯) 환공(桓公) 당시 주루(邾婁)의 함구(咸丘)를 불태운 것이 화공의 시작이다. 이후 병가(兵家)에서는 다섯 가지의 화공으로 승리를 도왔다 [魯桓公世焚邾婁之咸丘 後世兵家者流 故有五火之攻 以佐取勝之道也].”고 했다. 유비(劉備)가 이릉(夷陵)에서 오군(吳軍)을 공격할 때 오장(吳將) 육손(陸遜)은 화공으로 촉군 40여 개 군영을 태우고 1만여 명을 죽였고, 야음을 틈타 겨우 도주한 유비는 울분 끝에 피를 토하고 결국 죽었다. 후한(後漢) 반초(班超)는 서역(西域) 선선(鄯善)으로 갔을 때 마침 북흉노 사절도 와서 선선왕 광(廣)이 누구를 따를지 결정 못 하고 있음을 알고 북흉노 사절 숙소에 불을 지르고 북흉노 사절 일행 30여 인을 죽였고 나머지 북흉노 사절 일행 1백여 명은 불타 죽었고, 선선왕 광(廣)은 결국 그 아들을 한(漢)에 인질로 보내고 귀순했다.

2) 「화적(火積)」에 대해 두목(杜牧)은 “「적(積)」은 양식, 땔감, 짐승 먹이를 말한다 [積 糧食薪蒭也].”고 했다. 유방(劉邦)은 성고(成皐)에서 항우(項羽)에게 패한 후 유가(劉賈)를 초(楚)로 보내 초군의 양곡을 태웠고 이후 항우는 식량 부족으로 곤욕을 겪었다. 수(隋) 문제(文帝)가 강남의 진(陳) 정벌 계책을 묻자 고경(高熲)은 “강북은 날씨가 차가워 농작물 추수도 늦지만 강남은 추수가 이릅니다. 저들의 추수기에 사마(士馬)를 징발하면서 공격한다는 소문을 내면 저들은 병력을 주둔시켜 지키려 할 것이고 이렇게 하면 저들이 추수기를 놓치게 만들 수 있습니다. 이렇게 저들이 병력을 집결시켜 놓으면 우리는 병력을 해산하기를 몇 번 반복하면 나중 저들은 이를 대수롭지 않게 여길 것이고 우리가 병력을 징발해도 믿지 않을 것입니다. 이렇게 하다 얼마 후 저들이 머뭇거릴 때 대군(大軍)을 몰고 양자강을 건너 적과 싸우면 우리 병력

은 사기가 왕성해질 것입니다. 또 강남에서는 땅을 조금만 파도 물이 나와 풀과 대나무로 지은 집이나 창고가 대부분이고 곡식을 땅 속에 묻어 보관하지 않으니 몰래 사람을 보내 불을 놓고 저들이 집과 창고를 고쳐 놓으면 또 다시 불 놓기를 몇 차례 하면 몇 해 안에 저들의 재력이 소진될 것입니다."라고 했고, 이에 강남의 진(陳) 지역에 불을 놓아 들판의 곡식을 태웠고 이후 진(陳)은 결국 피폐해졌다.

3) 「화치(火輜)」에 대해 이전(李筌)은 "치중, 창고, 가옥을 불태우는 것이다 [燒其輜重 焚其庫室]."라고 했고, 두목(杜牧)은 "수레에 실려 이동 중인 기계, 재화, 병사의 의류와 장비를 「치(輜)」라 한다 [器械財貨及軍士依裝 在車中上道未止曰輜]."고 했다. 조조(曹操)는 관도전(官渡戰) 당시 원소(袁紹)의 재상으로 있다 투항한 허유(許攸)의 제보에 따라 원소의 치중이 위치한 곳을 알고 화공을 가해 모두 불태웠다.

4) 「화고(火庫)」에 대해 이전(李筌)은 "창고를 태우는 것이다 [焚其庫室]."라고 했고, 두목(杜牧)은 "주둔지에서 성(城)이나 영루(營壘)에 보관 중인 기계, 재화, 병사의 의류와 장비를 「고(庫)」라 한다 [器械財貨及軍士依裝 在城營壘已有止舍曰庫]." 했다. 오호십륙국(五胡十六國) 시대 전진(前秦) 부견(苻堅)의 장수 왕맹(王猛)은 전연(前燕) 장수 모용평(慕容評)과 대치 중 곽경(郭慶)을 샛길로 보내 모용평의 부고(府庫)를 태운 후 모용평의 40만 대군을 격멸했다.

5) 「화대(火隊)」에 대해 두목(杜牧)은 "이동 중인 대오(隊伍)에 화공을 가해 교란시킨 다음 공격하는 것이다 [焚其行伍 因亂而擊之]."라고 했다. 이곳에서는 두목(杜牧)의 해석에 따랐다. 가림(賈林)과 하연석(何延錫)은 "「수(隧)」는 「도(道)」를 말한다. 양도(糧道)와 전운(轉運) <수로(水路) 운송>을 화공으로 차단하는 것을 말하다 [隧 道也 燒絶糧道及轉運也]."고 했지만, 이와 같이 해석할 경우 앞의 「화치(火輜)」와

다를 것이 없게 된다. 이전(李筌)은 "대장(隊仗)과 병기를 불태우는 것이다 [焚隊仗兵器也]."라고 했다. 두우(杜佑)의 ≪통전≫에서는 「화대(火隊)」를 「화추(火墜)」로 교정하면서 이에 대한 주(注)에서 "「추(墜)」는 「타(墮)」 즉, 「떨어뜨린다.」는 뜻으로 불꽃을 적의 군영에 떨어뜨리는 것을 말한다. 화살촉에 철제(鐵製) 불통을 매달아서 강한 쇠뇌로 적 군영으로 쏘아 보내는 것을 말한다 [墜 墮也 以火墮入營中也 矢頭之法 以鐵籠火着箭頭 强弩射敵營中]."고 했으며, 이어 "「火隊」는 「火道」 즉, 화공으로 적의 양도(糧道)를 끊는 것을 말한다 [一曰火道 燒絶其糧道也]."고도 했다.

화공을 하려면 조건이 구비되어 있어야 하고, 인화물질을 평소 준비해 놓아야 한다.

行火必有因 煙火必素具
행화필유인 연화필소구

1) 본 구절이 은작산죽간본에는 「O화유인 인필소구(O火有因 因必素具)」로 되어 있다. 중국사회과학원의 ≪손자병법대전≫에서는 결락된 글자를 「行」으로 보고 "화공을 하려면 조건을 갖추어야 하며, 이런 조건은 평소 구비해야 한다."는 의미로 보았다.

2) 「행화필유인(行火必有因)」에 대해 조조(曹操)는 "「인(因)」은 「간인(姦人)」을 말한다."고 했고, 이전(李筌)은 "간인을 이용해 내응케 해야 한다 [因姦人而內應也]."고 했고, 진호(陳皞)는 "도움이 있어야 한다는 말이며 간인(姦人)만 말하는 것은 아니다 [須得其便 不獨姦人]."라고 했고, 가림(賈林)은 "건조한 바람을 이용해 불태운다 [因風燥而焚之]."고 했고, 장예(張預)는 "화공에는 언제나 건조한 날씨, 영사(營舍)

의 초가지붕과 대나무, 쌓여 있는 양초(糧草), 부근의 풀숲을 바람을 이용해 태워야 한다 [凡火攻 皆因天時燥旱 營舍茅竹 積芻聚糧 居近草莽 因風而焚之].”고 했다.

3) 「연화필소구(煙火必素具)」에 대해 조조(曹操)는 “연화(煙火)는 소구(燒具), 즉 인화물질을 말한다 [煙火 燒具也].”고 했고, 두목(杜牧)은 “마른 풀, 기름 등을 미리 준비해 두어야 한다. 병법(兵法)에는 화전(火箭), 화렴(火簾), 화행(火杏), 화병(火兵), 화수(火獸), 화금(火禽), 화도(火盜), 화노(火弩) 등이 있는데 이들을 모두 이용할 수 있다 [艾蒿荻葦 薪芻 膏油之屬 先須修事以備用 兵法有火箭 火簾 火杏 火兵 火獸 火禽 火盜 火弩 凡此者皆可用也].”고 했고, 장예(張預)는 “불씨 담는 그릇과 인화물질은 항시 준비해 두었다가 틈을 보아 이용해야 한다 [貯火之器 燃火之物 常須豫備 伺便而發].”고 했다.

불 붙이는 데는 적절한 시기가 있고 불꽃 일으키는 데는 적당한 날짜가 있다. 적절한 시기란 기후가 건조할 때이고, 적절한 날짜는 달이 기수(箕宿), 벽수(壁宿), 익수(翼宿), 진수(軫宿)의 별자리에 위치해 있는 날짜이다. 이런 날은 바람이 부는 날이다.

發火有時 起火有日 時者 天之燥也 日者 月在箕壁翼軫也 凡此四宿者 風起之日也
발화유시 기화유일 시자 천지조야 일자 월재기벽익진야 범차사숙자 풍기지일야

1) 기수(箕宿), 벽수(壁宿), 익수(翼宿), 진수(軫宿)는 28개 별자리 <성수(星宿)>중 7번, 14번, 27번 및 28번 별자리를 말한다. 28개 별자리는 고대 동아시아에서 사용되어 온 황도와 천구의 적도 주변에 있는 아래와 같은 28개 별자리로, 동・북・서・남 사상(四象)이 각기 7개

별자리를 주관하며, 각 별자리의 해당 영역에는 다시 여러 별자리들이 속해 있다. 서양에서는 별자리를 88개로 나누는데 동양의 별자리와는 차이가 있다.

사상(四象)	성수(星宿)						
東方靑龍(春)	1 角	2 亢	3 氐	4 房	5 心	6 尾	7 箕
北方玄武(冬)	8 斗	9 牛	10 女	11 虛	12 危	13 室	14 壁
西方白虎(秋)	15 奎	16 婁	17 胃	18 昴	19 畢	20 觜	21 參
南方朱雀(夏)	22 井	23 鬼	24 柳	25 星	26 張	27 翼	28 軫

화공 때는 다음 5가지 화공 상황의 진전에 따라 적절히 대응해야 한다.

凡火攻 必因五火之變而應之
범화공 필인오화지변이응지

1) 본 구절에 대해 매요신(梅堯臣)은 "불길의 진전 상황에 따라 병력으로 대응해야 한다 [因火爲變 以兵應之]."는 의미로 보았고, 장예(張預)도 같은 의미로 보면서 「五火之變」의 「五火」는 화인(火人), 화적(火積), 화치(火輜), 화고(火庫), 화대(火隊)를 말한다고 했다. 그러나 자일스(Giles)는 「오화지변」을 뒤에 이어지는 5가지 상황, 즉 첫째 적 군영 내에 불길이 일어났을 때, 둘째 불이 붙었어도 적이 조용히 있을 때, 셋째 불길이 수그러들었을 때, 넷째 밖에서도 적 군영에 불을 지를 수 있을 때, 다섯째 바람이 불 때 등 각 상황별 대응을 말하는 것으로 보았다. 이어지는 구절을 볼 때 자일스의 해석이 타당하다.

적 군영 내에 불길이 일어났을 때는 밖에서 속히 공격해야 한다.

火發於內 則早應之於外
화발어내 즉조응지어외

1) 조조(曹操)는 "병력으로 대응하라는 말이다 [以兵應之也]."라고 했고, 두목(杜牧)은 "불을 질러 적을 놀라도록 만든 다음 공격해야 한다. 불의 힘만으로 적을 이길 수 있다는 말이 아니다. 불이 붙었다는 소식이 들리면 바로 공격해야 한다. 적이 불을 끄고 안정된 다음 공격하면 무익하므로 속히 공격하라 한 것이다 [凡火 乃使敵人驚亂 因而擊之 非謂空以火敗敵人也 聞火初作則攻之 若火闌衆定而攻之 當無益 故曰早也]."라고 했고, 두우(杜佑)는 "첩자에게 적 군영 내에 불을 놓게 했으면 밖에서 속히 진격해야 한다는 말이다 [使間人縱火於敵營內 當速進以攻其外也]."라고 했다.

불이 붙었어도 적이 조용히 있으면 공격하지 말고 기다려야 한다.

火發而其兵靜者 待而勿攻
화발이기병정자 대이물공

1) 은작산죽간본에는 「화발기병정이물공(火發其兵靜而勿攻)」으로 되어 있다. 같은 의미이다.

2) 매요신은 "놀라지 않는 것은 대비가 있는 것이다 [不驚擾者 必有備也]."라고 했다.

불길이 최고조에 달했을 때는 틈이 보이면 공격하고 어려울 것 같으면 공격하면 안 된다.

極其火力 可從而從之 不可從而止
극기화력 가종이종지 부가종이지

1) 은작산죽간본에는 「극기화력(極其火力)」이 「극기화앙(極其火央)」으로 되어 있다. 같은 의미이다.

2) 두우(杜佑)나 두목(杜牧)은 「극(極)」을 「진(盡)」의 뜻으로 보았는데 「수그러들었을 때」라는 의미인지, 「진선(盡善)」이나 「진미(盡美)」의 경우와 같이 「최고조에 달했을 때」라는 의미인지 불분명하지만 Giles, Griffith를 비롯해 현대의 거의 모든 주석가들은 이를 후자의 의미로 보았다. 불길이 최고조에 달했을 때 함부로 공격해 들어가면 공격해 들어가는 아군도 불길의 피해를 입을 수 있기 때문이다. 다음 구절에서 "화공은 바람 부는 방향에 따라 불을 질러야 하고 이때 바람을 거슬러 적을 공격하면 안 된다 [火發上風 無攻下風]."고 한 것 역시 같은 취지일 것이다.

밖에서도 적 군영에 불을 지를 수 있으면 안에서 불을 지를 때를 기다리지 말고 적절할 때 밖에서 불을 질러야 한다.

火可發於外 無待於內 以時發之
화가발어외 무대어내 이시발지

1) 가림(賈林)은 "밖에서 불을 지를 수 있으면 내응(內應)을 기다릴 필요 없이 적절할 때 즉시 불을 지르라 [火可發於外 不必待內應 得時卽應發]."는 의미로 보았고, 두목(杜牧)과 매요신(梅堯臣)은 "적이 풀숲

에 있거나 불붙이기 좋은 곳에 영책(營柵)을 세우고 있으면 적절할 때 불을 질러야 한다. 적이 스스로 초야를 태우면 내가 불을 질러도 소용이 없을 것이기 때문이다 [若敵居荒澤草穢 或營柵可焚之地 卽須及時發火 恐敵人自燒野草 我起火無益].”는 의미로 보았고, 진호(陳皞)는 「이시발지(以時發之)」가 건조하고 달이 기수(箕宿), 벽수(壁宿), 익수(翼宿), 진수(軫宿)의 별자리에 위치해 있는 날짜를 말한다고 했다.

2) 본 구절에 관련된 전례(戰例)로 이전(李筌)은 조조(曹操)가 관도전(官渡戰) 당시 허유(許攸)의 계책에 따라 원소(袁紹)의 치중(輜重)을 불태운 일을 들었고, 두목(杜牧)은 한(漢)의 이릉(李陵)이 흉노를 공격하다 패하고 흉노 선우(單于)에게 쫓길 당시 대택(大澤)에서 흉노 선우가 바람을 타고 불을 붙이자 맞불을 놓아 적의 화세(火勢)를 차단한 일을 들었고, 장예(張預)는 황건적 장각(張角)이 장사(長社)에서 한장(漢將) 황보숭(皇甫嵩)을 포위했을 때 황보숭은 적이 초지(草地)에 군영을 세운 것을 보고 정예병을 선발해 포위망 밖으로 보내 적 군영에 불을 지르게 한 후 달려 나가서 적을 격파한 일을 들었다.

화공은 바람 부는 방향에 따라 불을 질러야 하고 이때 바람을 거슬러 적을 공격하면 안 된다. 낮에 오래 바람이 분 날은 밤이 되면 바람이 그친다.

火發上風 無攻下風 晝風久 夜風止
화발상풍 무공하풍 주풍구 야풍지

1) 「火發上風 無攻下風」에 대해 두목(杜牧)은 “동풍이 불면 적의 동쪽에서 불을 지르고 또한 동쪽에서 적을 공격해야 한다. 동쪽에서 불을 지르고 서쪽에서 적을 공격하면 피아 모두 불길을 맞게 된다. 따라서

바람을 거슬러 공격하면 안 되는 것이다 [若是東 則焚敵之東 我亦隨以攻其東 若火發東面 攻其西 則與敵人同受也 故無攻下風].”라고 했고, 장예(張預)와 두우(杜佑)는 “불을 지르면 적은 반대방향으로 물러난다. 이때 이들을 역격하면 적은 필사적으로 싸울 것이므로 유리하지 못하다 [燒之必退 退而逆擊之 必死戰 故不便也].”고 했다.

2) 「주풍구 야풍지(晝風久 夜風止)」에 대해 조조(曹操)는 “이치가 그렇다 [數當然也].”고 했고, 매요신(梅堯臣)과 왕석(王晳)은 “낮바람은 해가 지면 그치고 밤바람은 날이 밝으면 그친다. 이치가 그렇다 [凡晝風必夜止 夜風必晝止 數當然也].”고 했다.

무릇 군대는 화공 시의 이런 5가지 임기응변을 숙지하고 별자리를 살펴 바람 있는 날에는 적의 화공에도 대비해야 한다.

凡軍必知有五火之變 以數守之
범군필지유오화지변 이수수지

1) 장예(張預)는 본 구절에 대해 “나만 화공을 할 수 있다고 생각하면 안 되고 적의 화공에도 대비해야 한다. 4가지 별자리를 살펴서 바람이 부는 날에는 엄히 대비해야 한다 [不可止知以火攻人 亦當防人攻己 推四星之度數 知風起之日 則嚴備守之].”라고 했다. 「守」를 「적의 화공에 대한 대비」의 의미로 본 것이다. 그러나 두목(杜牧)은 「이수수지(以數守之)」에 대해 “반드시 별의 움직임을 살펴가면서 바람이 부는 날에 화공을 해야 하고 아무 때나 화공을 하면 안 된다 [須算星躔之數 守風起日 乃可發火 不可偶然而爲之].”고 했다. 「守」를 “화공 때는 바람 부는 날을 지키라.”는 의미로 본 것이다. 한편 매요신(梅堯臣)은 “별자리

를 살펴 바람 부는 날을 기다려 화공을 실시해야 하고 또한 이때는 적의 화공에도 대비해야 한다 [數星之躔 以候風起之日 然而發火 亦當自防其變].”고 했다.

불로 공격을 도울 경우 분명히 적을 이길 수 있지만 물로 공격을 도울 경우 공격력이 강해질 뿐이다. 물로는 적의 보급로나 행군로를 차단할 수는 있어도 적을 격멸할 수는 없기 때문이다.

故以火佐攻者明 以水佐攻者强 水可以絶 不可以奪
고이화좌공자명 이수좌공자강 수가이절 부가이탈

1) 「明」에 대해 조조(曹操)는 “승리할 수 있음이 분명하다 [取勝明也].”는 의미로 보았고, 매요신(梅堯臣)도 “쉽게 이길 수 있음이 분명하다 [明白易勝].”고 했고, 장예(張預)도 “분명히 이길 수 있다 [灼然可以取勝].”고 했다.

2) 「强」에 대해 장예(張預)는 “물로 적의 병력을 분리시킬 수 있고, 적의 세(勢)가 분리되면 나의 세(勢)는 강해진다 [水能分敵之軍 彼勢分則我勢强].”고 했고, 왕석(王晳)은 “강하다는 것은 막아놓았던 물을 일시에 터뜨리기 때문이다 [强者 取其決注之暴].”고 했다.

3) 「수가이절 부가이탈(水可以絶 不可以奪)」에 대해 조조(曹操)는 “(물로는) 적의 길을 막고 적 병력을 분리시킬 수 있을 뿐 적의 비축물자를 빼앗을 수는 없다 [但可以節敵道 分敵軍 不可以奪敵蓄積].”는 의미로 보았고, 두목(杜牧)은 “물로는 적의 양도(糧道)를 차단하고 구원군을 차단하고 도주로를 차단하고 적의 돌진을 막을 수 있지만 험요지나 비축물자를 빼앗을 수는 없다 [水可絶敵糧道 絶敵救援 絶敵奔逸 絶敵衝擊 不可以水奪險要蓄積也].”는 의미로 보았다. 장예(張預)는

"물은 적을 분리시켜 앞뒤가 서로 지원할 수 없게 만들어 일시 이길 수는 있지만 불로 적의 비축물자를 불태워 없애 멸망시킬 수 있는 것에는 못 미친다 [水止能隔絕敵軍 使前後不相及 取其一時之勝 然不若火能焚奪敵之積聚 使之滅亡]."는 의미로 보고, 이 때문에 손자는 화공에 대해서는 상세히 언급하고 수공(水攻)에 대해서는 간략히 언급한 것이라고 했다. 또한 장예는 한신(韓信)이 수공으로 초장(楚將) 용차(龍且)를 죽인 것은 일시적 승리였지만, 조조는 관도전(官渡戰)에서 원소(袁紹)의 치중에 화공을 가해 결국 원소를 멸망시켰다고 했다.

II. 장수의 전투 지휘와 군주의 전쟁 지도

싸워 이기고 성(城)을 함락시킨 후 유공자(有功者)를 가려내 포상을 실시하지 않으면 불길하다. 이를 "비류(費留)." <비용만 낭비하고 군대를 지치게 해 돌아갈 수도 없게 되는 것>라고 한다.

夫戰勝攻取 而不修其功者凶 命曰費留
부전승공취 이불수기공자흉 명왈비류

1) 본 구절에 대해 조조(曹操)는 "흘러간 물을 되돌릴 수 없는 것 같이 된다는 말이다. 혹자는 승리 후 즉시 포상을 실시하지 않고 비용을 아끼는 것을 말하며 포상은 시기를 넘기면 안 된다고 한다 [若水之留 不復還 或曰 賞不以時 但留費也 賞善不逾日也]."고 했다. 중국 사회과학원의 ≪손자병법대전≫에서는 이 조조의 말 중 「留」를 「流」의 가차(假借) 글자로 보았고 필자도 이에 따랐다. 이전(李筌)은 "상벌은 시기를 넘기면 안 된다. 공을 세우고 상이 없거나 죄를 짓고 벌이 없으면 사졸들은 의혹에 빠지며 시간을 낭비하게 된다 [賞不踰日

罰不踰時 若功立而不賞 有罪而不罰 則士卒疑惑 日有費也].”고 했고, 두목(杜牧)은 “「修」는 「擧」, 즉 「가려낸다」는 말이다. 싸워 이기고 성(城)을 함락시킨 후 유공자를 가려내 포상이 없으면 병사들은 필사적으로 싸우지 않을 것이니 불길한 것이다. 비용 쓰기를 미루다가 결국 일을 그르치게 된다 [修 擧也 夫戰勝攻取 若不藉有功擧而賞之 則三軍之士 必不用命也 則有凶咎 徒留滯費耗 終不成事也].”는 의미로 보았고, 가림(賈林)은 “비류(費留)는 비용을 아끼는 것이다 [費留 惜費也].”라고 했고, 왕석(王晳)은 “싸워 이기고 유공자에게 차등 있는 포상이 없으면 병사들이 노력하지 않고 병사들이 노력하지 않으면 비용만 소모되고 병사들은 지치게 되니 불길한 것이다 [戰勝攻取 而不修功賞之差 則人不勤 不勤 則費財老師 凶害也].”라고 했다.

2) 위의 해석과 달리 매요신은 “싸워 이기려면 유리한 상황과 적절한 시기를 이용해서 공을 세울 수 있어야 한다. 공을 세우려면 화공, 수공 등의 전투방법을 익혀야 하며 앉아서 유리한 상황을 지키려고만 하면 안 된다. 유리한 상황을 지키려고만 하면 불길하다. 이를 「비류(費留)」라 한다 [欲戰必勝 功必取者 在因利乘便 能作爲功也 作爲功者 修火攻水攻之類 不可坐守其利也 坐守其利者 凶也 是謂費留矣].”고 했다.

3) 한편 장예(張預)는 위의 두 견해를 절충하면서 “싸워 반드시 이기려면 화공과 수공의 도움을 얻어야 한다. 화공과 수공으로 적을 격파할 수 있는 것은 사졸들이 필사적으로 싸우기 때문이다. 그러나 유공자를 가려내 포상하지 않으면 불길하게 된다. 비용만 낭비하고 군대를 지치게 해서 돌아갈 수도 없게 되는 것을 비류(費留)라 한다 [戰攻所以能必勝必取者 水火之助也 水火所以能破軍敗敵者 士卒用命也 不修擧有功而賞之 凶咎之道也 財竭師老而不得歸 費留之謂也].”고 했다.

따라서 현명한 군주는 장수의 유공자 포상 비용을 지원하고, 양장(良將)은 사졸들의 공을 가려내 포상을 게을리하지 않고,

故曰 明主慮之 良將修之
고왈 명주여지 양장수지

1) 「여지(慮之)」에 대해 대부분 주석가들은 "전쟁 계획에 대해 심사숙고한다."는 의미로 보았지만, 우창(于鬯)은 「慮」를 「助」의 뜻을 지닌 「勴」의 가차(假借) 글자로 보아야 한다면서 "대장의 유공자 포상 비용을 돕는다 [助大將飾功之費也]."는 의미로 보았다. 문맥상 우창의 해석이 매우 타당하다.

2) 「수지(修之)」를 가림과 매요신은 「수기공(修其功)」의 의미로 보고, 장예 역시 「수거극첩지공(修擧剋捷之功)」의 의미로 보았다. 모두 "유공자를 가려내 포상을 실시한다."는 의미로 본 것이다. 두목 역시 「명주여지 양장수지(明主慮之 良將修之)」라는 구절을 "패자(覇者)는 임기응변으로 병사들을 통제하고 신뢰로 병사들을 단결시키고 상(賞)으로 사졸들을 부린다. 신뢰가 무너지면 사졸들은 흩어지고 상(賞)이 부족하면 사졸들을 부릴 수 없다 [夫覇者 制士以權 結士以信 使士以賞 信衰則士疎 賞虧則士不爲用]."는 ≪육도(六韜)≫의 구절에 견주었다.

3) 우창(于鬯)은 「慮」를 「助」의 뜻을 지닌 「勴」의 가차(假借) 글자로 보아야 한다면서 「여지(慮之)」를 "대장의 유공자 포상 비용을 돕는다 [助大將飾功之費也]."라는 의미로 보았다.

병력을 일으켜도 이익이 없을 것 같으면 병력을 일으키지 않고, 병력을 써도 소득이 없을 것 같으면 병력을 쓰지 않고, 위기 시가 아니면 적과 싸우지 않는다.

非利不動 非得不用 非危不戰
비리부동 비득불용 비위부전

1) 우창(于鬯)은 본 구절의 주체를 모두 사졸로 보면서, "(사졸들은) 이익이 없으면 나를 위해 움직이지 않고, 얻을 것이 없으면 나를 위해 일하지 않고, 위험이 없으면 나를 위해 싸우지 않는다는 말이다 [謂非有所利 則不爲我動也 非有所得 則不爲我用也 非有所危 則不爲我戰也]."라고 했다. 그러나 앞뒤 구절을 볼 때 본 구절의 주체는 현명한 군주와 양장(良將)을 말한다고 보는 것이 옳다.

2) 「非利不動」에 대해 이전(李筌)은 "현명한 군주와 양장(良將)은 이익이 없을 때는 병력을 일으키지 않는다 [明主良將 非見利不起兵]."는 의미로 보았고, 매요신(梅堯臣)은 "백성에게 이롭지 않으면 병력을 일으키지 않는다 [兵非利於民 不興也]."는 의미로 보았다.

3) 「非得不用」에 대해 가림(賈林)은 "얻을 이득이 없으면 용병을 하지 않는다 [非得其利 不用也]."라는 의미로 보았다.

4) 「非危不戰」에 대해 조조는 "부득이할 때만 용병을 해야 한다 [不得已而用兵]."는 의미로 보았고, 장예는 "군대는 흉기이고 전쟁은 위험한 일이다. 패배의 화를 입지 않게 대비해야 하고 함부로 움직이면 안 된다 [兵 凶器 戰 危事 須防禍敗 不可輕擧]."는 의미로 보았다.

군주는 노여움에 병력을 일으키면 안 되고, 장수는 분노 때문에 싸우면 안 되며, 이로울 때 움직이고 불리할 때 멈추어야 한다.

主不可以怒而興師 將不可以慍而致戰 合於利而動 不合於利而止
주불가이노이흥사 장불가이온이치전 합어리이동 부합어리이지

1) 노여움으로 병력을 일으킨 군주의 예로 왕석(王晳)과 장예(張預)는 춘추 시대에 식후(息侯)가 정백(鄭伯)이 약속을 지키지 않았다고 정(鄭)을 공격하다 패한 일을 들었다.

2) 장수가 분노 때문에 싸우다 패한 예로 오호십륙국(五胡十六國) 시대 전진(前秦)의 부황미(符黃眉)가 자신의 보루 가까이 포진하자 출전해서 싸우다 패한 요양(姚襄)을 들었다.

노여움이나 분노 이후 다시 즐거움과 기쁨이 있을 수 있지만 망한 나라는 다시 찾을 수 없고 죽은 자는 다시 살아날 수 없기 때문이다.

怒可以復喜 慍可以復悅 亡國不可以復存 死者不可以復生
노가이복희 온가이복열 망국불가이복존 사자불가이복생

따라서 명군(明君)은 매사 신중하고 양장(良將)은 매사 경계한다. 이는 나라를 평안하게 하고 병력을 보전하는 길이다.

故明君愼之 良將警之 此安國全軍之道也
고명군신지 양장경지 차안국전군지도야

제13편

용간(用間)

用 間

↠ 장예(張預)는 "용간(用間)은 용병(用兵)의 기본이지만 이 용간 편을 13개 편 중 가장 뒤에 둔 것은 병력을 움직인 후에만 필요한 일이 아니기 때문이다. 계(計), 전(戰), 공(攻), 형(形), 세(勢), 허실(虛實) 등은 병력이 움직이면 필요해 지는 것이지만 용간(用間)은 병력이 움직이기 전에도 항상 필요한 것이다."라고 했다.

10만 병력을 일으켜 1천 리 밖으로 출정시키려면 백성과 관(官)이 하루에 1천금의 비용을 부담해야 하고, 국내외에 소동이 벌어지고, 70만 가(家)가 길 위에서 지쳐 쓰러지고 생업(生業)에 지장을 받게 된다.

凡興師十萬 出征千里 百姓之費 公家之奉 日費千金 內外騷動 怠於道路 不得操事者 七十萬家
범흥사십만 출정천리 백성지비 공가지봉 일비천금 내외소동 태어도로 부득조사자 칠십만가

1) 앞의 「작전(作戰)」 편에는 "용병에는 치거(馳車) 1천 대와 혁거(革車) 1천 대 및 갑병(甲兵) 10만의 비용과 1천 리 밖으로 양초(糧草)를 수송하는 비용 등 내외(內外) 비용, 빈객(賓客) 비용, 아교와 칠(漆) 등 자재(資財) 비용, 수레와 갑옷 보수유지 비용 등으로 하루 1천금씩 소요된다. 이런 비용이 있어야 10만 군대를 일으킬 수 있는 법이다 [凡用兵之法 馳車千駟 革車千乘 帶甲十萬 千里饋糧 則內外之費 賓客之用

膠漆之材 車甲之奉 日費千金 然后十萬之師擧矣].”라는 구절이 있다.

2) 본 구절에 대해 조조(曹操)는 “옛날에는 8개 가(家)가 서로 이웃해 살면서 1개 가(家)에서 참전자를 내보내면 나머지 7개 가(家)에서 참전자의 가(家)를 봉양했으므로 10만 병력을 일으키면 70만 가(家)가 농지 경작을 하지 못했다고 한 것이다 [古者 八家爲鄰 一家從軍 七家奉之 言十万之師擧 不事耕稼者七十万家].”라고 했다. 정전법(井田法)을 말한 것이다. 정전법에서는 한 마을 토지를 「井」자 모양으로 9등분 후 그중 한 구역을 공동 경작해서 그 소출을 관(官)이 비용으로 쓰고 그 마을의 8개 가(家)가 나머지 8개 구역을 각 1개 구역씩 경작해 생업으로 했지만 전쟁이 벌어지면 참전자의 가(家)를 나머지 7개 가(家)가 공동 부양하고 또한 군수물자 물자보급에도 동원되었으므로 농지 경작도 제대로 할 수 없었다는 말이다.

3) 두목(杜牧)은 “옛날에는 한 사람이 1경(頃)의 농지를 경작했고 9경(頃)의 경작지 중 중앙의 1경(頃)에는 우물을 파고 나무를 심고 집을 만들고 8개 가(家)가 함께 거주했고 이를 정전(井田)이라 했다. 「태(怠)」는 지친다는 말이다. 70만 가(家)가 10만 병력의 가족들을 부양하고 또 군수물자 운송에 동원되어 도로 위에서 지쳐 쓰러진다는 말이다 [古者 一夫田一頃 夫九頃之地 中心一頃 鑿井樹廬 八家居之 是謂井田 怠 疲也 言七十萬家 奉十萬之師 轉輸疲於道路也].”라고 했다.

4) 장예(張預) 역시 조조나 두목과 같은 견해이면서 “중지(重地) <적 영토의 많은 성읍(城邑)을 지나 깊이 들어간 곳>에서는 적의 식량을 약탈해서 쓰라고 했는데 군수물자 운송 때문에 길 위에 지쳐 쓰러진다는 것은 무슨 말인가? 군량만 있는 것이 아니라 여타 본국에서 운송해야 할 물자들도 있기 때문이다. 약탈을 강조하는 것은 적지 깊이 들어갔을 때 군량이 떨어지지 않도록 항상 대비하기 위해 약탈을 해서 식량

을 공급하라는 말이다. 그러나 적의 식량 약탈로 모든 문제를 해결할 수는 없다. 약탈할 식량이 없는 사막이나 염지(鹽池)도 있으니 본국의 군량 운송이 전혀 없을 수는 없다 [或問曰 重地則掠 疲於道路而轉輸何也 曰 非止運糧 亦供器用也 且兵貴掠敵者 謂深踐敵境 則當備其乏 故須掠以繼食 非專館穀於敵也 亦有磧鹵之地 無糧可因 得不餉乎]?"고 했다.

적과 몇 년 동안 서로 대치하다 어느 날 하루에 승부가 결정될 것인데 작록(爵祿)과 백금(百金)을 아끼려고 적정(敵情)을 염탐하지 않는 것은 더 없이 큰 불인(不仁)이고, 백성을 위한 장수의 도리도 아니고, 군주를 제대로 보좌하는 것도 아니고, 승자가 될 수도 없다.

相守數年 以爭一日之勝 而愛爵祿百金 不知敵之情者 不仁之至也 非人之將也 非主之佐也 非勝之主也
상수수년 이쟁일일지승 이애작녹백금 부지적지정자 불인지지야 비인지장야 비주지좌야 비승지주야

1) 「非人之將也」가 은작산죽간본에는 「非民之將也」로 되어 있다. 「民」이 「人」으로 바뀐 것을 중국사회과학원의 ≪손자병법대전≫에서는 당대(唐代)에 태종 이세민의 「民」에 대한 피휘(避諱)로 보았다.

2) 매요신(梅堯臣)은 "수년간 적과 대치하면서 70만 가(家)에서 막대한 비용을 지출해야 하는데 승리하기 위해 첩자를 보내 적정을 염탐하지 않는 것은 매우 큰 불인(不仁)이다 [相守數年 則七十萬家所費多矣 而乃惜爵祿百金之微 不以遣間釣敵情取勝 是不仁之極也]."라고 했고, 여타 주석가들의 해석도 대동소이하다.

명군(明君)과 현장(賢將)이 병력을 일으키면 적에게 승리하고 남보다 큰 공(功)을 세움은 적정(敵情)을 미리 알기 때문이다.

故明君賢將 所以動而勝人 成功出於衆者 先知也
고명군현장 소이동이승인 성공출어중자 선지야

1) 「명군현장(明君賢將)」이 ≪태평어람≫에는 「명왕성주현군승장(明王聖主賢君勝將)」으로 되어 있다.

적정(敵情)을 미리 알려면 귀신에게 묻거나, 다른 일로부터 미루어 짐작하면 안 되고, 천문(天文)에 의지해서도 안 되고, 반드시 첩자를 통해 알아야 한다.

先知者 不可取於鬼神 不可象於事 不可驗於度 必取於人 知敵之情者也
선지자 불가취어귀신 불가상어사 불가험어도 필취어인 지적지정자야

1) 조조(曹操)는 본 구절에 대해 "기도나 점괘로 알려 하면 안 되고, 다른 일에 유추해서 알려 해도 안 되고, [일월성신(日月星辰)의 운행에 관한] 도수(度數)를 보고 알려 해도 안 된다 [不可以禱祀而 不可以事類而求也 亦不可以事數度也 因間人也]."고 했다. 여타 주석가들의 해석도 모두 대동소이하지만, 다만 이전(李筌)은 「불가험어도(不可驗於度)」에 대해 "「度」는 「數」를 말한다. 길이, 넓이, 원근, 대소 등은 모두 수치로 측정하고 비교해 알 수 있지만, 적정(敵情)의 진위는 그렇게 해서는 알 수가 없다 [度 數也 夫長短 闊狹 遠近 大小 則可驗之於度數 人之情僞 度不能知也]."고 했다.

간첩의 종류로는 향간(鄕間), 내간(內間), 반간(反間), 사간(死間), 생간(生間)의 5종이 있다.

故用間有五 有鄕間 有內間 有反間 有死間 有生間
고용간유오 유향간 유내간 유반간 유사간 유생간

1) 「향간」이 「인간(因間)」으로 되어 있는 본도 있지만, 뒤에서는 오간(五間)을 반간, 향간, 내간, 사간, 생간으로 설명하고 있으므로 장예(張預)는 「인간(因間)」을 「향간」으로 해야 한다고 했다. 그러나 뒤에서 또 "「인간(因間)」은 현지인을 얻어 쓰는 것이다 [因間者 因其鄕人而用之]."라고 했고, 「인(因)」은 「인량어적(因糧於敵)」의 경우와 같이 「수(受)」와 통하는 글자로 「현지인을 얻어 쓰는 간첩」이라는 의미로 「인간(因間)」과 「향간」두 용어를 함께 사용해도 무방할 것이다.

2) 「향간(鄕間)」, 「내간(內間)」, 「반간(反間)」 3자는 간첩으로 활용하는 대상의 성격에 따른 분류이고, 「사간(死間)」과 「생간(生間)」은 간첩이 적지에서 살아서 돌아올 수 있는지를 기준한 분류로 보인다.

5종의 간첩을 동시에 운용하되 적이 이를 모르게 하는 것이 신묘한 간첩운용이며 군주에게는 극히 중요한 업무이다.

五間俱起 莫知其道 是謂神紀 人君之寶也
오간구기 막지기도 시위신기 인군지보야

1) 매요신(梅堯臣)은 "오간(五間)을 동시에 운용해 적정(敵情)을 탐지케 하면서도 (적이) 이에 대해 모르게 하는 것이 신묘한 강기(綱紀)이며 군주가 중요하게 여기는 일이다 [五間俱起以間敵 而莫知我用之道 是曰神妙之綱紀 人君之所貴也]."라고 했다.

「인간(因間)」이란 적지(敵地)의 현지인을 얻어서 운용하는 간첩이다.

因間者 因其鄕人而用之
인간자 인기향인이용지

1) 두목(杜牧)과 장예(張預)는 인간(因間) 운용의 예로 남북조(南北朝) 시대 북주(北周)의 위효관(韋孝寬)을 들고 있다. 사람의 마음을 잡는 데 능했던 위효관이 적국 북제(北齊)에 파견한 첩자들은 목숨을 바쳐 임무를 수행했고, 또 북제 현지인을 매수해 북제의 동향을 소상히 파악하고 있던 중 그의 부하 장수 허분(許盆)이 배반하고 북제로 도주하자 위효관은 즉시 북제인을 움직여 허분을 암살했고, 또 북제의 양장(良將) 곡률광(斛律光)을 제거하기 위해 북제인 첩자를 통해 "백승(百升)이 상천(上天)으로 날아오르고 명월(明月)이 장안(長安)을 비춘다."라든지 "고산(高山)이 버티지 못해 저절로 무너지고, 곡목(槲木) <떡갈나무>은 심지 않아도 스스로 자라네."라는 동요를 은밀히 업성(鄴城)에 퍼뜨렸다. 「1백 승(升)」은 1곡(斛)으로 곡률광을 말하고, 「명월(明月)」은 곡률광의 자(字)였으며, 「고산(高山)」은 북제의 군주 고위(高緯)를 말하고, 「곡목(槲木)」 역시 곡률광을 말한다. 결국 북제 대신들이 이 동요를 구실로 곡률광을 모함하자 고위(高緯)는 곡률광을 죽였고 북주는 곧 북제를 멸망시켰다.

「내간(內間)」이란 적의 관리를 얻어서 운용하는 간첩이다.

內間者 因其官人而用之
내간자 인기관인이용지

1) 내간(內間)으로 활용 가능한 대상에 대해 두목(杜牧)은 적의 관리 중 유능하지만 파직된 자, 죄 짓고 처벌받은 자, 군주의 신임이 두텁고 재물을 탐하는 자, 낮은 직위에 불만을 품은 자, 보직을 받지 못한 자, 패배했지만 자신의 재능을 보여주고 싶어 하는 자, 변절과 속임수에 능하고 항시 두 마음을 품고 있는 자 등을 들면서 이런 자들을 후한 재물로 은밀하게 포섭해서 간첩으로 활용하면 적국의 내정(內情)과 전쟁계획을 탐지하고 또 적의 군신(君臣)을 이간시킬 수 있다고 했다. 두우(杜佑)는 적의 관리 중 파직된 자, 처형된 자의 자손이나 처벌받은 자의 가족 등을 들었다.

2) 하연석(何延錫)은 내간(內間)을 잘 활용한 사례로 오호십육국(五胡十六國) 시대 성한(成漢)의 개국주(開國主) 이웅(李雄), 수(隋)의 유주(幽州) 총관 음수(陰壽), 당(唐) 초기의 정왕(鄭王) 왕세충(王世充), 진장(秦將) 왕전(王翦) 등을 들고 있다. ≪자치통감≫, 권85, 진기(晋紀)에 의하면, 서진(西晉) 익주(益州) 자사 나상(羅尙)이 장수 진백(陳伯)을 보내 비성(郫城)의 이웅(李雄)을 공격케 했는데 양측이 수차 싸웠지만 승부를 못 내고 있을 때 이웅은 현지의 무도(武都) 사람 박태(朴泰)를 피를 흘리도록 채찍질을 한 후 나상에게 보내 내응을 약속하게 했다. 이에 박태가 나상에게 가서 비성을 공격하면 자신이 내응하겠다고 속이자 나상은 박태를 믿고 외백(隗伯)을 보내 비성을 공격하다 이웅에게 대패했고 이웅은 외백을 추격해서 성도(成都)를 함락시켰다. 하연석은 박태(朴泰)를 내간(內間)으로 보았지만 ≪자치통감≫에는 박태가 무도(武都) 사람이라는 말만 있고 서진(西晉)의 무슨 관직에 있었는지에 관한 언급이 없다. 수(隋)의 유주총관 음수(陰壽)는 고보녕(高寶寧)이 돌궐과 경계 지역 화룡(和龍)을 점거하고 반란을 일으키자 토벌에 나섰고 이에 고보녕은 적북(磧北)으로 도주했고 이로써 화룡 각 현(縣)이 모두

평정되었다. 이에 음수는 개부(開府) 성도앙(成道昂)을 남겨 화룡을 지키도록 하고 회군했는데 이후 고보녕이 아들 고승가(高僧加)를 보내 화룡성 주변을 약탈했고 또 거란(契丹)과 말갈(靺鞨) 병력을 이끌고 와 공격하자 성도앙은 연일 고전 끝에 퇴각했다. 이때 음수는 고보녕에게 큰 현상금을 내걸고 또 사람을 보내 고보녕의 측근인 조세모(趙世模), 왕위(王威) 등을 이간시키자 1달 남짓 지나 조세모는 병력과 함께 투항했고 고보녕은 거란으로 숨었다가 부하 조수라(趙脩羅)에게 피살되었고, 이로써 동북쪽 변경이 드디어 안정되었다. 하연석은 조세모, 왕위, 조수라를 내간(內間)으로 본 것이다. 당(唐) 초기 하왕(夏王) 두건덕(竇建德)은 동맹 관계에 있는 낙양(洛陽)의 정왕(鄭王) 왕세충(王世充)을 당군(唐軍)의 공격으로부터 구원하려 했지만 호뢰(虎牢)에서 전진 못 하고 당(唐)의 진왕(秦王) 이세민과 1개월 넘게 대치했다. 이때 두건덕의 국자제주(國子祭酒) 능경(凌敬)이 두건덕에게 "대왕께서 전 병력을 이끌고 황하를 건너 회주(懷州), 하양(河陽)을 공격 탈취 후 중장(重將)에게 지키게 하고 다시 태항(太行)을 넘어 상당(上黨)으로 들어가 분진(汾晉)을 공략 후 포진(蒲津)으로 나가면…… 관중을 진동시켜 낙양의 포위가 저절로 풀릴 것입니다."라고 했다. 두건덕이 이 계책에 따르려 할 때 왕세충(王世充)이 보낸 장손안세(長孫安世)는 은밀히 두건덕의 장수들에게 금옥(金玉)을 주면서 능경의 계책을 막게 하자 두건덕의 장수들은 일제히 "서생(書生)인 능경(凌敬)이 군무를 어찌 알겠습니까? 그의 말은 쓸모없는 말입니다."라고 했고, 이에 두건덕은 능경의 계책을 물리치고 호뢰로 진격하다 이세민에게 대패했다. 왕세충은 동맹관계인 하(夏)의 두건덕이 낙양을 직접 구원하지 않으려 하자 장손안세를 보내 하장(夏將)들을 매수해서 두건덕의 계획을 바꾸게 한 것인데 이를 내간(內間) 활용으로 본 하연석(何延錫)의 견해에 동의할 수 없다.

진장(秦將) 왕전(王翦)은 조(趙)를 공격하다 조장(趙將) 이목(李牧)에게 계속 패하자 조왕(趙王)의 총신(寵臣) 곽개(郭開) 등을 매수해 이목(李牧)을 참소해 죽이게 한 후 조(趙)를 격멸했다.

3) 장예(張預)는 전국(戰國) 시대에 오(吳)가 자서(子胥)를 받아들인 것도 내간(內間) 활용에 가깝다고 보았다. 자서는 초(楚) 나라 사람이었으나 아버지와 형이 초(楚)의 평왕(平王)에게 살해당한 뒤 오왕(吳王) 합려(闔閭)를 섬기면서 복수했다.

「반간(反間)」은 적의 간첩을 역이용한 간첩이다.

反間者 因其敵間而用之
반간자 인기적간이용지

1) 이전(李筌)은 적의 간첩을 후한 재물로 유혹해 우리의 간첩으로 활용하는 것이라 했고, 두목(杜牧), 왕석(王晳), 장예(張預)는 그뿐 아니라 그가 적의 간첩임을 알고도 모른 척하면서 허위정보를 그에게 흘려 그가 이를 본국으로 보고케 하는 것도 포함한다고 했다.

2) 두목(杜牧)은 반간(反間)의 예로 유방(劉邦)이 형양(滎陽)에서 항우의 초군(楚軍)에게 포위되었을 당시 진평(陳平)의 이간책을 들었다. 항우의 치열한 포위공격으로 위기에 처한 유방은 초(楚)에 대해 화약(和約)을 청하고 형양을 경계로 한(漢)과 초(楚)가 땅을 나누자고 제의했었지만, 항우의 최측근인 범증(范增)이 항우에게 공세 강화를 주장해서 항우가 유방의 제의를 거절하자 진평은 유방에게 "초(楚)에서 난(亂)을 일으킬 사람을 찾아보면 범증, 종리매(鍾離昧), 용저(龍且), 주은(周殷) 등 몇 명입니다. 대왕께서 금(金) 수만 근(斤)만 쓰면 반간계로

저들의 군신(君臣)을 이간시킬 수 있습니다. 항우는 사람을 못 믿고 참소를 믿는 위인이라 안에서 서로 싸우게 될 것이니 그 기회를 이용해 공격하면 초(楚)를 반드시 격파할 수 있습니다."라고 했다. 이에 유방은 금(金) 4만 근(斤)을 진평에게 주고 재량껏 쓰게 했다. 진평은 이 막대한 금으로 초(楚)에 있는 지인들을 포섭해서 널리 간첩을 깔아 놓고 이간책을 진행시키면서 요언(謠言) 공세를 펴서 "종리매 등은 초(楚)에 공이 많지만 분봉(分封)에서 제외되자 원한이 커서 흉노와 손잡고 항씨(項氏)를 멸하고 그 땅을 나누어 가지려고 한다."는 소문을 퍼뜨렸다. 또 초(楚)에서 오는 사신들을 속여 항우가 범증을 의심하게 만드는 등 초(楚)의 군신(君臣)이 서로 의심케 만들었다. 이에 항우는 범증이 한(漢)과 내통하는 것으로 의심하고 범증의 권한을 빼앗았고 이를 안 범증은 크게 화를 내면서 "천하사(天下事)가 거의 끝났으니 군왕께서 홀로 처리하시오. 신(臣)은 고향으로 돌아가겠습니다."라고 하자 항우는 이를 허락했고 범증은 팽성에 도달 전 등창이 발병해 죽었다. 이후 유방은 결국 초(楚)를 격멸할 수 있었다. 진평이 초(楚)에 있는 지인들을 포섭해서 널리 간첩을 깔아 놓고 이간책을 진행시키고 요언(謠言) 공세를 편 것은 인간(因間)과 내간(內間) 운용이었고, 초(楚)에서 오는 사신들을 속여 항우가 범증을 의심하게 만든 것은 반간(反間) 운용이었다.

3) 하연석(何延錫)은 반간(反間)의 예로 전국(戰國) 시대에 제장(齊將) 전단(田單)의 즉묵성(卽墨城) 방어전과 진(秦)과 조(趙)의 알여전(閼與戰) 및 장평전(長平戰)을 들었다. 연장(燕將) 악의(樂毅)가 제(齊) 정벌에 나서 제(齊)의 70여 개 성(城)을 격파하고 마지막으로 거성(莒城)과 즉묵성을 공격할 때 연(燕) 소왕(昭王)에게 "악의는 지모가 뛰어나 제(齊)를 공격해 순식간에 70여 성(城)을 함락시켰는데도 아직 두 성(城)을 함락시키지 못하는 것은 힘이 없기 때문이 아닙니다. 두 성(城)

을 3년이나 함락시키지 않은 것은 군대의 위세로 제(齊) 백성들을 복속시켜 왕이 되려는 것인데 제(齊) 백성들이 이미 복속했어도 그렇게 하지 않는 것은 그 처자가 연(燕)에 있기 때문입니다. 그러나 제(齊)에는 미녀들이 많아서 그가 처자를 잊어버리려 하니 왕께서 적절한 조치를 취해야 합니다."라고 참소하는 자가 있었지만 소왕은 악의를 믿고 오히려 악의에게 제왕(齊王) 작위를 내리고 악의를 참소한 자를 처형했지만 악의는 제왕 작위를 끝내 고사했다. 그러나 소왕이 죽고 즉위한 혜왕(惠王)은 악의를 믿지 않았고, 즉묵성을 지키던 전단은 이를 알고 반간(反間)을 이용해 "제(齊)의 소왕이 이미 죽었는데 함락되지 않은 두 성(城)이 있는 것은 악의가 새 연왕과 사이가 나빠 죽을 것이 두려워 안 돌아가려 하기 때문이다. 제(齊) 정벌은 명분이고 실은 전쟁을 이용해 제왕(齊王)이 되려 하지만 제(齊) 백성이 따르지 않자 즉묵 공격을 늦추며 때를 기다리는 것이다. 제(齊) 백성이 두려워하는 것은 악의 대신 다른 장수가 와서 즉묵을 쑥대밭으로 만드는 것이다."라는 요언(謠言)을 연(燕)에 퍼뜨렸다. 혜왕은 이런 말을 듣자 기겁(騎劫)으로 장수를 교체하고 악의를 소환했다. 악의는 혜왕이 자신을 의심함을 알고 조(趙)로 망명했고, 연(燕)의 장수와 사졸들은 이에 화가 나 불화했다. 이에 전단은 다시 반간(反間)을 이용해 "제(齊) 백성은 연군(燕軍)이 코를 베고 조상들 묘를 파헤치는 것을 두려워한다."는 헛소문을 퍼뜨리자 기겁은 이를 듣고 그렇게 하면 제(齊) 백성을 위협할 수 있을 것으로 생각하고 헛소문 그대로 따라했다. 이에 제(齊)의 군민(軍民)은 격분해서 결사적으로 싸우겠다고 다짐했고, 이후 전단은 기겁의 연군을 격파했고 제(齊)는 잃어버렸던 70여 개 성(城)을 모두 수복했다. 전단이 기겁을 격파한 일은 앞서 여러 차례 소개했다. 한편 진(秦)이 조(趙)의 요해처 알여(閼與)를 포위했을 때 조(趙) 혜문왕의 명으로 알여를 구원하러 나간 조사(趙奢)는 이제 막 도착해 기세가 예리한 진군의 기세가 둔화될 때를 기다리기로 하고 조(趙)의 국도(國都) 한단(邯鄲)에서 30리를 나가자 행군을 멈추고 28일을 머물면서 영루를 증축하고 수비를 굳히면서 진(秦)이 보낸 간첩을 알아채고도 모른 척하고 잘 대접했다. 진(秦)의 간첩이 돌아가 조군 상황을 진장(秦將)에게 보고하자 진장은 "이제 알여는 우리 것이다."라면서 대비를 소홀히 했고, 이때 조사는 병력들에게 갑옷도 입히지 않은 채 이틀 간 밤낮을 급히 달려가게 해서 알여에서 50리 떨어진 북산(北山)을 점거하고 기다리다 진군이 접근해 오자 곧 병력을 풀어 대파하고 알여를 구원했다. 이후 조군과 진군이 장평(長平)에서 대치 중 진(秦)의 척후병들이 수차례 조군을 공격해 조군의 전방 보루 몇 개를 함락시키고 위(尉) 2명을 죽였지만 조장(趙將) 염파(廉頗)는 보루를 더 증축하고 완강히 수비에 치중했는데 조군의 손실이 많자 조(趙) 효성왕은 염파가 겁이 나서 나가 싸우지 않는다고 수차례 견책했다. 이때 진(秦)의 재상 범수(范雎)는 천금(千金)을 휴대한 사람을 보내 반간계를 썼는데 그는 조(趙)로 가서 "진(秦)이 두려워하는 것은 조사(趙奢)의 아들 조괄(趙括)이 장수가 되는 것이고 염파는 쉽게 생각한다. 염파는 진(秦)에 투항할 것이다."라는 소문을 퍼뜨렸다. 조(趙) 효성왕은 염파에게 화가 나 있던 참에 진(秦)이 퍼뜨린 소문을 듣자 장수를 조괄로 바꾸었고, 이에 진(秦)은 백기(白起)를 상장군에 임명해 조괄을 사살하고 조군을 격파 후 항복한 조군(趙軍) 40만을 생매장했다.

「사간(死間)」이란 공개적으로 거짓 일을 꾸며 내막을 모르는 우리 간첩이 이를 보고 적에게 전달할 수 있도록 운용하는 간첩이다.

死間者 爲誑事於外 令吳間知之而傳於敵間也
사간자 위광사어외 영오간지지이전어적간야

1) 사간(死間)에 대해서는 주석가들의 해석이 구구하다.

2) 본 구절에 대해 두목(杜牧)은 “「광(誑)」은 「사(詐)」 <속이기>를 말한다. 우리 간첩을 적국으로 보낼 때 그가 내막을 모르도록 거짓 일을 꾸며서 이를 적에게 전달케 함으로써 적이 이를 믿게 만드는 것을 말한다. 이후 우리의 실제 행동이 이와 다를 때 우리 간첩이 탈출하지 못하면 적에게 처형할 것이므로 그를 사간(死間)이라 한 것이다 [誑者 詐也 言吾間在敵 未知事情 我則詐立事跡 令吾間憑其事跡 以輸誠於敵 而得敵信也 若我進取 與事跡不同 間者不能脫 則爲敵所殺 故曰死間也].”라고 해석하면서, 한(漢)의 역이기(酈食其)가 제(齊)를 설득하러 갔던 일을 사간(死間)에 가까운 일로 보았다. 한신(韓信)이 위(魏), 대(代), 조(趙), 연(燕) 땅을 속속 평정 후 이제 제(齊)로 진격하려 할 때 역이기가 “수십만 병력을 보내도 언제 제(齊)를 격파할지 알 수 없습니다. 신(臣)이 제(齊)를 설득해서 한(漢)의 동쪽 번방으로 만들겠습니다.”라고 건의하자 유방(劉邦)은 한신과 상의 없이 역이기를 제(齊)로 보냈고, 역이기의 설득으로 제(齊)는 한(漢)을 따르기로 하고 한(漢)에 대한 대비태세를 풀었지만, 한신은 괴통(蒯通)의 사주에 따라 황하를 건너 일사천리로 진격해 역하(歷下)의 제군(齊軍)을 격파했고, 이에 제(齊)는 역이기가 속임수를 쓴 것으로 알고 그를 팽형(烹刑)에 처했다. 두목도 역이기를 사간(死間)이라 하지 않고 사간(死間)에 가깝다고만 했듯이 역이기는 간첩으로 제(齊)로 간 것이 아니었고 유방도 거짓 일을 꾸며 놓고 이를 제(齊)에 알리기 위해 역이기를 제(齊)로 보낸 것이 아니었다. 또한 한신이 제(齊)를 공격한 것도 유방의 지시나 허락하에 이루어진 일이 아니고 한신을 유방으로부터 자립하게 하려는 괴통의 사주에 의한 것이었다. 왕석(王晳)은 본 구절에 대해 “우리 간첩을 속인 후 적에게 잡히게 만들어서 그가 우리의 속임수를 적에게 알리게 하면 나중 우리

의 진의가 밝혀졌을 때 적은 그를 필히 죽일 것이다 [詐吾間 使敵得之間以吾詐告敵 事決必殺之也].”는 의미로 보았다.

3) 장예(張預)는 “적이 자국의 유능한 인물을 죽이게 하려고 죽기를 각오한 간첩에게 허위 사실을 가지고 적에게 가서 적에게 잡히게 함으로써 적은 우리의 속임수를 사실로 믿고 이 간첩과 자국의 유능한 인물을 모두 죽이게 하는 것이다 [欲使敵人殺其賢能 乃令死士持虛僞以赴之 吾間至敵 爲彼所得 彼以誑事爲實 必俱殺之].”는 의미로 보면서, 남송(南宋) 조태위(曹太尉)가 첩자를 승려로 위장시킨 후 밀랍탄(蜜蠟彈)을 삼키고 서하(西夏)로 들어가게 했던 일을 반간(反間)의 예로 들었다. 적에세 잡힌 이 첩자가 바친 밀랍탄에는 남송에서 서하의 모신(謀臣)에게 보낸 서신이 들어 있었고 이에 분노한 서하주(西夏主)는 그 모신과 함께 첩자도 죽였다. 장예는 허위 정보임을 알고도 죽기를 각오하고 이를 적에게 전달하는 간첩을 사간(死間)으로 본 것이다. 그러나 장예는 사간(死間)은 이런 경우에만 한정되지 않는다면서 제(齊)를 설득하러 갔다가 팽형을 당한 역이기도 반간(反間)의 예로 보았다.

4) 하연석(何延錫)은 사간(死間)의 예로 전국 시대의 정(鄭) 무공(武公)이 호(胡) 정벌에 앞서 대부(大夫) 관기사(關期思)를 죽인 일, 후한(後漢) 반초(班超)가 사거(莎車, Yarkand) 정벌 당시 은밀히 포로를 탈출시킨 일, 당(唐) 태종 이세민(李世民)이 돌궐 힐리(詰利) 가한(可汗)에 대한 공격 전에 당검(唐儉)을 돌궐로 보내 화친을 맺게 한 일 등을 들었다. 정(鄭) 무공은 먼저 아들을 호녀(胡女)와 결혼시킨 후 신하들에게 “용병(用兵)을 하려면 어디부터 정벌해야 하오?”라고 물었다. 이에 관기사가 “호(胡)부터 정벌해야 합니다.”라고 하자 무공은 “호(胡)는 형제국인데 어찌 정벌하라는 말이오?”라며 관기사를 죽였고, 이 소식을 들은 호(胡)가 방심하고 있는 틈에 호(胡)를 정벌했다. 하연석은 관기사

를 사간(死間)으로 본 것이지만 본 구절의 문맥과는 부합되지 않는 예이다. 반초는 소륵(疏勒)을 평정 후 우전(于闐) 병력을 동원해 사거(莎車)를 또 공격하다 구자(龜玆) 왕이 온숙(溫宿) 등의 병력을 징발해 사거를 지원하자 장수들과 우전 왕을 소집해 놓고 일부러 큰소리로 "지금은 병력이 적으니 각자 흩어지는 것이 좋다. 우전 병력은 동쪽 우전으로 나는 서쪽 소륵으로 각각 돌아간다. 밤에 북소리가 울리면 출발한다."라고 한 후 은밀히 포로 경비를 허술히 해 그들이 탈출해 구자로 가서 들은 대로 보고케 만들었다. 구자 왕은 탈출한 포로들의 말을 듣고 크게 기뻐하며 자신은 사거 서쪽 경계지역으로 반초의 귀로를 차단하러 떠나고, 온숙 왕에게는 온숙 병력을 이끌고 사거 동쪽 경계지역으로 우전 왕의 귀로를 차단하러 가게 했다. 구자 왕과 온숙 왕이 모두 출병했음을 안 반초는 즉시 각 군(軍)에 명해 사거를 급습해 대파했다. 하연석은 고의로 풀어 준 적의 포로를 사간(死間)으로 본 것이지만 이 역시 본 구절의 문맥과는 부합되는 않는 예이다. 당(唐) 태종 이세민이 당검을 힐리 가한에게 보내 화친을 맺게 해서 힐리가 경계를 소홀히 하고 있는 틈에 이정(李靖)은 돌궐을 급습해 격파했다. 당검이 이세민의 의도를 알고 돌궐로 간 것인지는 분명하지 않고 또 돌궐에게 잡히지 않고 탈출했지만 만약 잡혔다면 분명 죽었을 것이다. 만약 당검이 이세민의 의도를 모르고 돌궐로 간 것이라면 본 구절의 문맥과 부합하는 사간(死間)임이 분명하고, 당감이 이세민의 의도를 알고 간 것이라고 해도 우리는 그를 사간(死間)으로 볼 수 있다.

5) 한편 「전어적간야(傳於敵間也)」가 ≪태평어람≫과 ≪통전≫에는 「대어적간야(待於敵間也)」로 되어 있는데, 이를 근거로 우창(于鬯)은 본 구절을 "적의 복장을 입고 적의 언어로 말하고 적이 시키는 일을 하고 적의 직책을 맡는 간첩을 말한다. 겉으로 이렇게 하기 때문에 밖

에서 속임수를 쓴다고 했지만 그 목적은 적정(敵情)의 탐지이다. 다만 그의 목숨을 적에게 맡긴 것이므로 사간(死間)이라 하지만 그를 반드시 죽으라고 보낸 것은 아니다 [服敵之服 言敵之言 役敵之役 任敵之任 其表現於外者如此 故曰誑事於外也 而其內則專欲間知敵情 唯其待於敵 故謂之死間 非眞使此間者死也]."라고 했다.

6) 한편 이전(李筌)은 본 구절에 대한 주(注)에서 "거짓 일을 꾸며 놓고 이를 믿을 수 없음을 알고 이런 간첩을 보낸 것으로 그의 목숨을 적에게 맡기는 것이다 [情詐爲 不足信 吾知之 令吾動此間而待之]."라고 했다. ≪십일가주손자≫의 주(注)에서는 "이전(李筌)은 「待」를 「傳」과는 다른 의미로 본 것이다 [此筌以待字爲非傳也]."라고 했다. 「待」를 그의 목숨을 적에게 맡긴다는 의미로 보았다는 말이다.

7) 자일스(Giles)는 「사간」을 「돌아올 수 없는 간첩(Doomed Spy)」으로 번역하고 본 구절을 "공개적으로 허위의 사건을 꾸민 후 우리 간첩이 이를 알고 적에게 보고하게 만드는 것(doing certain things openly for purposes of deception, and allowing our spies to know of them and report them to the enemy)."이라는 의미로 보았고, 그리피스(Griffith)는 「사간」을 「소모성 간첩(Expendable agent)」으로 번역하고 본 구절을 "고의적인 허위정보를 제공받은 간첩(those of our own spies who are deliberately given fabricated information)."을 의미한다고 했다.

8) 「사간(死間)」 운용을 혹자는 「죽은 아군 시신(屍身)을 허위정보 문서와 함께 적에게 흘려보내서 적을 속이는 것」이라고 하고, 혹자는 「조국을 배반할 가능성이 있는 간첩에게 거짓 정보를 주어 적의 손에 처형되게 하는 것」이라고 하는데 앞서 언급한 두목(杜牧)의 주(注) 중 「수성(輸誠)」을 「항복」의 의미로 보면 이런 해석과 일치한다.

「생간(生間)」은 살아 돌아와서 적정(敵情)을 보고하는 간첩이다.

生間者 反報也
생간자 반보야

1) 이전(李筌)은 「적국과 본국을 왕래하는 사절 [往來之使]」이라고 했고, 두목(杜牧)은 「적국과 본국을 왕래하며 서로 소식을 전하는 것 [往來相通報也]」이라면서 "생간은 명석하지만 겉은 우둔해 보이고, 외형은 보잘것없어도 심기는 장대하고, 민첩하고 용맹하지만 일상사에는 느긋하고, 굶주림과 추위와 모욕에 대해 인내심이 강한 자를 선발해서 써야만 한다."고 했고, 가림(賈林)은 "외적으로는 공무를 수행하면서 속으로는 적정을 염탐해서 적국과 본국을 오가며 소식을 전하므로 적에게 해를 입을 일이 없으므로 그를 생간이라 한다."고 했고, 두우(杜佑)는 "유능하고 지모가 있고 적의 고위직에게 접근해서 그들의 동정을 살펴 적의 계획을 알아낼 수 있는 자를 선택해야 하며, 돌아와서 자신이 얻은 정보를 보고하므로 생간이라 한다."고 했다. 장예(張預)는 생간에는 유능한 인물이 적정을 살피고 와서 보고하는 경우도 있고, 퇴각하려 하면서 적에게 가서 싸우겠다고 알리고 오는 경우도 있고, 싸우려 하면서 적에게 가서 물러나겠다고 알리고 돌아오는 경우도 있다고 했다.

2) 생간(生間)의 예로 하연석(何延錫)은 춘추 시대 초(楚) 장왕(莊王)이 송(宋)의 도읍 상구(商丘)를 7개월간 포위했을 때 송(宋) 문공(文公)이 대부(大夫) 화원(華元)에게 은밀히 초(楚)로 가서 화의를 성사시키게 하자 화원은 신분이 노출되지 않도록 한밤중에 초군 대영(大營)으로 잠입해 초(楚)의 영윤(令尹) 자반(子反)의 침실로 들어가서 초군(楚軍)을 철수시키게 하고 돌아왔던 일과, 남북조(南北朝) 시대에 서위(西魏) 재상 우문태(宇文泰)가 동위(東魏) 재상 고환(高歡)과 사원(沙苑)에서 싸

울 때의 일을 들고 있다. 화원이 자반의 침실로 들어오자 자반이 그를 데리고 초(楚) 장왕(莊王)에게 갔을 때 장왕이 상구성(商邱城)의 상황을 묻자 화원은 "인골(人骨)을 땔감으로 쓰고 어린아이들을 서로 바꾸어 삶아먹고 있습니다."라고 대답했고, 이에 장왕은 "그대가 진실한 말을 하니 나도 사실을 말하겠소. 지금 우리 군영에는 군량이 이틀 치밖에 남지 않았소."라고 한 후 포위를 풀고 철군했다. 한편 서위 재상 우문태가 적정을 탐지하러 동진주(東秦州) 자사 달해무(達奚武)를 보내자 달해무는 단 3기(騎)를 이끌고 적 복장을 착용 후 야간에 적 군영에 은밀히 접근해서 적의 군호(軍號)를 들은 후 적 군영을 돌아다니면서 야간순찰을 위장해 근무를 태만히 하는 자에게는 매질도 해가면서 적정을 상세히 파악한 다음 돌아와 우문태에게 보고했고, 우문태는 결국 동위군을 격파했다. 장예(張預)는 생간(生間)의 예로 누경(婁敬)이 한(漢) 고조(高祖) 유방(劉邦)의 명으로 흉노 땅으로 가서 적정을 파악 후 돌아와 보고했던 일과, 춘추 시대 진군(秦軍)과 진군(晉軍)이 하곡(河曲)에서 결전을 벌이던 중 진(秦)의 사자(使者)가 진군(晉軍) 군영으로 가서 "내일 만나서 싸웁시다."라는 말을 전하고 돌아가자 진(晉)의 군좌(軍佐) 유변(臾駢)이 "진(秦)이 보낸 사자(使者)의 눈빛이 흐리고 말도 얼버무리는 것이 철군할 생각인 것 같으니 밤늦게 공격해야 합니다."라고 건의했던 일과, 남북조 시대 후량(後凉)의 여연(呂延)에게 대패한 서진(西秦)의 걸복건귀(乞伏乾歸)가 간첩을 보내 동쪽 성기(成紀)로 도주할 것이라는 허위 첩보를 흘리자 여연은 이를 믿고 추격하려 했지만 경치(耿稚)가 "정보를 제공했던 자의 눈빛이 거만하고 안색이 변했던 것을 보니 이는 간계(奸計)입니다."라며 말렸던 일을 들었다.

삼군(三軍) 중에 주장(主將)과 가장 가까운 자가 간첩이고, 가장 후한 상을 받는 것도 간첩이고, 가장 비밀스럽게 운용되는 것도 간첩이다.

故三軍之事 莫親於間 賞莫厚於間 事莫密於間
고삼군지사 막친어간 상막후어간 사막밀어간

1) 「삼군지사(三軍之事)」가 은작산죽간본, ≪태평어람≫, ≪통전≫에는 「삼군지친(三軍之親)」으로 되어 있다.

2) 「막친어간(莫親於間)」에 대해 두목(杜牧)은 간첩은 주장(主將)의 "침실에서 임무를 부여받는다 [受辭指蹤 在於臥內]."고 했고, 두우(杜佑)는 "친히 위무하고 큰 상을 내리지 않으면 적에게 포섭되어 우리의 정황이 누설된다."고 했고, 장예(張預)는 주장(主將)은 "오직 간첩하고만 서로 속마음을 털어놓는다 [獨於間者以腹心相委]."고 했다.

3) 「상막후어간(賞莫厚於間)」에 대해 왕석(王晳)은 "군공(軍功) 중 간첩의 공(功)이 가장 크다."고 했다.

4) 「사막밀어간(事莫密於間)」에 대해 두목(杜牧)은 간첩과의 대화는 "귓속말로 주고받는다."고 했고, 왕석(王晳)은 간첩은 "주장 1인하고만 일을 의논한다."고 했다.

직관력과 탁월한 지혜가 있는 자라야 간첩으로 쓸 수 있고,

非聖智不能用間
비성지불능용간

1) 본 구절은 문맥상 「성지(聖智)」가 간첩을 운용하는 자의 자질인지 간첩이 될 수 있는 자의 자잘인지 불분명하다. 매요신(梅堯臣)은 본

구절의 의미를 "사람의 진위(眞僞)와 사정(邪正) 여부를 판별한 후에야 간첩을 쓸 수 있다."고 해서 「성지(聖智)」가 간첩을 운용하는 자의 자질을 말하는 것으로 본 것 같기도 하다. 그러나 두목(杜牧)은 "먼저 간첩으로 쓰려는 자의 성품을 보고 성실하고 지모(智謀)가 있어야 쓸 수 있다." 했고, 장예(張預)도 "「성(聖)」이 있어야 사물을 통찰할 수 있고 「지(智)」가 있어야 핵심을 파악할 수 있고 그런 인물이라야 간첩 임무를 수행할 수 있다 [聖則事無不通 智則洞照幾先 然後能爲間事]."고 했다. 2인 모두 본 구절을 간첩이 될 수 있는 자의 성품으로 본 것이다. 여타 주석가들의 견해도 모두 본 구절을 간첩이 될 수 있는 자의 성품으로 보고 있는 것 같다.

인의(仁義) 없이는 간첩을 부릴 수 없다.

非仁義不能使間
비인의불능사간

1) 본 구절에 대해서는 모든 주석가들이 「인의(仁義)」를 간첩을 부리는 주장(主將)의 자질로 보고 있다.

2) 왕석(王晳)은 "「인(仁)」은 사람의 마음을 잡을 수 있고, 「의(義)」는 사람의 절개를 격동시킬 수 있다 [仁結其心 義激其節]."고 했다.

3) 「인의(仁義)」가 은작산죽간본에는 「인(仁)」으로 되어 있다.

철저한 기밀 유지 없이는 간첩 운용의 효과를 얻을 수 없고,

非微妙不能得間之實
비미묘불능득간지실

1) 「미묘(微妙)」가 ≪태평어람≫과 ≪통전≫에는 「미밀자(微密者)」로 되어 있다.

2) 본 구절에 대해 두목(杜牧)은 “간첩도 재화를 탐내므로 정보를 못 얻었을 때는 빈말을 할 때도 있을 것이니 세심한 주의를 기울여야 그 진위를 판단할 수 있다.”는 의미로 보았고, 장예(張預)도 “간첩이 와서 보고하는 내용은 주의 깊게 살펴보아야 그 진위를 판단할 수 있다.”고 했다. 그러나 왕석(王晳)은 “간첩은 성품이 치밀해야 진실한 정보를 수집할 수 있다.”는 의미로 보았고, 매요신(梅堯臣)은 “간첩이 적에게 이용되지 못하도록 세심한 주의를 기울여야 한다 [防間反爲敵所使 思慮故宜幾微臻妙].”는 의미로 보았고, 두우(杜佑)는 “기밀을 유지해서 누설되지 않게 해야 한다 [用意密而不漏].”는 의미로 보았다. 뒤에 “간첩이 비밀을 누설하면 그 간첩과 함께 그 간첩으로부터 비밀을 전해 들은 사람을 모두 죽여야 한다.”는 구절이 있는 것을 볼 때 두우(杜佑)의 해석이 타당할 것이다.

아무리 은밀하고 사소한 일이라도 간첩을 통해 사전에 알아내야 한다.

微哉 微哉 無所不用間也
미재 미재 무소불용간야

1) 「미재 미재(微哉 微哉)」가 은작산죽간본에는 「밀재 밀재(密哉 密哉)」로 되어 있다.

2) 본 구절에 대해 장예(張預)는 “아무리 은밀한 일도 큰일이건 작은 일이건 모두 사전에 알고 있어야 한다 [密之又密 則事無巨細 皆先知也].”는 의미로 보았고, 매요신(梅堯臣)은 “아무리 작은 일도 모두 알고 있어야 한다 [微之又微 則何所不知].”는 의미로 보았다.

간첩이 비밀을 누설하면 그 간첩과 함께 그 간첩으로부터 비밀을 전해 들은 사람까지 모두 죽여야 한다.

間事未發而先聞 其間者與所告者皆死
간사미발이선문 기간자여소고자개사

1) 본 구절은 ≪태평어람≫과 ≪통전≫에 따른 것이다. 여타 본에는 「간사미발 이선문자 간여소고자겸사(間事未發 而先聞者 間者與所告者兼死)」로 되어 있다. 같은 의미이다.

2) 본 구절에 대해 매요신(梅堯臣)은 "간첩을 죽이는 것은 비밀을 누설한 죄 때문이고 비밀을 전해 들은 자를 죽이는 것은 더 이상 누설을 방지하려는 것이다 [殺間者 惡其泄 殺告者 滅其言]."라고 했고, 하연석(何延錫)은 "군사기밀은 대사(大事)이므로 이를 누설한 자는 당연히 죽이는 것이고, 전해 들은 자를 죽이는 것은 더 이상의 누설을 방지하려는 것이다 [兵謀大事 泄者當誅 告人亦殺 恐傳諸衆]."라고 했다.

3) 한편 두목(杜牧)은 "비밀을 전해 들은 자가 간첩을 유혹해서 전해 들은 것도 아니고 자신에게 비밀을 전해 준 사람이 간첩임을 모르고 있더라도 그도 죽여야 한다 [告者非誘間者 則不得知間者之情 殺之可也]."고 했고, 진호(陳皞)는 "간첩이 직접 와서 비밀을 알려 준 것이 아니고 누군가 와서 이를 전해 준 경우에도 그 간첩과 비밀을 전해 준 자, 전해 들은 자를 모두 죽여서 비밀이 누설된 정황을 적이 모르게 해야 한다 [間者未發其事 有人來告 其聞者 所告者 亦與間者俱殺以滅口 無令敵人知之]."고 했다.

4) 장예(張預)는 "간첩이 얻은 정보로 작전이나 공작에 착수하기 전 누군가 이에 대해 들은 것을 말할 때 그를 간첩과 함께 죽여야 한다 [間敵之事 謀定而未發 忽有聞者來告 必與間俱殺之]."면서 전국(戰國)

시대에 진(秦)과 조(趙)의 장평전(長平戰) 때 진(秦)의 재상 범수(范睢)의 반간계(反間計)에 걸린 조(趙)가 주장(主將)을 염파(廉頗)에서 조괄(趙括)로 바꾸자 진(秦)은 백기(白起)를 상장군에 임명해 조군(趙軍)을 격파하게 하면서 군중(軍中)에 명을 내려 "무안군(武安君) <백기>이 주장(主將)이 된 사실을 누설하는 자는 참수하겠다."고 한 것은 이미 작전에 착수했을 때의 일로 이때도 비밀 누설을 강조했는데 하물며 작전에 들어가기 전이야 말할 필요도 없다고 했다.

5) 한편 우창(于鬯)은 "아직 작전이나 공작을 시작하지 않았는데 이에 필요한 첩보를 먼저 아는 사람이 있다는 것은 생간이 돌아와 주장(主將)에게 보고하기 전 누군가 주장에게 이 첩보를 말해 주었고 그가 말해 준 첩보가 나중 생간이 와서 보고하는 내용과 일치하는 때를 말한다. 이런 때는 간첩이 이 첩보를 주장에게 보고 전에 누설했음과 먼저 와서 말해 준 사람이 이를 그 간첩에게 몰래 탐지했음을 말하며 따라서 두 사람을 모두 죽여야 한다는 것이다 [間事未發而先聞者 謂生間未以所間之事報主將 而主將先有人告而聞之 及間者來報 與先聞者同 知間者之輕泄 而告者之竊探 故間者與所告者皆死]."라고 했다. 이는 매요신이나 하연석의 견해와 같다. 그러나 우창은 이어서 "만약 간첩이 주장에게 먼저 보고했지만 이를 바탕으로 작전이나 공작을 시작하기 전인데 누군가 와서 주장에게 이 첩보를 말하는 자가 있을 때는 간첩은 죽이고 주장에게 이 첩보를 말해 준 사람에게는 상을 주어야 한다 [若間者已報 特其事猶未行 而有先來告者 當間者死 而告者賞]."고 했다. 중국사회과학원의 ≪손자병법대전≫에서는 우창의 말 중 뒷부분은 원문의 뜻을 제대로 파악하지 못한 것이라고 했고, 필자의 견해도 같다.

적의 병력을 공격하려 하거나 적의 성(城)을 공격하려 하거나 적의 장수를 죽이려고 할 때는 그 적장(敵將)과 그의 측근, 문객(門客), 보좌관, 문지기, 위병(衛兵) 등의 성명을 간첩을 통해 알아내야 한다.

凡軍之所欲擊 城之所欲攻 人之所欲殺 必先知其守將左右 謁者 門者 舍人之姓名
범군지소욕격 성지소욕공 인지소욕살 필선지기수장좌우 알자 문자 사인지성명

令吳間必索知之
영오간필색지지

1) 본 구절의 의미에 대해 이전(李筌)은 "그 성명을 알아야만 그를 잡을 수 있다 [知其姓名 則易取也]."고 했고, 두목(杜牧)은 "공격에 앞서 적측 인물들의 품성과 능력을 알아야 적절히 대응할 수 있다 [凡欲攻戰 先須知敵所用之賢愚巧拙 則量材以應之]."고 했고, 진호(陳皞)는 "적장과 그 측근들의 성명을 알아야 적의 간첩이 사절로 왔을 때 이를 식별하고 제거할 수 있다는 말이다 [此言敵人左右姓名 必須我先知之 或敵使間來 我當使間去]."라고 했고, 두우(杜佑)는 "이들을 알고 친구가 되어야 급할 때 이들을 부를 수 있으므로 모르면 안 되고, 또 이들을 통해 적정(敵情)을 수집할 수 있다 [必先知之爲親舊 有急則呼之 則不可不知 亦因此知敵之情]."고 했다.

2) 본 구절과 관련된 사례로 두목(杜牧)은 한(漢) 고조 유방(劉邦) 당시 일을 말하고 있다. 유방은 한신(韓信), 조참(曹參), 관영(灌嬰)에게 위표(魏豹)의 서위(西魏)를 공격하게 할 때 역이기(酈食其)에게 "위(魏)의 대장이 누구요?"라고 물었다. 역이기가 "백직(柏直)입니다."라고 하자 유방은 "아직 입에서 젖비린내 나는 자로 한신의 적수가 못되오. 기장(騎將)은 누구요?"라고 다시 물었다. 역이기가 "풍경(馮敬)입니다."라고 하자 유방은 "진장(秦將) 풍무택(馮無擇)의 아들인데 능력

은 있지만 관영의 적수는 못 되오. 보졸장(步卒將)은 누구요?"라고 다시 물었다. 역이기가 "항타(項它)입니다."라고 하자 유방은 "그는 조참의 적수가 못 되오. 걱정할 것이 없소."라고 했는데 과연 한신 등은 서위군을 격파했다. 진호(陳皞)도 본 구절과 관련된 사례로 한(漢) 고조 유방 당시의 다른 일을 말하고 있다. 유방이 진(秦)을 공격할 때 요관(嶢關) <남전관(藍田關)>에 이르러 진(秦)의 수비군을 공격하려 하자 장량(張良)은 "진군을 아직 얕보면 안 됩니다. 신(臣)이 듣기에 요관의 진장(秦將)은 백정 아들이고 가수(賈竪) <비적(匪賊)> 출신이라니 이익으로 유혹할 수 있을 것입니다. 역이기(酈食其)를 보내 보화로 진장(秦將)을 유혹하는 좋겠습니다."라고 건의했다. 유방이 그대로 하자 과연 진장은 유방과 함께 함양(咸陽)을 공격하겠다고 했다. 이에 유방이 수락하려고 하자 장량은 다시 "진장이 진(秦)은 배반하려 해도 사졸들이 따르지 않아 우리가 위험해질 수 있습니다. 저들이 경계를 풀고 있는 틈에 공격함이 옳을 것입니다."라고 했다. 이에 유방은 요관을 우회해 괴산(蕢山)을 넘어 남전(藍田) 남쪽에서 진군을 대파했다. 진호(陳皞)는 또 송(宋)의 대부 화원(華元)이 야밤에 초군 대영(大營)으로 잠입해 초(楚)의 영윤(令尹) 자반(子反)의 침실로 들어갈 수 있었던 것도 평소에 그가 자반의 숙소의 문지기, 위병, 보좌관 등의 성명을 알고 그들의 안내를 받지 않았다면 불가능했을 것으로 보았다.

우리에게 온 적의 간첩을 색출해서 매수 후 돌아가지 않고 우리 측에 머물게 해야 한다. 그리 하면 반간(反間)으로 활용할 수 있다.

必索敵人之間來間我者 因而利之 導而舍之 故反間可得而用也
필색적인지간내간아자 인이리지 도이사지 고반간가득이용야

1) 「필색적인지간내간아자(必索敵人之間來間我者)」이 ≪태평어람≫, ≪통전≫에는 「적군지내간아자(敵軍之來間我者)」로 되어 있다.

2) 「사(舍)」에 대해 조조(曹操)는 「거지지(居止也)」라고 했고, 두목(杜牧)은 「지사지(止舍之)」라고 했고, 매요신(梅堯臣)은 「사지지(舍止之)」라고 했고, 왕석(王晳)은 「유(留)」 또는 「근사지(謹舍之)」라 했고, 장예(張預)는 「관사지(館舍之)」 또는 「계류(稽留)」라고 했다. 모두 돌아가지 않게 하고 거처를 마련해 준다는 의미이다.

3) 그러나 조본학(趙本學)은 「사(舍)」를 「풀어준다」는 의미로 보고 본 구절에 대해 "후한 재물로 그의 마음을 움직이고 거짓 정보를 주어서 풀어주면 그는 귀국해서 자신의 주장에게 이를 보고할 것이고 그렇게 되면 그는 우리를 위한 간첩이 된다 [厚而利誘其心 導之以僞言僞事而縱遣之 彼歸告其主 則猶爲我之間也]."는 의미로만 보았고, 중국사회과학원의 ≪손자병법대전≫에서도 이런 해석이 타당할 것으로 보았다. 그러나 뒤에 언급되는 반간(反間)의 활용 범위에 비추어 볼 때 이는 타당치 않은 해석이다. 장예(張預)는 "「사(舍)」라고 한 것은 그를 계류(稽留)시키라는 말이다. 그를 오래 머물도록 하고 많은 대화를 나누다 보면 우리는 적정(敵情)을 알 수 있다. 뒤에서 사간(四間)이 모두 반간(反間)을 통해 활동할 수 있다고 했는데 그를 오래 머물게 하면서 깊은 대화를 나누지 않는다면 어찌 적정을 알 수 있겠는가 [言舍之者 謂稽留其使也 淹延旣久 論事必多 我因得察敵之情 下文言四間皆因反間而知 非久留其人 極論其事 則何以悉知]?"라고 했다.

그를 통해 적정(敵情)을 알면 향간(鄕間)과 내간(內間)을 얻어 이용할 수 있고,

因是而知之 故鄕間 內間可得而使也
인시이지지 고향간 내간가득이사야

1) 「인시이지지(因是而知之)」에 대해 진호는 「인득적지정(因得敵之情)」이라 했고, 두우는 「인반적간이지적정(因反敵間而知敵情)」이라 했고, 매요신은 「인반간이지지(因反間而知之)」라고 했다. 모두 "그 반간을 통해 적정(敵情)을 알 수 있다."는 말이다. 장예(張預)는 본 구절에 대해 "이 반간(反間)을 통해 적지(敵地)의 현지인들 중 재물을 탐내는 자, 적지의 관리 중 소외된 자를 알아내 매수해서 이용할 수 있다 [因是反間 知彼鄕人之貪利者 官人之有隙者 誘而使之]."는 의미라고 했다. 모두 같은 견해이다.

2) 다만 두목(杜牧)은 이곳에서 앞의 구절과 연계해서 "이는 간첩 운용은 큰 보수 없이는 불가능하다는 말이다. 이 때문에 앞에서 「몇 년 동안 서로 대치하다가 어느 날 하루에 승부가 결정될 것인데 작록(爵祿)과 백금(百金)을 아끼려고 적정(敵情)을 염탐하지 않는 것은 더 없이 큰 불인(不仁)이다.」라고 한 것이다. 뒤에서 말하는 것도 모두 같은 의미이다 [此言使間非利不可 故上文云 相守數年 以爭一日之勝 而愛爵祿百金 不知敵之情者 不仁之至也 下文皆同共義也]."라고 했다. 본 구절만에 대한 해석으로는 적절치 못한 말이다.

그를 통해 적정(敵情)을 알면 사간(死間)이 적을 속일 수 있는 거짓 일을 꾸며 이를 적이 알도록 만들 수 있고,

因是而知之 故死間 爲誑事可使告敵
인시이지지 고사간 위광사가사고적

1) 장예(張預)는 본 구절에 대해 “반간을 통해 적을 속일 수 있는 거짓 일이 무엇인지를 알 수 있고 사간(死間)을 보내 이 거짓 일을 적에게 알릴 수 있다 [因是反間 知彼可誑之事 使死間往告也].”고 했다.

그를 통해 적정(敵情)을 알면 생간(生間)도 때맞추어 적지(敵地)를 왕래하게 할 수 있다.

因是而知之 故生間可使如期
인시이지지 고생간가사여기

1) 본 구절에 대해 두목(杜牧)은 “때맞추어 왕래하게 할 수 있다 [可使往來如期].”는 의미로 보았다. 여타 주석가들의 견해도 같다.

오간(五間)의 움직임을 군주는 모두 알아야 하지만 이를 알려면 반간(反間)에 의존할 수밖에 없으니 반간(反間)을 누구보다 후대하지 않을 수 없다.

五間之事 君必知之 知之必在於反間 故反間不可不厚也
오간지사 군필지지 지지필재어반간 고반간불가불후야

1) 본 구절에 대해 두우(杜佑)는 “반간(反間)은 오간(五間)의 근본이다 [反間者 又五間之本].”라고 했고, 매요신(梅堯臣)도 “오간(五間)의 운용은 모두 반간(反間)으로 인한 것이다 [五間之始 皆因緣於反間].”라고 했고, 여타 주석가들의 견해도 모두 대동소이하다.

옛날 은(殷)이 흥기할 때 이지(伊摯)가 하(夏)에 있었고, 주(周)가 흥기할 때는 여아(呂牙)가 은(殷)에 있어 결정적 역할을 했다.

昔殷之興也 伊摯在夏 周之興也 呂牙在殷
석은지흥야 이지재하 주지흥야 여아재은

1) 본 구절이 ≪통전≫에는 「昔伊呂之在夏殷 爲殷周反間 豈不重哉」로 되어 있다. 이려(伊呂)는 이지(伊摯)와 여아(呂牙)를 말하며, 이지(伊摯)는 이윤(伊尹)을 말한다. 이지(伊摯)가 본명이고 「윤(尹)」은 「우상(右相)」을 말한다. 여아(呂牙)는 여망(呂望)을 말한다.

2) 「은(殷)」은 「상(商)」을 말한다. 탕(湯)은 기원전 1766년 명조전(鳴條戰)에서 하(夏)를 격멸 후 박(亳) <현 하남성 상구(商丘)>을 도읍으로 하고 국호를 「상(商)」으로 했지만 이후 도읍을 빈번히 옮기다 기원전 1401년 반경(盤庚)이 국도를 은(殷) <현 하남성 안양(安陽)>으로 옮긴 후 국도가 안정되었으므로, 후대에 「상(商)」을 「은(殷)」 또는 「은상(殷商)」으로 부른다. 앞서 탕(湯)은 이지(伊摯)를 스승으로 초청 후 함께 하대(夏代) 통치를 종식시키기로 한 후 이지를 하(夏)의 폭군 걸왕(桀王)에게 추천하자 이지는 하(夏)의 정세를 살피고 하신(夏臣)들과 친교를 맺다 3년 후 다시 탕(湯)에게 돌아가서 함께 하(夏)를 전복시켰다. 여아(呂牙)는 은(殷)의 폭군 주왕(紂王) 밑에서 일할 때 문왕(文王)을 만난 이후 문왕에 이어 무왕(武王)의 군사(軍師)로서 은(殷)을 전복시키고 주(周)의 건국을 도왔다고 한다.

3) 본 구절에 대한 주(注)에서 매요신은 "이지와 여아는 하(夏)나 은(殷)을 배반한 것이 아니다. 이지는 하(夏)가 내친 그를 은(殷)이 등용한 것이고, 여아 역시 은(殷)이 내친 그를 주(周)가 그를 등용한 것으로 2인은 각기 은(殷)과 주(周)에서 백성들을 위해 대공을 세웠다."고 했

고, 하연석은 "이지와 여아는 성인(聖人)이라 할 수 있는 인물들인데 어찌 간첩으로 활동했겠는가? 손자의 말은 이지나 여아 같은 지모가 탁월한 인물이라야 오간(五間)으로 쓸 수 있음을 강조한 것일 뿐이다." 라고 했고, 장예는 "이지는 하신(夏臣)으로 있다가 후일 은(殷)에 귀부했고, 여아는 은신(殷臣)으로 있다가 후일 주(周)에 귀부했다. 이후 2인이 각기 은(殷)과 주(周)의 재상이 되어 병력으로 천하를 평정한 것은 하늘과 백성의 요구에 순응한 것이며, 춘추 시대에 진(晉)의 백주려(伯州犁)가 부친이 정적(政敵)에게 살해당하자 초(楚)로 도주한 것이나 초(楚)의 묘분황(苗賁皇)이 부친이 처형당한 후 진(晉)으로 도주한 것이나 굴호용(屈狐庸)이 오(吳)에 있었던 것이나 사회(士會)가 진(秦)에 있었던 것과는 성격이 다르다."고 했다. 굴호용은 초(楚)의 관리로 있다 진(晉)으로 도주한 굴무신(屈巫臣)의 아들로 굴무신은 그의 아들 굴호용을 오(吳)로 보내 병력을 훈련시키고 전차(戰車) 사용법을 가르쳐 오(吳)를 흥기하게 만들어 초(楚)에 대항하게 했다. 사회(士會)는 진(晉) 양공(襄公) 사후에 후계자 문제로 내분이 일어나자 진(秦)으로 도주했다 3년 후 귀국해 진(晉) 경공(景公)의 패업을 계획하고 주관했던 유능한 인물이다.

따라서 명군(明君)과 현장(賢將)은 재능이 탁월한 인물을 간첩으로 운용해서 대공(大功)을 세울 수 있다. 이는 용병(用兵)의 핵심적 요소이며 삼군(三軍)은 이에 의지해서 비로소 움직일 수 있다.

故惟明君賢將能以上智爲間者 必成大功 此兵之要 三軍之所恃而動也
고유명군현장능이상지위간자 필성대공 차병지요 삼군지소시이동야

1) 본 구절에 대해 두목(杜牧)은 “적정(敵情)을 모르면 병력을 움직일 수 없고 적정을 알려면 간첩이 있어야 하므로 「삼군(三軍)은 이에 의지해 비로소 움직일 수 있다.」고 한 것이다.”라면서 “물은 배를 띄워 강을 건널 수 있게 해주기도 하지만 배를 뒤집기도 하듯이 간첩을 운용해 대공(大功)을 세울 수도 있지만 간첩에 의지하다 패한 경우도 있다.”고 했고, 가림(賈林)은 “군대에 오간(五間)이 없는 것은 사람에게 눈과 귀가 없는 것이나 같다 [軍無五間 如人之無耳目也].”고 했고, 장예(張預)는 “용병의 근본은 적정을 아는 것이므로 「용간은 용병의 핵심적 요소(此兵之要)」라고 했고, 적정을 모르면 병력을 일으킬 수 없으므로 「삼군은 이에 의지해서 비로소 움직일 수 있다(三軍之所恃而動)」고 한 것이다.”라고 했다.

본서에서 인용된 손자병법 주석가 약력

1. 조조(曹操): 삼국시대 위(魏) 무제(武帝)
2. 맹씨(孟氏): 생몰연도 미상. 수대(隋代) 양(梁)의 인물
3. 조유(趙蕤): 서기 659~742년. 당(唐) 현종 당시 도가(道家). 이백(李白)과 함께 촉중이걸(蜀中二杰)로 불림. ≪장단경(長短經)≫ 등 저술
4. 이전(李筌): 생몰연도 미상. 당(唐) 숙종(肅宗) 당시 관리
5. 가림(賈林): 생몰연도 미상. 당(唐) 덕종(德宗) 당시 관리
6. 두우(杜佑): 서기 735~812년. 당(唐) 헌종(憲宗) 당시 어사대부(御史大夫) 역임. ≪통전(通典)≫ 200권 등 저술
7. 두목(杜牧): 서기 803~852년. 두우(杜佑)의 손자. 당(唐) 무종(武宗) 당시 중서사인(中書舍人) 역임. ≪태백음경(太白陰經)≫ 10권 등 저술
8. 진호(陳皞): 생몰연도 미상. 만당(晩唐) 시대 인물
9. 왕석(王晳): 생몰연도 미상. 북송(北宋) 시대 인물
10. 장예(張預): 생몰연도 미상. 북송(北宋) 시대 인물. ≪십칠사백장전(十七史百將傳)≫ 저술
11. 매요신(梅堯臣): 서기 1002~1060년. 북송(北宋) 인종(仁宗) 당시 국자감직강(國子監直講) 역임
12. 하연석(何延錫): 생몰연도 미상. 북송(北宋) 시대 인물. ≪십일가주손자≫에는 하씨(何氏)로 인용되어 있음
13. 조본학(趙本學): 서기 1478~1544년. 명대(明代) 인물. 송(宋)의 종실 후예. ≪손자서교해인류(孫子書校解引類)≫ 저술
14. 주용(朱墉): 생몰연도 미상. 청대(淸代) 관리. ≪무경칠서회해(武經七書匯解)≫ 저술

15. 황공(黃鞏): 서기 1480~1522년. 청대(淸代) 관리. ≪손자집주(孫子集注)≫ 저술
16. 우창(于鬯): 서기 1862~1919년. 청말(淸末)의 학자. 호(號)는 향초(香草). ≪향초속교서(香草續校書)≫ 저술
17. 자일스(Lionel Giles): 서기 1875~1958년. 대영(大英) 박물관 학예관 역임. *Sun Tzu on the Art of War*London: Luzac & Co. 1910 출간
18. 그리피스(Samuel B. Griffith Ⅱ): 서기 1906~1983년. 미 해병대 준장 역임. *Sun Tzu: The Art of War*(London: Oxford University Press, 1963) 출간

참고문헌

1. 육군본부, 팜프레트 70-17-13, 병서연구 제13집, ≪동양고병법 연구≫(육군인쇄 공창: 서기 1982년)
2. 국방부전사편찬위원회, ≪무경칠서≫(서라벌인쇄 주식회사: 서기 1987년)
3. 위여림(魏汝霖), ≪손자병법대전≫(여명문화사업공사: 서기 1979년, 타이베이)
4. Lionel Giles(Trans.), *SUN TZU ON THE ART OF WAR*(The Project Gutenberg Etext of Sun Tzu on the Art of War: The Molossian Naval Academy)
5. Samuel B. Griffith(Trans.), *SUN TZU THE ART OF WAR*(Oxford Univ. Press: 1963)

역자_ 민경길(閔庚吉)

육군사관학교 제30기
전 육군사관학교 법학교수
육군사관학교 및 서울대학교 법과대학 졸업
명지대학교 대학원 졸업(법학박사)
육군사관학교 사회과학처장 역임
국방부 국방개혁위원회 위원 역임
국방부 노근리사건 진상조사위원회 법률자문위원 역임
대한적십자사 국제법 자문위원 역임

주요 저서 및 역서
≪군법개론≫
≪핵무기와 국제법≫
≪군대명령과 복종≫
≪군사법 원론≫
≪북한산≫(전 3권)
≪병법사≫(전 4권)
≪조선과 중국의 궁술≫
≪무경사학정종≫
≪중국전쟁사≫(전 18권) 출판준비 중

감수자_ 김종운(金鍾雲)

육군사관학교 제31기
육군사관학교 중국어과 교수 역임
합동참모본부 전략과 전략기획장교 역임
합동참모대학 중국전략학 교수 역임
육군교육사 전법처장(戰法處長) 역임
보병 제8사단 포병연대장 역임
재정기획부 비상기획관 역임

감수자_ 윤일영(尹日寧)

육군사관학교 제29기
합동참모본부 전략과장 역임
국방부 정책실 정책과장 역임
국방부 대변인 역임
보병 제28사단장 역임

주해 손자병법
(註解 孫子兵法)

초판인쇄 2018년 3월 2일
초판발행 2018년 3월 2일

옮긴이 민경길
펴낸이 채종준
펴낸곳 한국학술정보㈜
주소 경기도 파주시 회동길 230(문발동)
전화 031) 908-3181(대표)
팩스 031) 908-3189
홈페이지 http://ebook.kstudy.com
전자우편 출판사업부 publish@kstudy.com
등록 제일산-115호(2000. 6. 19)

ISBN 978-89-268-8321-1 03150